KB019850

중대재해처벌法의 체계

중대재해처벌法의 체계

초판 1쇄 인쇄 2022년 4월 10일
초판 1쇄 발행 2022년 4월 15일

지은이 권오성
펴낸이 전익균, 전형주

이 사 정정오, 김영진, 김기충
기 획 백현서, 조양제
편 집 김 정
관 리 김희선, 유민정
개 발 신두인
언론홍보 (주)새빛컴즈
마케팅 팀메이츠
유 통 새빛북스

펴낸곳 새빛북스, (주)아미푸드앤미디어
전 화 (02) 2203-1996, 031)427-4399 **팩스** (050) 4328-4393
출판문의 및 원고투고 이메일 svedu@daum.net
등록번호 제215-92-61832호 **등록일자** 2010. 7. 12

값 18,000원
ISBN 979-11-91517-16-3(93360)

※ 도서출판 새빛은 새빛에듀넷,새빛북스,에이원북스,북클래스 브랜드를 운영하고 있습니다.
※ (주)아미푸드앤미디어는 북카페 아미유를 운영중에 있습니다.
※ 파본은 구입처에서 교환해 드리며, 관련 법령에 따라 환불해 드립니다
   다만, 제품 훼손 시에는 환불이 불가능합니다.

경영책임자부터 직원이 꼭 알아야하는
중대재해처벌법 실무 교과서

중대재해처벌法의
체계

저자 권오성

도서출판 새빛
SAEVIT

『사피엔스』의 유발 하라리는 '자연의 질서'와 '상상의 질서'를 말한다. 자연의 질서인 중력은 사람이 믿지 않는다고 깨지는 것은 아니다. 그러나 상상의 질서는 언제나 깨질 염려가 있다. 상상의 질서는 믿음에서 나온다. 믿지 않으면 사라진다. 상상의 질서를 믿는 것은 그것을 믿으면 더 나은 사회를 만들어 낼 수 있기 때문이다. 인권은 문명사회에서 으뜸가는 상상의 질서다. 우리가 선한 마음으로 인권을 믿는다면 우리는 안정된 사회를 만들 수 있다.

사람의 생명과 안전ㆍ건강은 인간의 존엄과 가치의 동의어다. 우리는 그렇게 믿는다. 인권 중에서도 가장 우선하는 것이라고 믿는 이유이기도 하다. 이름하여 '중대재해처벌법'도 이런 믿음의 소산이다. '처벌'이라는 어휘가 주는 인상이 자못 위협적이고 강

렬하다. 하지만 처벌이 아니라 '예방'이 궁극의 지향점임을 안다. 그에 걸맞은 해석과 적용이 긴요하다.

이 책의 저자는 노동법학계의 힘센 젊은 학자다. 수더분한 인상에 시선은 늘 날카롭게 불편함을 놓치지 않는다. 그가 신법의 깜깜함 속에 갈 길을 인도하는, 순발력 있는 별밤지기가 되려고 마음먹은 것 같다. 그의 학문에 대한 열정과 실무에 대한 천착이 세상 주변을 놀라게 한다. 이 책에 노동안전의 인권적 가치를 향한 길 하나 있다. 남은 것은 펼쳐드는 일뿐이다.

김지형 / (사)노동법연구소 해밀 연구소장 · 전 대법관

머리말

우여곡절 끝에 2021년 1월 26일 제정된 중대재해처벌법이 2022년 1월 27일 시행되었다. 중대재해처벌법은 '안전 및 보건 확보의무'를 위반하여 중대재해에 이르게 한 개인사업주 또는 법인이나 공공기관의 경영책임자등에게 형벌을 부과하고, 개인사업주 또는 법인이나 기관에 실제 손해액의 5배 한도로 법정 부가배상의 책임을 지우는 것을 주된 내용으로 한다. 중대재해처벌법은 전체 조문이 16개에 불과한 길지 않은 법률이지만 안전 및 보건 확보의무의 수규자, 벌칙규정의 법형식 등에서 기존의 산업안전보건법 기타 안전 관련 법령과 규범 구조가 상이하고, 우리 법체계에서 여전히 생소한 법정 부가배상을 도입한다는 점에서 향후 그 집행과정에서 다양한 해석상 논란이 예상된다.

이러한 배경에서 중대재해처벌법의 수규자인 '경영책임자등'이 누구인지 또한 '안전 및 보건 확보의무'의 구체적 내용이 무엇인지 등이 명확하지 않다거나, 법정형이 과도하여 책임 원칙에 반한다는 비판도 거세다. 필자도 중대재해처벌법 입법의 타당성에 관한 찬반의 입장은 나뉠 수 있다고 생각한다. 중대재해처벌법의 규범 체계의 법이론적 정합성을 비판하는 견해도 충분히 가능하고 이러한 비판에 경청할 부분도 있다고 생각한다. 다만, 기업의 안전관리 시스템의 기능부전으로 인한 재해를 예방한다는 중대재해처벌법의 입법 취지에 반대하기는 어려울 것으로 생각한다. 여러 우여곡절을 거쳐 중대재해처벌법이 입법된 만큼, 중대재해처벌법의 입법 취지가 실질적으로 달성될 수 있도록 하기 위한 합리적인 해석론을 모색하는 것이 당면한 과제라고 할 것이다.

중대재해처벌법은 기본적으로 범죄와 형벌을 내용으로 하는 형사법의 성격을 갖는다. 따라서 중대재해처벌법을 체계적으로 이해하기 위해서는 형법에 대한 이해가 선행되어야 한다. 나아가, 중대재해처벌법에서 사용하는 개념들은 다른 법률에서 빌려온 것들이 많다. 경영책임자등의 개념을 이해하기 위해서는 회사법 기타 단체에 관한 법률의 내용도 참조할 필요가 있다. 또한, 사업주가 공법인이나 공공기관인 경우에는 행정조직법에 대한 이해도 필요하다. 법정 부가배상과 관련해서는 불법행위책임에 관한 민법 이론도 참고할 필요가 있다. 조문의 수가 16개에 불과한, 일견 매우 간단해 보이는 중대재해처벌법의 해석을 두고 여러 가지 혼란이 발생하는 주된 이유는 중대재해처벌법이 다양한 법역에 대한 선행적인 이해를 요구하기 때문이라고 생각한다.

사실 중대재해처벌법에 대한 해설서를 집필하는 작업은 변호사 실무 경험이 있고, 대학에서 10년 넘게 법학을 가르친 필자에게도 그리 쉬운 작업은 아니었다. 특히 중대재해처벌법이 이제 막 시행된 상황이라 참고할 판결도 없어서 과연 나중에 법원에서 필자의 해석을 수용할 것인지 초조한 마음이 들기도 한다. 그럼에도 법 시행에 맞춰 다소 급하게 이 책을 쓰기로 한 것은 중대재해처벌법에 대한 체계적인 이해가 기업의 막연한 공포를 낮출 수 있지 않을까 하는 생각에서였다. 물론, 책을 탈고하고 머리말을 쓰는 이 순간에도 '내 해석이 과연 옳은가?'라는 의문이 들기도 하지만, 그래도 최선을 다해 집필하였기에 부족한 책이지만 세상에 내놓기로 하였다. 독자들의 날카로운 평가와 지적을 부탁드리고, 앞으로 부족한 부분을 계속 보완할 것을 약속드린다.

마지막으로 어려운 출판환경에서도 이 책의 출판을 제안해 주신 도서출판 새빛의 전익균 대표님과 출판의 모든 과정에 힘써주신 분들께 감사드린다. 원고를 꼼꼼하게 교정해 준 성신여대 박사과정 박채은 선생과 자료수집을 도와준 노사발전재단 김유나 공인노무사께 감사한 마음을 전한다.

2022. 1. 성신여대 연구실에서

목차

제5장 보칙

제1장

서론

제1장 **서론**

　도의적 책임론에 기반한 전통적 책임이론에 따르면 법인기업
에 형사책임을 부과하는 것은 익숙하지 않다. 그러나, 기업이 생
산활동의 대부분을 담당하고 있는 현대사회의 실상을 고려할 때,
기업과 그 경영자에 대한 형사처벌의 위하(威嚇) 없이 기업활동으
로 인하여 야기되는 근로자나 일반 시민의 생명과 신체에 대한
침해를 적절하게 예방하기 쉽지 않은 것도 사실이다. 이러한 기
업범죄의 처벌에 관한 딜레마에 대하여 미국의 엔론(Enron) 사건의
주임검사였던 사무엘 부엘은 2016년에 쓴 "기업범죄: 미국의 회
사의 시대에 기업범죄와 처벌"에서 다음과 같이 쓰고 있다.[1]

　"범죄자로서의 기업이라는 발상은 수수께끼 같다. 특히 학계에 있는 많은
사람이 기업을 형사처벌하는 것은 이치에 닿지 않는다고 주장한다. 기업은 감

---

1) Buell, Samuel W. (2016), Capital Offenses: Business Crime and Punishment in America's Corporate Age,
　W. W. Norton & Co.

옥에 가둘 수 없다. 그리고 기업은 스스로 악행을 저지르지는 않는다. 기업은 법에 규정된 살인, 폭행, 절도, 사기와 같은 범죄를 저지르는데 필요한 영(靈)과 육(肉)을 가지고 있지 않다. 범죄를 저지르는 자는 기업을 위하여 일하는 사람들뿐이므로, 법은 그러한 사람들만 처벌해야 한다. …… 기업들을 감옥에 가둘 수 없더라도, 어떤 기업들은 형사처벌을 받아야만 한다. …… 그러한 딜레마에 대한 신묘한 해결책은 없다. 다만, 이상적인 접근법과 그 보다 덜 이상적인 접근법 사이의 선택만이 있다."

기업이 그 활동으로 인하여 인명 재해를 초래한 경우 엄격한 책임을 물을 수 있는 제도적 장치가 필요하다. 이는 기업에 고용되어 일하는 근로자들의 산업재해로 인한 사망뿐 아니라 기업의 고객과 기타 관련된 사람들이 피해자가 된 경우에도 역시 문제 된다. 이러한 문제에 대응하기 위하여 영국에서는 Corporate Manslaughter Act[2]을 제정하여 이러한 문제에 대처하고 있다. 그런데 이러한 '기업살인법' 내지 '기업과실치사법'의 입법은 이론적으로 법인의 범죄능력을 인정할 수 있는가의 문제와 밀접한 관

---

2) 영미의 커먼로 하에서 살인죄(homicide)는 일반적으로 murder와 manslaughter로 구분된다. murder는 first degree murder(계획적 살인)와 second degree murder(사전에 계획되지 않은 고의에 의한 살인)로 나뉘며, manslaughter는 voluntary manslaughter(흥분 상태 하의 충동적 살인)와 involuntary manslaughter(과실치사)로 나뉜다. 이렇게 본다면 Corporate Manslaughter Act는 "기업과실치사법"으로 번역하는 것이 정확할 것이다.

련이 있다. 대륙법계에서뿐 아니라 영미법계에서도 전통적으로 법인은 자연인과 달리 범죄의사를 가질 수 없으므로 법인의 범죄능력은 부정됐다. 그러나, 영미법계에서는 근래 법인의 범죄능력을 인정하는 경향이 주류를 이루어 왔으며, 기업살인법을 제정하거나 논의하고 있는 국가들도 영국과 미국을 비롯한 영미법계 국가들이다. 종래 국내의 다수설과 판례는 법인의 범죄능력을 부정하는 입장이었으므로, 기업에 대하여 살인죄를 인정하는 것은 이론상 난점이 있을 수 있다.

한편, 종래 우리나라에서 산업재해로 인한 사상(死傷)이 발생하면 산업안전보건법 위반에 관하여는 근로감독관이, 형법상 업무상 과실치사상죄에 관해서는 경찰이 초기 수사를 진행했다. 이러한 수사를 거쳐 검찰이 상상적 경합 및/또는 실체적 경합으로 하나의 공소(公訴)를 제기하면, 법원에서 산업안전보건법 위반과 업무상 과실치사죄에 대하여 판결했다. 그러나 이들 범죄에 대해 징역형이 선고되는 경우에도 집행유예가 되는 경우가 대부분이었고, 법인 사업주의 경우에는 벌금형만이 선고가 가능한 데 벌금액도 1,000만원을 넘지 않는 경우가 대부분이었다. 그 결과 산업안전보건법 위반에 대한 기존의 형사제재만으로는 특히 법인에 대하여는 범죄억지력을 기대하기 어렵다는 비판이 있었다. 실제로 산업안전보건법 위반죄로 유죄가 선고된 몇몇 사건들의 선고형을 살펴보면 사회적으로 문제가 되었던 구의역 스크린도어

사건의 경우에도 법인 사업주에 대한 벌금형은 3천만 원에 불과했었다.[3]

※ 서울동부지방법원 2018. 6. 8. 선고 2017고단1506 판결 [가. 업무상과실치사 나. 산업안전보건법위반]

[범죄사실]

◎ J주식회사(이하 "J")는 2011. 8. 31.경 설립된 회사로서, 도시철도 스크린도어 관리 및 운영의 충원용역 등이 설립 목적이고, 서울메트로와 서울 지하철 1~4호선 역사 중 97개 역에 설치되어 운영 중인 스크린도어에 대한 유지·보수 계약을 체결하여 이를 이행하는 회사이다. 피고인 A는 J의 대표이사이다.

◎ 서울메트로는 2011년도 및 2015년도에 J와 계약을 체결하면서 안전사고에 대한 모든 책임을 J에게 부과하면서도 '스크린도어 장애신고 접수시 1시간 이내 출동 완료, 고장접수 24시간 이내 미처리의 경우 지연배상금 부과' 등의 특약조건을 포함시켰다. 2015. 8. 29.경 서울 지하철 2호선 AF 선로 측 사고(이하 'AF 사고')가 발생한 직후 서울메트로에서는 2011년 최초 J와 위 계약을 체결할 당시의 인력 설계로는 J 정비원들의 2인 1조 작업이 불가능하고, 실제로 2인 1조 작업이 실시되지 않고 있다는 사실을 인지하게 되었다.

◎ J의 정비원들은 선로 측 작업을 하는 경우에는 2인 1조로 작업하여야 함을

---

3) 권오성, "소위 '기업살인법' 도입 논의의 노동법적 함의", 「노동법포럼」제28호, 노동법이론실무학회, 2019. 11, p.138.

인식하고 있었음에도 대부분 1인이 출동하여 서울메트로 전자운영실로부터 작업승인을 받지 아니한 채 서둘러 스크린도어를 개방하고 선로 측 작업을 실시하게 되었다.

◎ 위와 같이 피고인들은 공동하여 각자의 업무상 주의의무를 위반하였고 피고인들의 그와 같은 업무상 과실이 경합하여, J 소속 정비원 피해자 AE가 2016. 5. 28. 17:55경 서울 광진구 AJ에 있는 지하철 2호선 'Z' 내선(AK 방면) 승강장 9-4 지점 선로 내에서 2인 작업이 필요한 상황이었음에도 혼자 스크린도어 수리작업을 하던 중 역사 내부로 진입하는 열차와 충돌하여 2016. 5. 28. 18:00경 위 현장에서 두개골 골절을 동반한 두부 손상으로 사망에 이르게 하였다.

[선고형]

◎ 피고인 A를 징역 1년에, 피고인 J 주식회사를 벌금 30,000,000원에 각 처한다.

◎ 다만, 이 판결 확정일부터 2년간 피고인 A에 대한 위 형의 집행을 유예한다. 피고인 A에게 200시간의 사회봉사를 명한다.

이처럼 산업안전보건법 위반죄에 대한 처벌의 수준이 가볍다는 점 외에도, 경영구조가 중층적으로 형성되어 있는 법인기업의 상위 경영진에게 형사책임을 묻는 것이 현실적으로 용이하지 않다는 점도 범죄억지력을 낮추는 원인이 되었다.

이러한 배경에서 2019년 전면개정된 산업안전보건법은 기업 처벌의 국면에서 종전에 비하여 많은 개선이 있었지만, 대규모 기업일수록 그 의사결정 구조가 복잡하고 다층화되어 해당 행위에 대한 책임을 하나의 개인에게 묻는 것이 어렵다는 한계는 여전하다. 따라서 2019년 전면개정 산업안전보건법이 시행된 이후에도 규모가 큰 대기업일수록 그 생산과정에서 발생한 근로자나 시민의 생명과 신체에 대한 침해행위에 대하여 상위 경영진에게 형사책임을 묻는 것이 쉽지 않다는 모순적 상황은 개선되지 않았다는 비판이 제기되었다.

이에 사업주, 법인 또는 기관 등이 운영하는 사업장 등에서 발생한 '중대산업재해'와 공중이용시설 또는 공중교통수단을 운영하거나 위험한 원료 및 제조물을 취급하면서 안전·보건 조치의무를 위반하여 인명사고가 발생한 '중대시민재해'가 발생한 경우 ① 개인사업주 또는 ② 법인 등의 경영책임자와 그 법인 등을 처벌함으로써 근로자를 포함한 종사자와 일반 시민의 안전권을 확보하고, 기업의 조직문화 또는 안전관리 시스템 미비로 인해 일어나는 중대재해를 사전에 방지하려는 취지에서 2021. 1. 26. 「중대재해처벌 등에 관한 법률」(이하 "중대재해처벌법" 또는 "법"이라고 함)이 법률 제17907호로 제정되었고, 2022. 1. 27. 시행되었다.

이러한 중대재해처벌법은 법인의 범죄능력을 직접 긍정하여 법인사업주를 직접 처벌하는 방식이 아니라, 법인사업주를 대표하고 그 사업을 총괄하는 자를 경영책임자등으로 규정하고, 이러한 경영책임자등에게 직접 안전·보건 확보의무를 부과하고 이러한 의무를 위반하여 중대재해를 야기한 경우 그 경영책임자를 처벌하고, 양벌규정을 통하여 법인사업주를 처벌한다는 점에 그 특징이 있다.

제2장

총칙

제2장 **총칙**

제1절
목적

제1조(목적) 이 법은 사업 또는 사업장, 공중이용시설 및 공중교통수단을 운영하거나 인체에 해로운 원료나 제조물을 취급하면서 안전·보건 조치의무를 위반하여 인명피해를 발생하게 한 사업주, 경영책임자, 공무원 및 법인의 처벌 등을 규정함으로써 중대재해를 예방하고 시민과 종사자의 생명과 신체를 보호함을 목적으로 한다.

중대재해처벌법의 제정이유는, (i) 현대중공업 아르곤 가스 질식 사망사고, 태안화력발전소 압사사고, 물류창고 건설현장 화재사고와 같은 산업재해로 인한 사망사고와 함께 (ii) 가습기 살균제 사건 및 4·16 세월호 사건과 같은 시민재해로 인한 사망사고 발생 등의 사회적 문제에 대응하기 위하여, (a) 사업주, 법인 또는 기관 등이 운영하는 사업장 등에서 발생한 중대산업재해와 (b) 공중이용시설 또는 공중교통수단을 운영하거나 위험한 원료 및 제조물을 취급하면서 안전·보건 조치의무를 위반하여 인명사고가 발생한 중대시민재해의 경우, 사업주와 경영책임자 및 법인 등을 처벌함으로써 근로자를 포함한 종사자와 일반 시민의 안전권을 확보하고, 기업의 조직문화 또는 안전관리 시스템 미비로 인해 일어나는 중대재해사고를 사전에 방지하려는 것이다.

제2절

용어의 정의

1. 중대재해

제2조(정의) 이 법에서 사용하는 용어의 뜻은 다음과 같다.
1. "중대재해"란 "중대산업재해"와 "중대시민재해"를 말한다.

중대재해처벌법상 '중대재해'는 중대산업재해와 중대시민재해를 말한다. 중대산업재해와 중대시민재해의 의의는 법 제2조제2호와 제3호에서 정의하고 있다.

2. 중대산업재해

제2조(정의) 이 법에서 사용하는 용어의 뜻은 다음과 같다.
2. "중대산업재해"란 「산업안전보건법」 제2조제1호에 따른 산업재해 중 다음 각 목의 어느 하나에 해당하는 결과를 야기한 재해를 말한다.
   가. 사망자가 1명 이상 발생
   나. 동일한 사고로 6개월 이상 치료가 필요한 부상자가 2명 이상 발생
   다. 동일한 유해요인으로 급성중독 등 대통령령으로 정하는 직업성 질병자가 1년 이내에 3명 이상 발생

중대재해처벌법상 '중대산업재해'는 산업안전보건법 제2조제1

호에 따른 산업재해 중 ① 사망자가 1명 이상 발생(가목), ② 동일한 사고로 6개월 이상 치료가 필요한 부상자가 2명 이상 발생(나목) 및 ③ 동일한 유해요인으로 급성중독 등 대통령령으로 정하는 직업성 질병자가 1년 이내에 3명 이상 발생(다목)의 어느 하나에 해당하는 결과를 야기한 재해를 말한다(제2조제2호). 한편, 「중대재해처벌 등에 관한 법률 시행령」(이하 "중대재해처벌법 시행령" 또는 "시행령"이라고 한다) [별표 1]은 '대통령령으로 정하는 직업성 질병'을 다음과 같이 규정한다.

■ 중대재해처벌 등에 관한 법률 시행령 [별표 1]

직업성 질병(제2조 관련)

1. 염화비닐 · 유기주석 · 메틸브로마이드(bromomethane) · 일산화탄소에 노출되어 발생한 중추신경계장해 등의 급성중독
2. 납이나 그 화합물(유기납은 제외한다)에 노출되어 발생한 납 창백(蒼白), 복부 산통(疝痛), 관절통 등의 급성중독
3. 수은이나 그 화합물에 노출되어 발생한 급성중독
4. 크롬이나 그 화합물에 노출되어 발생한 세뇨관 기능 손상, 급성 세뇨관 괴사, 급성 신부전 등의 급성중독
5. 벤젠에 노출되어 발생한 경련, 급성 기질성 뇌증후군, 혼수상태 등의 급성중독
6. 톨루엔(toluene) · 크실렌(xylene) · 스티렌(styrene) · 시클로헥산(cyclo–hexane) · 노말헥산(n–hexane) · 트리클로로에틸렌(trichloroethylene) 등 유기화합물에 노출되어 발생한 의식장해, 경련, 급성 기질성 뇌증후군, 부정맥 등의 급성중독
7. 이산화질소에 노출되어 발생한 메트헤모글로빈혈증(methemoglobinemia), 청색증(靑色症) 등의 급성중독
8. 황화수소에 노출되어 발생한 의식 소실(消失), 무호흡, 폐부종, 후각신경마비 등의 급성중독

9. 시안화수소나 그 화합물에 노출되어 발생한 급성중독

10. 불화수소 · 불산에 노출되어 발생한 화학적 화상, 청색증, 폐수종, 부정맥 등의 급성 중독

11. 인[백린(白燐), 황린(黃燐) 등 금지물질에 해당하는 동소체(同素體)로 한정한다]이나 그 화합물에 노출되어 발생한 급성중독

12. 카드뮴이나 그 화합물에 노출되어 발생한 급성중독

13. 다음 각 목의 화학적 인자에 노출되어 발생한 급성중독

　가. 「산업안전보건법」 제125조제1항에 따른 작업환경측정 대상 유해인자 중 화학적 인자

　나. 「산업안전보건법」 제130조제1항제1호에 따른 특수건강진단 대상 유해인자 중 화학적 인자

14. 디이소시아네이트(diisocyanate), 염소, 염화수소 또는 염산에 노출되어 발생한 반응성 기도과민증후군

15. 트리클로로에틸렌에 노출(해당 물질에 노출되는 업무에 종사하지 않게 된 후 3개월이 지난 경우는 제외한다)되어 발생한 스티븐스존슨 증후군(stevens–johnson syndrome). 다만, 약물, 감염, 후천성면역결핍증, 악성 종양 등 다른 원인으로 발생한 스티븐스존슨 증후군은 제외한다.

16. 트리클로로에틸렌 또는 디메틸포름아미드(dimethylformamide)에 노출(해당 물질에 노출되는 업무에 종사하지 않게 된 후 3개월이 지난 경우는 제외한다)되어 발생한 독성 간염. 다만, 약물, 알코올, 과체중, 당뇨병 등 다른 원인으로 발생하거나 다른 질병이 원인이 되어 발생한 간염은 제외한다.

17. 보건의료 종사자에게 발생한 B형 간염, C형 간염, 매독 또는 후천성면역결핍증의 혈액전파성 질병

18. 근로자에게 건강장해를 일으킬 수 있는 습한 상태에서 하는 작업으로 발생한 렙토스피라증(leptospirosis)

19. 동물이나 그 사체, 짐승의 털 · 가죽, 그 밖의 동물성 물체를 취급하여 발생한 탄저, 단독(erysipelas) 또는 브루셀라증(brucellosis)

20. 오염된 냉각수로 발생한 레지오넬라증(legionellosis)

21. 고기압 또는 저기압에 노출되거나 중추신경계 산소 독성으로 발생한 건강장해, 감압병(잠수병) 또는 공기색전증(기포가 동맥이나 정맥을 따라 순환하다가 혈관을 막는 것)

22. 공기 중 산소농도가 부족한 장소에서 발생한 산소결핍증
23. 전리방사선(물질을 통과할 때 이온화를 일으키는 방사선)에 노출되어 발생한 급성
    방사선증 또는 무형성 빈혈
24. 고열작업 또는 폭염에 노출되는 장소에서 하는 작업으로 발생한 심부체온상승을
    동반하는 열사병

따라서, 중대재해처벌법상 '중대산업재해'는 산업안전보건법 제2조제1호 '산업재해' 중에서 중대재해처벌법 제2조제1호 각 목의 어느 하나에 해당하는 결과(結果)를 야기한 재해만을 의미한다.

한편, 산업안전보건법 제2조제1호는 '산업재해'를 "노무를 제공하는 사람이 업무에 관계되는 건설물·설비·원재료·가스·증기·분진 등에 의하거나 작업 또는 그 밖의 업무로 인하여 사망 또는 부상하거나 질병에 걸리는 것을 말한다."라고 규정하고, 같은 조 제2호는 이러한 산업재해 중 사망 등 재해 정도가 심하거나 다수의 재해자가 발생한 경우로서 고용노동부령으로 정하는 재해를 '중대재해'라고 정의한다. 여기서 '고용노동부령으로 정하는 재해'란 ① 사망자가 1명 이상 발생한 재해, ② 3개월 이상의 요양이 필요한 부상자가 동시에 2명 이상 발생한 재해 또는 ③ 부상자 또는 직업성 질병자가 동시에 10명 이상 발생한 재해를 말한다(산업안전보건법 시행규칙 제3호 참조). 따라서 중대재해처벌법상 '중대산업재해'와 산업안전보건법상 '중대재해'는 각각의 개념에

해당하는데 필요한 결과 발생의 범주가 상이하다.

이처럼 중대재해처벌법상 '중대산업재해' 개념은 동 개념의 일부 개념표지, 즉 '산업재해'의 의미는 산업안전보건법 제2조제1호로부터 차용하였지만, 그러한 산업재해로 인하여 발생한 결과의 범위는 중대재해처벌법에서 독자적으로 규정하고 있다. 법문상 중대산업재해가 되기 위해서는 논리필연적으로 산업안전보건법 제2조제1호에 따른 '산업재해'에 해당해야 하기 때문에 중대재해처벌법 중 중대산업재해에 관한 부분이 마치 산업안전보건법의 특별법인 것처럼 보일 수 있다. 하지만 중대재해처벌법과 산업안전보건법은 기본적으로 그 수범자가 상이하기 때문에(이에 관해서는 후술한다) 두 법률을 특별법과 일반법의 관계로 볼 수는 없다.

3. 중대시민재해

> **제2조(정의)** 이 법에서 사용하는 용어의 뜻은 다음과 같다.
> 3. "중대시민재해"란 특정 원료 또는 제조물, 공중이용시설 또는 공중교통수단의 설계, 제조, 설치, 관리상의 결함을 원인으로 하여 발생한 재해로서 다음 각 목의 어느 하나에 해당하는 결과를 야기한 재해를 말한다. 다만, 중대산업재해에 해당하는 재해는 제외한다.
> 　가. 사망자가 1명 이상 발생
> 　나. 동일한 사고로 2개월 이상 치료가 필요한 부상자가 10명 이상 발생
> 　다. 동일한 원인으로 3개월 이상 치료가 필요한 질병자가 10명 이상 발생

중대시민재해는 특정 원료 또는 제조물, 공중이용시설 또는 공중교통수단의 설계, 제조, 설치, 관리상의 결함을 원인으로 하여, ① 사망자가 1명 이상 발생(가목), ② 동일한 사고로 2개월 이상 치료가 필요한 부상자가 10명 이상 발생(나목) 및 ③ 동일한 원인으로 3개월 이상 치료가 필요한 질병자가 10명 이상 발생(나목)하는 결과를 야기한 재해를 말한다(제2조제3호 본문). 다만, 중대산업재해에 해당하는 재해는 중대시민재해의 개념에서 제외된다(제2조제3호 단서). 따라서, 하나의 재해가 중대산업재해와 중대시민재해의 두 개념 모두에 해당할 경우 중대산업재해에 관한 규정을 적용해야 한다. 이러한 의미에서 중대시민재해는 중대산업재해와의 관계에서는 보충적 지위에 있다고 할 것이다. 다만, 예컨대 하나의 재해로 '노무를 제공하는 자'와 그 외의 일반 시민이 동시에 사망한 경우[1]와 같이 그러한 재해가 중대산업재해의 개념에 완전히 포함되지 못하는 경우에는 중대산업재해에 관한 규정 이외에 중대시민재해에 관한 규정도 동시에 적용된다고 해석해야 할 것이다. 즉, 이러한 경우에는 법조경합이 아니라 상상적 경합의 관계에 있다고 보아야 한다.

---

4) 중대재해처벌법상 중대산업재해의 개념표지가 되는 산업안전보건법 제2조제1호의 '산업재해'는 "노무를 제공하는 사람이 업무에 관계되는 건설물·설비·원재료·가스·증기·분진 등에 의하거나 작업 또는 그 밖의 업무로 인하여 사망 또는 부상하거나 질병에 걸리는 것을 말한다."이기 때문에 '노무를 제공하는 사람' 이외의 사람이 사망하거나 부상 또는 질병에 걸리는 것은 중대산업재해의 개념에 해당하지 않는다.

한편, 중대재해처벌법은 제2조제4호부터 제6호까지에서 중대
시민재해의 개념표지에 해당하는 공중이용시설, 공중교통수단 및
제조물에 대한 별도의 정의조항을 두고 있다. 그런데, 중대재해처
벌법은 실질적 의미의 형법^(刑法)에 해당하므로, 공중이용시설, 공
중교통수단 및 제조물에 관한 이러한 정의조항은 범죄구성요건의
일부가 되며, 따라서 엄격하게 해석할 필요가 있다. 다만, 중대재
해처벌법은 원료^(原料)의 개념에 대해서는 별도의 정의규정을 두고
있지 않으므로, 동법상 원료의 개념은 '어떤 물건을 만드는 데 쓰
이는 재료'라는 일반적 언어관행에 따라 해석하면 될 것이다.

1) 공중이용시설

제2조(정의) 이 법에서 사용하는 용어의 뜻은 다음과 같다.
4. "공중이용시설"이란 다음 각 목의 시설 중 시설의 규모나 면적 등을 고려하여 대통
   령령으로 정하는 시설을 말한다. 다만, 「소상공인 보호 및 지원에 관한 법률」 제2조
   에 따른 소상공인의 사업 또는 사업장 및 이에 준하는 비영리시설과 「교육시설 등의
   안전 및 유지관리 등에 관한 법률」 제2조제1호에 따른 교육시설은 제외한다.
   가. 「실내공기질 관리법」 제3조제1항의 시설(「다중이용업소의 안전관리에 관한 특별
       법」 제2조제1항제1호에 따른 영업장은 제외한다)
   나. 「시설물의 안전 및 유지관리에 관한 특별법」 제2조제1호의 시설물(공동주택은
       제외한다)
   다. 「다중이용업소의 안전관리에 관한 특별법」 제2조제1항제1호에 따른 영업장 중
       해당 영업에 사용하는 바닥면적(「건축법」 제84조에 따라 산정한 면적을 말한다)
       의 합계가 1천제곱미터 이상인 것
   라. 그 밖에 가목부터 다목까지에 준하는 시설로서 재해 발생 시 생명 · 신체상의 피
       해가 발생할 우려가 높은 장소

중대재해처벌법상 '공중이용시설'이란 ① 「실내공기질 관리법」 제3조제1항의 시설(「다중이용업소의 안전관리에 관한 특별법」 제2조제1항제1호에 따른 영업장은 제외)(가목), ② 「시설물의 안전 및 유지관리에 관한 특별법」 제2조제1호의 시설물(공동주택은 제외)(나목), ③ 「다중이용업소의 안전관리에 관한 특별법」 제2조제1항제1호에 따른 영업장 중 해당 영업에 사용하는 바닥면적(「건축법」 제84조에 따라 산정한 면적을 말한다)의 합계가 1천제곱미터 이상인 것(다목) 및 ④ 그 밖에 가목부터 다목까지에 준하는 시설로서 재해 발생 시 생명·신체상의 피해가 발생할 우려가 높은 장소(라목)의 시설 중 시설의 규모나 면적 등을 고려하여 대통령령으로 정하는 시설을 말한다(제2조제4호 본문). 다만, 「소상공인 보호 및 지원에 관한 법률」 제2조에 따른 소상공인의 사업 또는 사업장 및 이에 준하는 비영리시설과 「교육시설 등의 안전 및 유지관리 등에 관한 법률」 제2조제1호에 따른 교육시설은 제외한다(제2조제4호 단서).

한편, 중대재해처벌법 시행령은 법 제2조제4호 본문의 "시설의 규모나 면적 등을 고려하여 대통령령으로 정하는 시설"의 범위를 다음과 같이 규정하고 있다(제3조, [별표 2], [별표 3]).

시행령 제3조(공중이용시설) 법 제2조제4호 각 목 외의 부분 본문에서 "대통령령으로 정하는 시설"이란 다음 각 호의 시설을 말한다.

1. 법 제2조제4호가목의 시설 중 별표 2에서 정하는 시설
2. 법 제2조제4호나목의 시설물 중 별표 3에서 정하는 시설물. 다만, 다음 각 목의 건축물은 제외한다.
   가. 주택과 주택 외의 시설을 동일 건축물로 건축한 건축물
   나. 건축물의 주용도가 「건축법 시행령」 별표 1 제14호나목 2)의 오피스텔인 건축물
3. 법 제2조제4호다목의 영업장
4. 법 제2조제4호라목의 시설 중 다음 각 목의 시설(제2호의 시설물은 제외한다)
   가. 「도로법」 제10조 각 호의 도로에 설치된 연장 20미터 이상인 도로교량 중 준공 후 10년이 지난 도로교량
   나. 「도로법」 제10조제4호부터 제7호까지에서 정한 지방도·시도·군도·구도의 도로터널과 「농어촌도로 정비법 시행령」 제2조제1호의 터널 중 준공 후 10년이 지난 도로터널
   다. 「철도산업발전기본법」 제3조제2호의 철도시설 중 준공 후 10년이 지난 철도교량
   라. 「철도산업발전기본법」 제3조제2호의 철도시설 중 준공 후 10년이 지난 철도터널(특별시 및 광역시 외의 지역에 있는 철도터널로 한정한다)
   마. 다음의 시설 중 개별 사업장 면적이 2천제곱미터 이상인 시설
      1) 「석유 및 석유대체연료 사업법 시행령」 제2조제3호의 주유소
      2) 「액화석유가스의 안전관리 및 사업법」 제2조제4호의 액화석유가스 충전사업의 사업소
   바. 「관광진흥법 시행령」 제2조제1항제5호가목의 종합유원시설업의 시설 중 같은 법 제33조제1항에 따른 안전성검사 대상인 유기시설 또는 유기기구

■ 중대재해처벌법 시행령 [별표 2]

법 제2조제4호가목의 시설 중 공중이용시설(제3조제1호 관련)

1. 모든 지하역사(출입통로·대합실·승강장 및 환승통로와 이에 딸린 시설을 포함한다)
2. 연면적 2천제곱미터 이상인 지하도상가(지상건물에 딸린 지하층의 시설을 포함한다. 이하 같다). 이 경우 연속되어 있는 둘 이상의 지하도상가의 연면적 합계가 2천제곱미터 이상인 경우를 포함한다.

3. 철도역사의 시설 중 연면적 2천제곱미터 이상인 대합실

4. 「여객자동차 운수사업법」 제2조제5호의 여객자동차터미널 중 연면적 2천제곱미터 이상인 대합실

5. 「항만법」 제2조제5호의 항만시설 중 연면적 5천제곱미터 이상인 대합실

6. 「공항시설법」 제2조제7호의 공항시설 중 연면적 1천5백제곱미터 이상인 여객터미널

7. 「도서관법」 제2조제1호의 도서관 중 연면적 3천제곱미터 이상인 것

8. 「박물관 및 미술관 진흥법」 제2조제1호 및 제2호의 박물관 및 미술관 중 연면적 3천제곱미터 이상인 것

9. 「의료법」 제3조제2항의 의료기관 중 연면적 2천제곱미터 이상이거나 병상 수 100개 이상인 것

10. 「노인복지법」 제34조제1항제1호의 노인요양시설 중 연면적 1천제곱미터 이상인 것

11. 「영유아보육법」 제2조제3호의 어린이집 중 연면적 430제곱미터 이상인 것

12. 「어린이놀이시설 안전관리법」 제2조제2호의 어린이놀이시설 중 연면적 430제곱미터 이상인 실내 어린이놀이시설

13. 「유통산업발전법」 제2조제3호의 대규모점포. 다만, 「전통시장 및 상점가 육성을 위한 특별법」 제2조제1호의 전통시장은 제외한다.

14. 「장사 등에 관한 법률」 제29조에 따른 장례식장 중 지하에 위치한 시설로서 연면적 1천제곱미터 이상인 것

15. 「전시산업발전법」 제2조제4호의 전시시설 중 옥내시설로서 연면적 2천제곱미터 이상인 것

16. 「건축법」 제2조제2항제14호의 업무시설 중 연면적 3천제곱미터 이상인 것. 다만, 「건축법 시행령」 별표 1 제14호나목2)의 오피스텔은 제외한다.

17. 「건축법」 제2조제2항에 따라 구분된 용도 중 둘 이상의 용도에 사용되는 건축물로서 연면적 2천제곱미터 이상인 것. 다만, 「건축법 시행령」 별표 1 제2호의 공동주택 또는 같은 표 제14호나목2)의 오피스텔이 포함된 경우는 제외한다.

18. 「공연법」 제2조제4호의 공연장 중 객석 수 1천석 이상인 실내 공연장

19. 「체육시설의 설치 · 이용에 관한 법률」 제2조제1호의 체육시설 중 관람석 수 1천석 이상인 실내 체육시설

비고 : 둘 이상의 건축물로 이루어진 시설의 연면적은 개별 건축물의 연면적을 모두 합산한 면적으로 한다.

■ 중대재해처벌법 시행령 [별표 3]

법 제2조제4호나목의 시설물 중 공중이용시설(제3조제2호 관련)

---

1. 교량
   가. 도로교량
   1) 상부구조형식이 현수교, 사장교, 아치교 및 트러스교인 교량
   2) 최대 경간장 50미터 이상의 교량
   3) 연장 100미터 이상의 교량
   4) 폭 6미터 이상이고 연장 100미터 이상인 복개구조물

   나. 철도교량
   1) 고속철도 교량
   2) 도시철도의 교량 및 고가교
   3) 상부구조형식이 트러스교 및 아치교인 교량
   4) 연장 100미터 이상의 교량

---

2. 터널
   가. 도로터널
   1) 연장 1천미터 이상의 터널
   2) 3차로 이상의 터널
   3) 터널구간이 연장 100미터 이상인 지하차도
   4) 고속국도, 일반국도, 특별시도 및 광역시도의 터널
   5) 연장 300미터 이상의 지방도, 시도, 군도 및 구도의 터널

   나. 철도터널
   1) 고속철도 터널
   2) 도시철도 터널
   3) 연장 1천미터 이상의 터널
   4) 특별시 또는 광역시에 있는 터널

---

3. 항만
   가. 방파제, 파제제
   (波除堤) 및 호안
   (護岸)
   1) 연장 500미터 이상의 방파제
   2) 연장 500미터 이상의 파제제
   3) 방파제 기능을 하는 연장 500미터 이상의 호안

   나. 계류시설
   1) 1만톤급 이상의 원유부이식 계류시설(부대시설인 해저송유관을 포함한다)
   2) 1만톤급 이상의 말뚝구조의 계류시설
   3) 1만톤급 이상의 중력식 계류시설

---

4. 댐
   1) 다목적댐, 발전용댐, 홍수전용댐
   2) 지방상수도전용댐
   3) 총저수용량 1백만톤 이상의 용수전용댐

---

5. 건축물
   1) 고속철도, 도시철도 및 광역철도 역 시설
   2) 16층 이상이거나 연면적 3만제곱미터 이상의 건축물

---

		3) 연면적 5천제곱미터 이상(각 용도별 시설의 합계를 말한다)의 문화 · 집회시설, 종교시설, 판매시설, 운수시설 중 여객용 시설, 의료시설, 노유자시설, 수련시설, 운동시설, 숙박시설 중 관광숙박시설 및 관광휴게시설
6. 하천		
	가. 하구둑	1) 하구둑 2) 포용조수량 1천만톤 이상의 방조제
	나. 제방	국가하천의 제방[부속시설인 통관(通管) 및 호안(護岸)을 포함한다]
	다. 보	국가하천에 설치된 다기능 보
7. 상하수도		
	가. 상수도	1) 광역상수도 2) 공업용수도 3) 지방상수도
	나. 하수도	공공하수처리시설 중 1일 최대처리용량 500톤 이상인 시설
8. 옹벽 및 절토사면 (깎기비탈면)		1) 지면으로부터 노출된 높이가 5미터 이상인 부분의 합이 100미터 이상인 옹벽 2) 지면으로부터 연직(鉛直)높이(옹벽이 있는 경우 옹벽 상단으로부터의 높이를 말한다) 30미터 이상을 포함한 절토부(땅깎기를 한 부분을 말한다)로서 단일 수평연장 100미터 이상인 절토사면

비고

1. "도로"란 「도로법」 제10조의 도로를 말한다.
2. 교량의 "최대 경간장"이란 한 경간(徑間)에서 상부구조의 교각과 교각의 중심선 간의 거리를 경간장으로 정의할 때, 교량의 경간장 중에서 최댓값을 말한다. 한 경간 교량에 대해서는 교량 양측 교대의 흉벽 사이를 교량 중심선에 따라 측정한 거리를 말한다.
3. 교량의 "연장"이란 교량 양측 교대의 흉벽 사이를 교량 중심선에 따라 측정한 거리를 말한다.
4. 도로교량의 "복개구조물"이란 하천 등을 복개하여 도로의 용도로 사용하는 모든 구조물을 말한다.
5. 터널 및 지하차도의 "연장"이란 각 본체 구간과 하나의 구조로 연결된 구간을 포함한 거리를 말한다.
6. "방파제, 파제제 및 호안"이란 「항만법」 제2조제5호가목2)의 외곽시설을 말한다.
7. "계류시설"이란 「항만법」 제2조제5호가목4)의 계류시설을 말한다.
8. "댐"이란 「저수지 · 댐의 안전관리 및 재해예방에 관한 법률」 제2조제1호의 저수지 · 댐을 말한다.
9. 위 표 제4호의 지방상수도전용댐과 용수전용댐이 위 표 제7호가목의 광역상수도 · 공업용수도 또는 지방상수도의 수원지시설에 해당하는 경우에는 위 표 제7호의 상하수도시설로 본다.
10. 위 표의 건축물에는 그 부대시설인 옹벽과 절토사면을 포함하며, 건축설비, 소방설비, 승강기설비 및 전기설비는 포함하지 않는다.
11. 건축물의 연면적은 지하층을 포함한 동별로 계산한다. 다만, 2동 이상의 건축물이 하나의 구조로 연결된 경우와 둘 이상의 지하도상가가 연속되어 있는 경우에는 연면적의 합계로 한다.
12. 건축물의 층수에는 필로티나 그 밖에 이와 비슷한 구조로 된 층을 포함한다.
13. "건축물"은 「건축법 시행령」 별표 1에서 정한 용도별 분류를 따른다.

14. "운수시설 중 여객용 시설"이란 「건축법 시행령」 별표 1 제8호의 운수시설 중 여객자동차터미널, 일반 철도역사, 공항청사, 항만여객터미널을 말한다.
15. "철도 역 시설"이란 「철도의 건설 및 철도시설 유지관리에 관한 법률」 제2조제6호가목의 역 시설(물류 시설은 제외한다)을 말한다. 다만, 선하역사(시설이 선로 아래 설치되는 역사를 말한다)의 선로구간은 연속되는 교량시설물에 포함하고, 지하역사의 선로구간은 연속되는 터널시설물에 포함한다.
16. 하천시설물이 행정구역 경계에 있는 경우 상위 행정구역에 위치한 것으로 한다.
17. "포용조수량"이란 최고 만조(滿潮) 시 간척지에 유입될 조수(潮水)의 양을 말한다.
18. "방조제"란 「공유수면 관리 및 매립에 관한 법률」 제37조, 「농어촌정비법」 제2조제6호, 「방조제 관리법」 제2조제1호 및 「산업입지 및 개발에 관한 법률」 제20조제1항에 따라 설치한 방조제를 말한다.
19. 하천의 "통관"이란 제방을 관통하여 설치한 원형 단면의 문짝을 가진 구조물을 말한다.
20. 하천의 "다기능 보"란 용수 확보, 소수력 발전이나 도로(하천을 횡단하는 것으로 한정한다) 등 두 가지 이상의 기능을 갖는 보를 말한다.
21. 위 표 제7호의 상하수도의 광역상수도, 공업용수도 및 지방상수도에는 수원지시설, 도수관로ㆍ송수관로(터널을 포함한다) 및 취수시설을 포함하고, 정수장, 취수ㆍ가압펌프장, 배수지, 배수관로 및 급수시설은 제외한다.

2) 공중교통수단

제2조(정의) 이 법에서 사용하는 용어의 뜻은 다음과 같다.

5. "공중교통수단"이란 불특정다수인이 이용하는 다음 각 목의 어느 하나에 해당하는 시설을 말한다.

　　가. 「도시철도법」 제2조제2호에 따른 도시철도의 운행에 사용되는 도시철도차량
　　나. 「철도산업발전기본법」 제3조제4호에 따른 철도차량 중 동력차ㆍ객차(「철도사업법」 제2조제5호에 따른 전용철도에 사용되는 경우는 제외한다)
　　다. 「여객자동차 운수사업법 시행령」 제3조제1호라목에 따른 노선 여객자동차운송사업에 사용되는 승합자동차
　　라. 「해운법」 제2조제1호의2의 여객선
　　마. 「항공사업법」 제2조제7호에 따른 항공운송사업에 사용되는 항공기

중대재해처벌법상 '공중교통수단'이란 불특정다수인이 이용하

는 ① 「도시철도법」 제2조제2호에 따른 도시철도의 운행에 사용되는 도시철도차량^(가목), ② 「철도산업발전기본법」 제3조제4호에 따른 철도차량 중 동력차·객차^{(「철도사업법」 제2조제5호에 따른 전용철도에 사용되는 경우는 제외)(나목)}, ③ 「여객자동차 운수사업법 시행령」 제3조제1호 라목에 따른 노선 여객자동차운송사업에 사용되는 승합자동차^(다목), ④ 「해운법」 제2조제1호의2의 여객선^(라목) 및 ⑤ 「항공사업법」 제2조제7호에 따른 항공운송사업에 사용되는 항공기의 어느 하나에 해당하는 시설을 말한다^(제2조제5호).

3) 제조물

제2조(정의) 이 법에서 사용하는 용어의 뜻은 다음과 같다.
6. "제조물"이란 제조되거나 가공된 동산(다른 동산이나 부동산의 일부를 구성하는 경우를 포함한다)을 말한다.

중대재해처벌법법상 '제조물'이란 제조되거나 가공된 동산^(다른 동산이나 부동산의 일부를 구성하는 경우를 포함)을 말한다^(제2조제6호). 이러한 정의는 제조물 책임법 제2조제1호의 제조물의 개념과 동일하다.

제조물 책임법은 제조물의 결함으로 발생한 손해에 대한 제조업자등의 손해배상책임을 규정하는 법으로, 민법의 특별법의 지위에 있는 반면^(즉, 제조물 책임법에는 형사처벌에 관한 규정이 없다), 중대재해처벌법은 제조물의 결함으로 인하여 발생한 중대시민재해를 처벌함을 주된 내용^(즉, 형법의 특별법)으로 한다는 점에서 차이가 있다. 다만, 중대재해처벌법 제15조는 손배배상의 책임을 규정하고 있는 바, 제조물의 결함으로 인하여 발생한 중대시민재해의 경우 제조물 책임법과 중대재해처벌법 제15조에 근거한 배상책임의 관계가 문제될 것이다^(이에 관해서는 후술한다).

한편, 제조물 책임법은 '결함'을 제조상의 결함, 설계상의 결함, 표시상의 결함, 기타 통상적으로 기대할 수 있는 안전성의 결여라고 정의하고 있다.

> **제조물 책임법 제2조(정의)** 이 법에서 사용하는 용어의 뜻은 다음과 같다.
> 2. "결함"이란 해당 제조물에 다음 각 목의 어느 하나에 해당하는 제조상·설계상 또는 표시상의 결함이 있거나 그 밖에 통상적으로 기대할 수 있는 안전성이 결여되어 있는 것을 말한다.
> 　가. "제조상의 결함"이란 제조업자가 제조물에 대하여 제조상·가공상의 주의의무를 이행하였는지에 관계없이 제조물이 원래 의도한 설계와 다르게 제조·가공됨으로써 안전하지 못하게 된 경우를 말한다.
> 　나. "설계상의 결함"이란 제조업자가 합리적인 대체설계(代替設計)를 채용하였더라면 피해나 위험을 줄이거나 피할 수 있었음에도 대체설계를 채용하지 아니하여 해당 제조물이 안전하지 못하게 된 경우를 말한다.
> 　다. "표시상의 결함"이란 제조업자가 합리적인 설명·지시·경고 또는 그 밖의 표시를 하였더라면 해당 제조물에 의하여 발생할 수 있는 피해나 위험을 줄이거나 피할 수 있었음에도 이를 하지 아니한 경우를 말한다.

반면, 중대재해처벌법은 제조물의 결함으로 인한 중대시민재해를 제조물의 '설계, 제조, 설치, 관리상의 결함'을 원인으로 하여 발생한 재해라고 규정하고 있다. 따라서, 제조물 책임법상 '결함'과 중대재해처벌법이 규정하는 '결함'의 내용이 완전히 동일하지는 않다고 할 것이다.

4. 종사자

> **제2조(정의)** 이 법에서 사용하는 용어의 뜻은 다음과 같다.
> 7. "종사자"란 다음 각 목의 어느 하나에 해당하는 자를 말한다.
>   가. 「근로기준법」상의 근로자
>   나. 도급, 용역, 위탁 등 계약의 형식에 관계없이 그 사업의 수행을 위하여 대가를 목적으로 노무를 제공하는 자
>   다. 사업이 여러 차례의 도급에 따라 행하여지는 경우에는 각 단계의 수급인 및 수급인과 가목 또는 나목의 관계가 있는 자

중대재해처벌법은 '종사자'를 ① 「근로기준법」상의 근로자(가목), ② 도급, 용역, 위탁 등 계약의 형식에 관계없이 그 사업의 수행을 위하여 대가를 목적으로 노무를 제공하는 자(나목) 또는 ③ 사업이 여러 차례의 도급에 따라 행하여지는 경우에는 각 단계의 수급인 및 수급인과 가목 또는 나목의 관계가 있는 자(다목)라고 정의하고 있다(제2조제7호).

참고로 산업안전보건법 제2조제1호는 '산업재해'를 "노무를 제공하는 사람이 업무에 관계되는 건설물·설비·원재료·가스·증기·분진 등에 의하거나 작업 또는 그 밖의 업무로 인하

여 사망 또는 부상하거나 질병에 걸리는 것을 말한다."라고 정의
하면서도 '노무를 제공하는 사람'의 개념에 대해서는 별도의 정의
규정을 두고 있지는 않다. 중대재해처벌법 제2조제7호는 동법의
형사법적 성격을 고려하여 중대재해처벌법의 적용에 관하여 '노
무를 제공하는 사람'의 범위를 정의한 것이라고 생각한다. 따라
서 중대재해처벌법 제2조제7호 각 목에 해당하는 사람에게 업무
에 관계되는 건설물·설비·원재료·가스·증기·분진 등에 의
하거나 작업 또는 그 밖의 업무로 인하여 동법 제2조제3호 각 목
의 어느 하나에 해당하는 결과가 발생한 경우에는 중대재해처벌
법상 중대산업재해에 해당한다고 보아야 할 것이다.

1) 근로기준법상 근로자와 근로자 이외의 노무제공자

근로기준법상 근로자는 직업의 종류와 관계없이 임금을 목적
으로 사업이나 사업장에 근로를 제공하는 사람을 말한다(근로기준법
제2조제1항제1호). 근로기준법 적용의 국면에서는 '노무를 제공하는 사
람'이 근로기준법상 근로자의 개념에 해당하는지는 매우 중요한
문제이다. 반면, 중대재해처벌법은 '종사자'라는 개념을 도입하고
근로기준법상 근로자 이외에 "도급, 용역, 위탁 등 계약의 형식에
관계없이 그 사업의 수행을 위하여 대가를 목적으로 노무를 제공
하는 자"도 '종사자'의 유형으로 열거하고 있으므로 중대재해처벌
법 적용의 국면에서는 '노무를 제공하는 사람'이 근로기준법상 근

로자에 해당하는지 여부는 크게 문제되지 않는다. 다만, 중대재해처벌법 제2조제7호나목도 "도급, 용역, 위탁 등 계약의 형식에 관계없이 그 사업의 수행을 위하여 대가를 목적으로 노무를 제공하는 자"라고 규정하고 있으므로 '대가를 목적으로' 노무를 제공하는 것으로 보기 어려운 무급가족종사자나 무급인턴, 자원봉사자 등이 중대재해처벌법상 종사자 개념에 해당하는지 해석상 논란이 예상된다.

중대재해처벌법 제2조제7호나목의 '대가'를 반드시 금전으로 엄격하게 제한할 필요는 없다고 생각한다. 따라서 무급가족종사자나 무급인턴, 자원봉사자의 경우에도 공동생활의 영위 혹은 교육기회의 제공 등 비금전적인 무형의 대가를 목적으로 노무를 제공하는 것으로 평가할 수 있다면 종사자에 해당하는 것으로 해석해야 할 것이다. 물론, 이러한 해석이 죄형법정주의 원칙에서 파생되는 '엄격해석의 원칙'에 반한다는 비판도 있을 수 있다. 그러나 근로조건 등의 규율을 직접적인 목적으로 하는 근로기준법과 달리 중대재해처벌법은 '시민과 종사자의 생명과 신체를 보호함을 목적'으로 한다는 점에서 노무의 대가의 유상성(有償性)을 엄격하게 요구할 필요는 없다고 생각한다. 물론, 입법 시 제2조제7호 나목에 "대가를 목적으로"라는 문구를 둔 것 자체가 문제이긴 하다. 향후 "대가를 목적으로"라는 문구를 삭제하는 개정이 필요하다고 생각한다.

2) 수급인 및 수급인의 종사자

중대재해처벌법 제2조제7호다목은 "사업이 여러 차례의 도급에 따라 행하여지는 경우에는 각 단계의 수급인 및 수급인과 가목 또는 나목의 관계가 있는 자"도 종사자 개념의 하나의 유형으로 규정한다.

이 규정의 핵심이 되는 단어는 '사업'이다. 어떠한 '사업'이 여러 차례의 도급에 따라 행하여지는 경우 그러한 '사업'의 원래의 '사업주'는 자신이 직접 사용하는 종사자(근로기준법상 근로자와 근로자 이외의 노무제공자) 뿐만 아니라 수급인 및 수급인의 종사자와의 관계에 있어서도 '사업주'가 된다는 의미이다.

이 조항의 해석과 관련하여 사업주가 수급인에게 직접 도급을 한 경우(즉, 도급관계가 한 차례만 있는 경우)에도 '여러 차례'의 도급에 해당하는지가 해석상 다투어질 수 있다. 예컨대, ① "원사업자(A) ⇨ 수급인(B) ⇨ 하수급인(C)"과 같은 거래구조에서 B와 C가 "각 단계의 수급인"에 해당함은 문언상 명백하나, ② "원사업자(A) ⇨ 수급인(B)"과 같은 거래구조에서 B를 "각 단계의 수급인"으로 볼 수 있는지는 논란이 있을 수 있다. 위 ①과 ②의 경우를 달리 볼 필요는 없다고 생각한다. 이 부분 역시 향후 "여러 차례의"라는 문구를 삭제하는 개정이 필요하다.

한편, 이 조항은 각 단계의 수급인의 종사자는 물론 각 단계의 '수급인' 자신도 원사업주의 종사자에 해당한다는 취지인바, 이는 개인사업자인 수급인이 원사업주를 위하여 노무를 제공하는 경우를 상정한 것으로 생각된다. 물론, 이 경우 원사업주와 직접 도급계약을 맺은 개인사업자인 수급인은 중대재해처벌법 제2조제7호나목에 따라 원사업주의 종사자에 해당할 수 있을 것이나, 원사업주와 직접 도급계약을 체결하지 않은 하수급인의 경우에는 동법 제2조제7호나목의 적용을 받기 어렵다. 따라서, 중대재해처벌법 제2조제7호다목은 원사업주와 직접 도급계약을 체결하지 않은 개인사업자인 하수급도 '원사업주의 종사자'에 해당할 수 있도록 규정한 데 실질적인 의미가 있다고 생각한다.

5. 사업주

제2조(정의) 이 법에서 사용하는 용어의 뜻은 다음과 같다.
8. "사업주"란 자신의 사업을 영위하는 자, 타인의 노무를 제공받아 사업을 하는 자를 말한다.

1) 개념

중대재해처벌법 제2조제8호는 "자신의 사업을 영위하는 자, 타인의 노무를 제공받아 사업을 하는 자"를 사업주로 정의하고 있다. '사업주'라는 용어는 다양한 법률에서 사용되고 있다. 대표적으로 근로기준법은 사용자를 "사업주 또는 사업 경영 담당자,

그 밖에 근로자에 관한 사항에 대하여 사업주를 위하여 행위하는 자"라고 정의하고 있으며(제2조제1항제2호), 산업안전보건법은 '사업주'를 "근로자를 사용하여 사업을 하는 자"라고 정의하고 있다(제2조제4호).

사실 '사업주(事業主)'라는 말은 일반적 언어관용으로는 사업의 주인(主人), 즉 소유 기타의 방법으로 사업을 지배(예컨대, 임차 등)하는 사람을 의미한다. 한편, 근로기준법의 경우 사업주는 일반적으로 근로계약의 일방당사자로 개인기업의 경우에는 개인인 영업주(營業主), 법인기업의 경우에는 법인 그 자체를 의미하는 것으로 해석되고 있다. 산업안전보건법의 경우에는 사업주를 "근로자를 사용하여 사업을 하는 자"라고 정의하고 있는데, 사실 "근로자를 사용하여 사업을 하는 자"라는 내포를 갖는 용어로는 사업주보다는 '사업자(事業者)'라는 용어가 더 적합할 것이다. 여하간, 중대재해처벌법상 '사업주'는 '사업의 주인'이라는 일반적인 언어관용으로서의 사업주가 아니라 중대재해처벌법이 동법의 수범자의 범위를 정하기 위하여 규범적으로 정의한 도구개념으로 보아야 할 것이다.

이 조항의 해석과 관련하여 "자신의 사업을 영위하는 자, 타인의 노무를 제공받아 사업을 하는 자"라는 문구의 중간 쉼표를 어떻게 해석할 것인지 문제 될 수 있다. 이를 자신의 사업을 영위하는 자 '또는' 타인의 노무를 제공받아 사업을 하는 자라고 병렬적으로 이해하는 것이 자연스러운 해석방법이라고 생각한다. 다만, '사업을 영위하는 자'와 '사업을 하는 자'가 어떻게 다른지는 필자로서는 잘 상상이 가지 않는다. 이 조항을 애써 분석해 보자면, 앞부분의 '자신의 사업을 영위하는 자'라는 문구를 '(타인의 노무를 제공받는지 여부를 불문하고) 자신의 사업을 영위하는 자'라는 의미로 보고, 뒷부분의 '타인의 노무를 제공받아 사업을 하는 자'는 '(사업의 손익이 자신에게 귀속하는지 여부를 불문하고) 타인의 노무를 제공받아 사업을 하는 자'라는 의미로 해석할 수 있을 것이다. 물론, 중대재해처벌법이 기본적으로 형사법의 성격을 갖는 법률이라는 점에서 이러한 모호한 규정은 시급한 정비가 필요하다. "타인의 노무를 제공받는지 여부를 불문하고, 자기 또는 타인의 계산으로 사업을 영위하는 자" 정도의 문구로 개정할 필요가 있다고 생각한다. 더 나아가 '사업주'라는 용어보다는 '사업자'라는 용어가 '사업을 영위하는 자'라는 개념의 내포에 어울리는 기표(記標, signifiant)라고 생각한다. '사업주'라는 하나의 기표에 근로기준법, 산업안전보건법, 중대재해처벌법이 서로 다른 '기의(記意, signifié)'를 부여하는 것은 불필요한 혼란만 초래할 뿐 아무런 실익이 없어 보인다. 참고로, 일본의 노동안전위생법(労働安全衛生法)은 사업주가 아니라 사업자(事業者)라는 용어를 사용하면서 그 개념을 "사업을 하는 자로서, 노동자를 사용하는 자"라고 정의하고 있다(제2조제3호).

2) 사업주의 유형

중대재해처벌법 제2조제8호는 사업주를 "자신의 사업을 영위하는 자, 타인의 노무를 제공받아 사업을 하는 자"라고 규정하고 있는바, 여기서 '자(者)'는 자연인과 법인 모두를 포함하는 의미라고 할 것이다. 그런데, 중대재해처벌법의 적용범위에 관한 동법 제3조는 "상시 근로자가 5명 미만인 사업 또는 사업장의 사업주(개인사업주에 한정한다. 이하 같다)"라고 규정하여 동법 제3조 이하의 규정에서의 '사업주'는 개인사업주에 한정한다고 규정하고 있다. 물론, 위 중대재해처벌법 제3조는 중대재해처벌법 제2장, 즉 중대산업재해에 관한 장(章) 내에 위치하지만, "사업주(개인사업주에 한정한다. 이하 같다)"의 '이하 같다'라는 문구에 따라 동법 제3장 중대시민재해와 동법 제4장 보칙에 포함된 조항에서의 '사업주'도 개인사업주로 한정해서 해석해야 할 것이다. 이렇게 이해하지 않으면 중대재해처벌법 제3장 이하의 조문에서 '사업주 또는 경영책임자등'이라는 문구의 해석에 난점이 발생한다. 기본적으로 중대재해처벌법의 여러 조항에서 '사업주'와 '경영담당자등'을 병치하여 규정한 것은 '사업주'와 '경영담당자등'을 범죄능력과 수형(受刑)능력을 갖춘 자연인을 전제로 한 것으로 이해해야 하기 때문이다.

따라서 사업주가 개인인가 아니면 법인 또는 기관인가는 중대재해처벌법의 적용방식에 중요한 차이를 가져온다. 생각건대, 이는 법인(法人)의 범죄능력을 긍정하지 않는 우리나라의 형법체계에서 개인사업주라는 자연인과 법인 또는 기관의 경영책임자등이라는 자연인을 중대재해처벌법이 규정하는 '안전 및 보건 확보의무'의 수범자로 규정하기 위한 것으로 생각된다. 따라서, 중대재해처벌법의 적용과 관련하여서는 사업주가 개인인지 아니면 법인 또는 기관인지가 중요한 쟁점이 된다.

이와 관련하여 법인격 없는 단체(團體)나 민법상 조합(組合), 익명조합(匿名組合), 상법상 합자조합(合資組合) 등 법인격이 인정되지 않는 조직체가 영위하는 사업의 사업주를 누구로 볼 것인지가 문제 될 것이다.

먼저, 법인격 없는 단체가 영위하는 사업의 경우에는 그러한 단체 자체를 사업주로 보아야 할 것으로 생각된다. 따라서, 법인격 없는 단체가 영위하는 사업의 경우 그러한 단체의 경영책임자등이 중대재해처벌법의 수범자로서 처벌의 대상이 된다고 보아야 할 것이다. 다만, 종래 판례는 법인격 없는 단체의 형법상 취급에 관하여 "자동차운수사업법 제72조제5호는 같은 법 제58조의 규정에 의한 허가를 받지 아니하고 자가용자동차를 유상으로 운송용에 제공하거나 임대한 자를 처벌한다고 규정한다. 같은 법 제74조는 이른바 양벌규정으로서 '법인의 대표자나 법인 또는 개인의 대리인, 사용인 기타의 종업원이 그 법인 또는 개인의 업무와 관련하여 같은 법 제72조의 위반행위를 한 때에는 행위자를 벌하는 외에 그 법인 또는 개인에 대하여도 각 해당 조항의 벌금형에 처한다'고 규정하고 있을 뿐이다. 법인격 없는 사단에 대하여서도 위 양벌규정을 적용할 것인가에 관하여는 아무런 명문의 규정을 두고 있지 아니하므로, 죄형법정주의의 원칙상 법인격 없는 사단에 대하여는 같은 법 제74조에 의하여 처벌할 수 없다. 나아가 법인격 없는 사단에 고용된 사람이 유상운송행위를 하였다 하여 법인격 없는 사단의 구성원 개개인이 위 법 제74조 소정의 '개인'의 지위에 있다 하여 처벌할 수도 없다."라는 입장이므로,[5] 법인격 없는 단체를 처벌한다는 명시적인 입법이 없는 이상 법인격 없는 단체를 처벌하는 것은 허용되지 않을 것이다. 그런데 양벌규정을 규정하는 중대재해처벌법 제7조와 제11조에서도 '법인 또는 기관'이라고만 규정하고 있을 뿐, 법인격 없는 단체의 처벌에 대해서는 명시적인 규정을 두고 있지는 않다. 따라서 법인격 없는 단체의 경영책임자등이 중대재해처벌법 위반으로 처벌을 받는 경우에도 법인격 없는 단체에 양벌규정을 적용할 수 없다고 해석하는 것이 죄형법정주의의 원칙에 부합한다. '법인 또는 기관'이라는 문구에서의 '기관'이 법인격 없는 단체를 포함하는 의미라는 견해도 있을 수 있겠으나, 여기서 '기관'은 법인격 없는 공공기관이라는 의미로 제한적으로 해석하는 것이 합리적이라고 생각한다. 통상적으로 기관(機關)이라는 말은 주로 organ의 번역

---

5) 대법원 1995. 7. 28. 선고 94도3325 판결.

어로 사용되고, organization이라는 의미를 가리키는 때에는 기관이 아니라 조직(組織)이라는 말을 사용한다. 만일, 입법자의 의사가 법인격 없는 단체에게도 양벌규정을 적용하는 데 있었다면, 법조문을 잘못 만든 것이다. '법인 또는 기관'에서 '기관'이라는 문구에 법인격 없는 단체가 포함된다는 해석은 적어도 형사법규의 해석으로는 동의하기 어렵다.

한편, 민법상 조합, 익명조합 및 상법상 합자조합이 영위하는 사업의 경우 그러한 사업은 각각 민법상 조합의 조합원들의 합유(合有)로 귀속되거나, 익명조합의 영업자 또는 합자조합의 업무집행조합원 개인의 사업으로 보아야 할 것으로 생각한다. 따라서, 이러한 조합원, 영업자, 업무집행조합원이 자연인인 경우에는 그러한 자연인을 개인사업주로 보아야 할 것이고, 조합원, 영업자, 업무집행조합원이 법인(法人)인 경우에는 그러한 조합원 등을 법인사업주로 취급하여야 할 것이다.

6. 경영책임자등

제2조(정의) 이 법에서 사용하는 용어의 뜻은 다음과 같다.
9. "경영책임자등"이란 다음 각 목의 어느 하나에 해당하는 자를 말한다.
　가. 사업을 대표하고 사업을 총괄하는 권한과 책임이 있는 사람 또는 이에 준하여 안전보건에 관한 업무를 담당하는 사람
　나. 중앙행정기관의 장, 지방자치단체의 장, 「지방공기업법」에 따른 지방공기업의 장, 「공공기관의 운영에 관한 법률」 제4조부터 제6조까지의 규정에 따라 지정된 공공기관의 장

1) 경영책임자등의 법적 지위

현행 산업안전보건법 제38조는 '사업주'의 안전조치의무를, 동법 제39조는 '사업주'의 보건조치의무를 규정하고 있으며, 동법 제63조는 도급인의 안전ㆍ보건조치의무를 규정하고 있다. 한편, 산업안전보건법 제2조제7호는 도급인을 물건의 제조ㆍ건설ㆍ수리 또는 서비스의 제공, 그 밖의 업무를 도급하는 '사업주'를 말한다고 규정하고 있다. 결국 산업안전보건법이 규정하는 안전ㆍ보건조치의무는 사업주가 개인인지 법인인지를 묻지 않고 '사업주'를 수범자로 한다.

이러한 산업안전보건법 규정과 달리 중대재해처벌법 제4조제1항은 개인사업주 또는 경영책임자등은 개인사업주나 법인 또는 기관이 실질적으로 지배ㆍ운영ㆍ관리하는 사업 또는 사업장에서 종사자의 안전ㆍ보건상 유해 또는 위험을 방지하기 위한 안전 및 보건조치를 하여야 한다고 규정하고 있다. 즉, 산업안전보건법 안전ㆍ보건조치의무의 수범자가 사업주인 것과 달리 중대재해처벌법상 안전 및 보건 확보의무는 ① 개인사업주의 경우에는 그 개인사업주, ② 개인사업주 이외의 사업주(법인 또는 비법인 단체, 공공기관 등)의 경우에는 그 경영책임자등이라는 자연인(自然人)을 수범자로 한다. 중대재해처벌법 제5조 또한 개인사업주 또는 경영책임자등은 개인사업주나 법인 또는 기관이 제3자에게 도급, 용역, 위탁 등을 행한 경우 제3자의 종사자에게 중대산업재해가 발생하지 않도록

제4조의 조치를 하여야 한다고 규정하여 개인사업주 또는 경영책임자등이라는 자연인을 수범자로 한다. 이처럼 '경영책임자등'은 중대재해처벌법이 규정하는 '안전 및 보건 확보의무'의 수범자로 법정$^{(法定)}$된 자연인이다. 그러므로 '경영책임자등'이라는 지위는 중대재해처벌법 위반죄[6]의 구성요건적 신분$^{(身分)}$에 해당한다. 따라서, '경영책임자등'에 관한 중대재해처벌법 제2조제9호 각 목의 규정은 범죄구성요건으로서의 신분을 규정하는 것이므로 엄격하게 해석할 필요가 있다.

한편, 의무의 주체에 관한 산업안전보건법과 중대재해처벌법의 이러한 차이는 각 법률 위반죄의 벌칙규정 적용방식에도 차이를 가져온다. 산업안전보건법 제167조제1항은 동법 제38조제1항부터 제3항까지, 제39조제1항 또는 제63조를 위반하여 근로자를 사망에 이르게 한 자는 7년 이하의 징역 또는 1억원 이하의 벌금에 처한다고 규정하는바, 위에서 살펴본 바와 같이 산업안전보건법 제38조 등의 수범자는 '사업주'이므로 산업안전보건법 제

---

[6] 공소장 및 불기소장에 기재할 죄명에 관한 예규[대검찰청예규 제1264호, 2022. 1. 27., 일부개정]의 [별표 5]는 중대재해 유형(중대산업·시민재해) 및 발생된 결과(사망 또는 상해)를 기준으로 4개 유형으로 구분하여 중대재해처벌법 위반 사건에 적용할 죄명(罪名)을 아래 표와 같이 신설하였다.

중대재해처벌등에관한법률 해당 조문	죄 명 표 시
제6조제1항	중대재해처벌등에관한법률위반(산업재해치사)
제6조제2항	중대재해처벌등에관한법률위반(산업재해치상)
제10조제1항	중대재해처벌등에관한법률위반(시민재해치사)
제10조제2항	중대재해처벌등에관한법률위반(시민재해치상)

167조제1항은 그 행위주체가 '사업주'로 한정된 일종의 신분범이다. 그런데, 산업안전보건법은 제173조에서 "법인의 대표자나 법인 또는 개인의 대리인, 사용인, 그 밖의 종업원이 그 법인 또는 개인의 업무에 관하여 제167조제1항 …⁽중략⁾… 에 해당하는 위반행위를 하면 '그 행위자를 벌하는 외'에 그 법인에게 다음 각 호의 구분에 따른 벌금형을, 그 개인에게는 해당 조문의 벌금형을 과⁽科⁾한다."라고 규정하고 있다. 따라서 '법인의 대표자나 법인 또는 개인의 대리인, 사용인, 그 밖의 종업원'이 산업안전보건법 제167조제1항에 해당하는 위반행위를 한 경우 신분자인 '사업주'를 처벌하는 외에 신분이 없는 실제 행위자도 처벌할 수 있는지 문제된다. 이에 관해서는 ① 법문이 범행의 주체를 사업주 등으로 한정하고 있는 이상 종업원 등 비신분자를 처벌할 수 없다고 하는 견해⁽부정설⁾, ② 양벌규정의 취지는 각 본조의 위반행위를 사업주 등이 직접 하지 아니한 경우에도 그 행위자와 사업주 양자 모두를 처벌함에 있다는 이유로 위 법문 중 '행위자를 벌하는 외에'라는 문구에 근거하여 행위자를 처벌할 수 있다는 견해⁽긍정설⁾, ③ 사실적인 고찰방법을 통하여 사업주라는 개념 속에는 사업주뿐만 아니라 그를 대리하여 또는 그의 명에 의하여 행위를 하는 종업원 등도 포함된다고 보아 일종의 행위자 표지의 확장을 통해⁽즉, 종업원 등을 사업주로 보아⁾ 벌칙 본조에 의해 비신분자를 직접 처벌할 수 있다는 견해⁽행위자표지 확장설⁾가 대립한다. 종래 판례는 양벌규정은 벌칙규정의 실효성을 확보하기 위하여 그 행위자와 사업주 쌍방을 모두 처벌하려는 데에 그 취지가 있다고 보아 양벌규정이 행위자에 대한 처벌규정임과 동시에 그 위반행위의 이익 귀속주체인 사업주에 대한 처벌규정이라는 입장에서 행위자에 대한 처벌을 긍정한 바 있다.[7]

이러한 산업안전보건법과 달리 중대산업재해의 처벌과 관련하여 중대재해처벌법 제4조와 제5조는 안전 및 보건 확보의무의 수범자를 개인사업주의 경우에는 그 개인사업주, 법인사업주의 경우에는 그 경영책임자로 규정한다. 따라서 벌칙규정에서도 개인사업주나 경영책임자등 자연인을 범죄행위의 주체로 규정하고 있다. 즉, 중대재해처벌법 제6조제1항은 "제4조 또는 제5조를 위반하여 제2조제2호가목의 중대산업재해에 이르게 한 사업주 또는 경영책임자등은 1년 이상의 징역 또는 10억원 이하의 벌금에 처한다. 이 경우 징역과 벌금을 병과할 수 있다."라고 하여 행위주체가 자연인임을 전제로 징역과 벌금을 병과하고 있다. 한편, 중대재해처벌법 제7조는 "법인 또는 기관의 경영책임자등이 그 법인 또는 기관의 업무에 관하여 제6조에 해당하는 위반행위를 하면 그 행위자를 벌하는 외에 그 법인 또는 기관에게 다음 각 호

---

7) 대법원 1999. 7. 15. 선고 95도2870 전원합의체 판결.

의 구분에 따른 벌금형을 과(科)한다."라는 양벌규정을 정하고 있다. 따라서, 산업안전보건법의 경우 본래의 행위주체는 사업주이고, 사업주가 아닌 종업원 등 행위자는 소위 '양벌규정의 역적용'이라는 방식으로 처벌되는 것과 달리 중대재해처벌법은 본래의 행위주체가 개인사업주 및 법인 또는 기관의 경영책임자등의 개인이고, 사업주가 법인 또는 기관인 경우에는 경영책임자등의 위반행위가 있는 경우 그 법인 등을 벌금형에 처하는 방식을 취한다는 점에서 차이가 있다. 이러한 점에서 산업안전보건법의 양벌규정이 법인사업주 외에 개인사업주에게도 적용되는 것[8]과 달리 중대재해처벌법의 양벌규정은 논리필연적으로 개인사업주에게는 적용될 여지가 없다. 중대시민재해의 처벌에 관한 중대재해처벌법 제9조부터 제11조까지의 해석도 기본적으로 중대산업재해에 관한 동법 제4조부터 제7조까지에 관한 해석과 동일하게 이해하면 될 것이다.

한편, 양벌규정을 정하고 있는 중대재해처벌법 제8조와 제11조의 각 단서는 "다만, 법인 또는 기관이 그 위반행위를 방지하기

---

[8] 산업안전보건법 제173조 본문은 "법인의 대표자나 법인 또는 개인의 대리인, 사용인, 그 밖의 종업원이 그 법인 또는 개인의 업무에 관하여 제167조제1항 또는 제168조부터 제172조까지의 어느 하나에 해당하는 위반행위를 하면 그 행위자를 벌하는 외에 그 법인에게 다음 각 호의 구분에 따른 벌금형을, 그 개인에게는 해당 조문의 벌금형을 과(科)한다."라고 규정하여 사업주가 개인인 경우에도 그 대리인, 사용인, 그 밖의 종업원의 위반행위가 있는 경우 개인사업주에게 해당 조문의 벌금형을 과(科)한다고 명시적으로 규정하고 있다.

위하여 해당 업무에 관하여 상당한 주의와 감독을 게을리하지 아니한 경우에는 그러하지 아니하다."고 규정하여 법인 또는 기관의 면책을 규정하고 있다. 이는 헌법재판소가 2007년 이후 일관되게 면책규정 없는 양벌규정을 위헌으로 결정해 온 것을 고려한 입법이라고 생각된다.[9] 그런데 중대재해처벌법 위반죄의 경우 행위자가 법인의 대리인·사용인 기타의 종업원이 아니라 법인의 '경영책임자등'이라는 점에서 이러한 면책규정이 실제로 적용될 수 있는 사안이 있을지 의문이다.

법인의 경영책임자등은 기본적으로 해당 법인의 대표자에 해당할 것인바, '법인 또는 기관이 그 위반행위를 방지하기 위하여 해당 업무에 관하여 상당한 주의와 감독을 게을리하지 아니한 경우'라면 애초에 경영책임자등의 안전·보건 확보의무 위반이 인정되기 어려울 것이고, 반대로 경영책임자등이 고의로 안전·보건 확보의무를 위반하였음에도 '법인 또는 기관이 그 위반행위를 방지하기 위하여 해당 업무에 관하여 상당한 주의와 감독을 게을리하지 아니한 경우'라고 평가할 수 있는 사안은 상상하기 어렵다. 따라서 중대재해처벌법 제8조와 제11조의 각 단서 조항에 근거하여 법인 또는 기관이 면책될 가능성은 거의 없다고 생각한다.

---

9) 헌재 2007. 11. 29. 2005헌가10 외 다수.

2) 제2조제9호가목의 경영책임자

중대재해처벌법 제2조제9호가목은 ① 사업을 대표하고 사업을 총괄하는 권한과 책임이 있는 사람 또는 ② 이에 준하여 안전보건에 관한 업무를 담당하는 사람을 경영책임자등으로 정의한다. 같은 호 나목에서 가목과 별도로 '중앙행정기관의 장, 지방자치단체의 장, 「지방공기업법」에 따른 지방공기업의 장, 「공공기관의 운영에 관한 법률」 제4조부터 제6조까지의 규정에 따라 지정된 공공기관의 장'을 공공부문 사업에서의 경영책임자등으로 규정하고 있음을 고려할 때, 중대재해처벌법 제2조제9호가목은 원칙적으로는 영리 또는 비영리를 불문하고 민간부문 사업에서의 경영책임자등을 정의하는 규정으로 이해된다. 따라서, 국가, 지방자치단체 기타 공법인(公法人)이나 이들의 기관(機關)이나 영조물(營造物)이 영위하는 사업에서의 경영책임자등이 누구인가는 먼저 중대재해처벌법 제2조제9호나목에 따라 판단하여야 할 것이다. 다만, 중대재해처벌법 제2조제9호나목에 열거되지 않는 공법인이나 기관 등의 경우에는 다시 중대재해처벌법 제2조제9호가목의 규정에 따라 해당 공법인이나 기관 등이 영위하는 사업을 대표하고 사업을 총괄하는 권한과 책임이 있는 사람 또는 이에 준하여 안전보건에 관한 업무를 담당하는 사람을 그러한 사업에 관한 경영책임자등으로 보아야 할 것으로 생각한다.

가. 사업을 대표하고 사업을 총괄하는 권한과 책임이 있는 사람

가) 사업을 대표할 권한과 책임이 있는 사람

중대재해처벌법 제2조제9호가목 전단은 "사업을 대표하고 사업을 총괄하는 권한과 책임이 있는 사람"을 경영책임자등으로 정의하는바, 위 문구의 해석과 관련하여 먼저 어문법칙에 따라 위 문구의 구조를 분석해 볼 필요가 있다. 가능한 해석방법으로는 ① "사업을 대표하고, 사업을 총괄하는 권한과 책임이 있는 사람"이라고 읽는 방식과 ② "사업을 대표하는 권한과 책임이 있고, 사업을 총괄하는 권한과 책임이 있는 사람"이라고 읽는 방식을 생각할 수 있다. 양자의 차이는 ①의 해석에 의하면 사업을 '대표'한다는 의미는 법률에 따라 대표권(代表權)이 인정되는 법정기관(예컨대, 비영리법인의 이사, 주식회사의 대표이사 등) 외에 사업을 '사실상' 대표하는 자 (예컨대, 이사가 아니면서 명예회장·회장·사장·부사장·전무·상무·이사 기타 회사의 업무를 집행할 권한이 있는 것으로 인정될 만한 명칭을 사용하여 회사의 업무를 집행한 자 기타 상법 제201조의2 소정의 업무집행지시자 등)도 '사업을 대표하는 자'에 포섭될 수 있을 것이다. 그러나, ②의 해석에 의하면 법률에 따라 대표권이 인정되는 법정기관만이 '사업을 대표하는 권한과 책임이 있는 자'에 포섭될 수 있을 것이다.

앞에서 서술한 바와 같이 '경영책임자등'에 관한 중대재해처벌법 제2조제9호 각 목의 규정은 범죄구성요건으로서의 신분을 규정하는 것이어서 엄격하게 해석할 필요가 있다는 점에서 ②의 해석을 따르는 것이 타당하다고 생각한다. 다만, 상법 제201조의2[10] 소정의 업무집행지시자 등 법률상 권한이 없음에도 이사에게 업무집행을 지시하거나 회사의 업무를 집행한 사람은 구체적인 사실관계에 따라 형법 제30조의 공동정범[11]이나 제31조제1항의 교사범[12]의 죄책(罪責)을 부담하는 경우가 있을 것이다. 형법 제33조 본문은 "신분이 있어야 성립되는 범죄에 신분 없는 사람이 가담한 경우에는 그 신분 없는 사람에게도 제30조부터 제32조까지의 규정을 적용한다."고 규정하고 있으므로, 업무집행지시자 등이 경영책임자등의 중대재해처벌법 위반행위에 가공하거나 이를 교사한 경우에는 경영책임자등이라는 신분이 없더라도 공동정범 또는 교사범의 죄책을 질 수 있기 때문이다.

한편, 사업을 대표할 권한과 책임, 즉 대표권이 있는 사람이

---

10) 상법 제401조의2(업무집행지시자 등의 책임) ① 다음 각 호의 어느 하나에 해당하는 자가 그 지시하거나 집행한 업무에 관하여 제399조, 제401조, 제403조 및 제406조의2를 적용하는 경우에는 그 자를 "이사"로 본다. 〈개정 2020. 12. 29.〉

　1. 회사에 대한 자신의 영향력을 이용하여 이사에게 업무집행을 지시한 자

　2. 이사의 이름으로 직접 업무를 집행한 자

　3. 이사가 아니면서 명예회장·회장·사장·부사장·전무·상무·이사 기타 회사의 업무를 집행할 권한이 있는 것으로 인정될 만한 명칭을 사용하여 회사의 업무를 집행한 자

　② 제1항의 경우에 회사 또는 제3자에 대하여 손해를 배상할 책임이 있는 이사는 제1항에 규정된 자와 연대하여 그 책임을 진다.

　[본조신설 1998. 12. 28.]

11) 형법 제30조(공동정범) 2인 이상이 공동하여 죄를 범한 때에는 각자를 그 죄의 정범으로 처벌한다.

12) 형법 제31조(교사범) ① 타인을 교사하여 죄를 범하게 한 자는 죄를 실행한 자와 동일한 형으로 처벌한다.

누구인가는 해당 법인의 설립근거가 되는 법률의 규정에 따라 판단하여야 한다. 여기서 대표권은 대외적 관계에서 법인을 대표하여 법인의 의사를 표시할 수 있는 권한(權限)을 의미한다.

〈각종 법인의 대표자〉

법인의 종류	근거법률	비고
민법상 비영리법인	민법 제59조(이사의 대표권) ① 이사는 법인의 사무에 관하여 각자 법인을 대표한다. 그러나 정관에 규정한 취지에 위반할 수 없고 특히 사단법인은 총회의 의결에 의하여야 한다. 민법 제60조(이사의 대표권에 대한 제한의 대항요건) 이사의 대표권에 대한 제한은 등기하지 아니하면 제삼자에게 대항하지 못한다.	민법상 비영리법인은 원칙적으로 모든 이사가 각자 법인을 대표한다. 다만, 정관으로 이를 제한할 수 있으며, 이러한 경우 등기를 하여야 제3자에게 대항할 수 있다.
합명회사	상법 제207조(회사대표) 정관으로 업무집행사원을 정하지 아니한 때에는 각 사원은 회사를 대표한다. 수인의 업무집행사원을 정한 경우에 각 업무집행사원은 회사를 대표한다. 그러나 정관 또는 총사원의 동의로 업무집행사원 중 특히 회사를 대표할 자를 정할 수 있다. 상법 제209조(대표사원의 권한) ① 회사를 대표하는 사원은 회사의 영업에 관하여 재판상 또는 재판 외의 모든 행위를 할 권한이 있다.	합명회사의 경우 ① 정관 또는 총사원의 동의로 업무집행사원 중 특히 회사를 대표할 자를 정한 경우에는 그러한 '대표업무집행사원', ② 정관으로 업무집행사원을 정한 경우에는 그러한 업무집행 사원, ③ 정관으로 업무집행사원을 정하지 아니한 때에는 각 사원이 회사를 대표한다.
합자회사	상법 제269조(준용규정) 합자회사에는 본장에 다른 규정이 없는 사항은 합명회사에 관한 규정을 준용한다. 상법 제278조(유한책임사원의 업무집행. 회사대표의 금지) 유한책임사원은 회사의 업무집행이나 대표행위를 하지 못한다.	합명회사의 경우 ① 정관 또는 총사원의 동의로 업무집행사원 중 특히 회사를 대표할 자를 정한 경우에는 그러한 '대표업무집행사원', ② 정관으로 업무집행사원을 정한 경우에는 그러한 업무집행사원, ③ 정관으로 업무집행사원을 정하지 아니한 때에는 각 무한책임사원이 회사를 대표한다.

		다만, 업무집행사원은 무한책임사원 중에서 선임하여야 한다.
유한책임회사	상법 제287조의12(업무의 집행) ① 유한책임회사는 정관으로 사원 또는 사원이 아닌 자를 업무집행자로 정하여야 한다. 상법 제287조의15(법인이 업무집행자인 경우의 특칙) ① 법인이 업무집행자인 경우에는 그 법인은 해당 업무집행자의 직무를 행할 자를 선임하고, 그 자의 성명과 주소를 다른 사원에게 통지하여야 한다. 상법 제287조의19(유한책임회사의 대표) ① 업무집행자는 유한책임회사를 대표한다. ② 업무집행자가 둘 이상인 경우 정관 또는 총사원의 동의로 유한책임회사를 대표할 업무집행자를 정할 수 있다.	유한책임사원의 경우 ① 정관 또는 총사원의 동의로 회사를 대표할 업무집행자를 정한 경우에는 그러한 대표업무집행자, ② 대표업무집행사원을 정하지 아니한 때에는 각 업무집행자가 회사를 대표한다. 다만, 유한책임회사의 경우 '법인'의 경우에도 업무집행지시자가 될 수 있으므로 이러한 법인(法人)인 업무집행지시자를 중대재해처벌법상 경영책임자등으로 보기는 어려울 것이다. 현행법상 법인의 범죄능력을 일반적으로 인정하는 규정은 없기 때문이다. 다만, 법인인 업무집행지시자의 대표자가 '이에 준하여 안전보건에 관한 업무를 담당하는 사람'에 해당할 수는 있을 것이다.
주식회사	상법 제383조(원수, 임기) ① 이사는 3명 이상이어야 한다. 다만, 자본금 총액이 10억원 미만인 회사는 1명 또는 2명으로 할 수 있다. ⑥ 제1항 단서의 경우에는 각 이사(정관에 따라 대표이사를 정한 경우에는 그 대표이사를 말한다)가 회사를 대표하며 제343조제1항 단서, 제346조제3항, 제362조, 제363조의2제3항, 제366조제1항, 제368조의4제1항, 제393조제1항, 제412조의3제1항 및 제462조의3제1항에 따른 이사회의 기능을 담당한다. 〈개정 2009. 5. 28., 2011. 4. 14.〉 상법 제389조(대표이사) ① 회사는 이사회의 결의로 회사를 대표할 이사를 선정하여야 한다. 그러나 정관으로 주주총회에서 이를 선정할 것을 정할 수 있다.	주식회사의 대표이사가 회사를 대표한다. 다만, 자본금 총액이 10억원 미만인 회사(소규모회사)로서 이사를 1명 또는 2명으로 한 경우에는 각 이사(정관에 따라 대표이사를 정한 경우에는 그 대표이사를 말한다)가 회사를 대표한다. 한편, 집행임원 설치회사의 경우에는 대표집행임원(집행임원이 1인인 경우에는 그 집행임원)이 회사를 대표한다.

주식회사	상법 제408조의2(집행임원 설치회사, 집행임원과 회사의 관계) ① 회사는 집행임원을 둘 수 있다. 이 경우 집행임원을 둔 회사(이하 "집행임원 설치회사"라 한다)는 대표이사를 두지 못한다. 제408조의5(대표집행임원) ① 2명 이상의 집행임원이 선임된 경우에는 이사회 결의로 집행임원 설치회사를 대표할 대표집행임원을 선임하여야 한다. 다만, 집행임원이 1명인 경우에는 그 집행임원이 대표집행임원이 된다. ② 대표집행임원에 관하여는 이 법에 다른 규정이 없으면 주식회사의 대표이사에 관한 규정을 준용한다.	
유한회사	상법 제562조(회사대표) ① 이사는 회사를 대표한다. ② 이사가 수인인 경우에 정관에 다른 정함이 없으면 사원총회에서 회사를 대표할 이사를 선정하여야 한다.	유한회사는 이사가 1인인 경우에는 그 이사가, 이사가 수인인 경우에는 정관에 다른 정함이 없으면 사원총회에서 선정한 이사가 회사를 대표한다.
협동조합 기본법	협동조합 기본법 제3조(명칭) ① 협동조합은 협동조합이라는 문자를, 협동조합연합회는 협동조합연합회라는 문자를, 사회적협동조합은 사회적협동조합이라는 문자를, 사회적협동조합연합회는 사회적협동조합연합회라는 문자를, 이종협동조합연합회는 이종협동조합연합회라는 문자를 각각 명칭에 사용하여야 한다. 〈개정 2020. 3. 31.〉 ③ 이 법에 따라 설립된 협동조합 등 및 협동조합연합회 등이 아니면 제1항에 따른 문자 또는 이와 유사한 문자를 명칭에 사용할 수 없다. 〈개정 2014. 1. 21., 2020. 3. 31.〉 제4조(법인격과 주소) ① 협동조합 · 협동조합연합회 및 제115조의8제1항을 적용받는 이종협동조합연합회(같은 조 제2항에 해당하는 경우는 제외한다. 이하 같다)는 법인으로 한다. 〈개정 2020. 3. 31.〉 ② 사회적협동조합 · 사회적협동조합연합회 및 제115조의8제2항을 적용받는 이종협동조합연합회는 비영리법인으로 한다. 〈개정 2020. 3. 31.〉	협동조합 기본법에 따른 법인인 협동조합은 이사장이 협동조합을 대표한다.

협동조합 기본법	협동조합 기본법 제34조(임원) ① 협동조합에 임원으로서 이사장 1명을 포함한 3명 이상의 이사와 1명 이상의 감사를 둔다. ② 이사의 정수 및 이사·감사의 선출방법 등은 정관으로 정한다. ③ 이사장은 이사 중에서 정관으로 정하는 바에 따라 총회에서 선출한다. ④ 조합원인 법인이 협동조합의 임원인 경우 그 조합원인 법인은 임원의 직무를 수행할 사람을 선임하고, 그 선임한 사람의 성명과 주소를 조합원에게 통지하여야 한다. 〈신설 2014. 1. 21.〉 협동조합 기본법 제41조(이사장 및 이사의 직무) ① 이사장은 협동조합을 대표하고 정관으로 정하는 바에 따라 협동조합의 업무를 집행한다.	

나) 사업을 총괄하는 권한과 책임

위에서 본 대표권$^{(代表權)}$이 대외적 관계에서 법인의 의사를 표시할 권한이라면, '사업을 총괄하는 권한과 책임'은 대내적 관계에서 법인의 업무를 집행할 권한, 즉 업무집행권을 의미한다.

대외적 관계에서 제3자의 신뢰 보호가 중요한 대표권의 경우에는 그러한 권한을 제한하는 것이 용이하지 않지만, 대내적 업무집행권의 경우에는 정관이나 사원총회, 주주총회 또는 이사회 등의 결의로 수인$^{(數人)}$의 임원에게 업무집행을 분할하여 담당하도록 하는 것이 오히려 일반적이다. 다만, 중대재해처벌법 제2조제9호가목 전단은 경영책임자등을 "사업을 대표하고 사업을 총괄하는 권한과 책임이 있는 사람"이라고 규정하고 있으므로, 위 규정에 따른 경영책임자등은 '$^{(대외적으로)}$ 사업을 대표할 권한과 책임'

66

이 있고 이와 동시에 '(대내적으로) 사업을 총괄하는 권한과 책임'이
있는 사람이라는 의미로 해석해야 할 것이다. 이렇게 이해해야만
중대재해처벌법 제2조제9호가목 후단에서 "이에 준하여 안전보
건에 관한 업무를 담당하는 사람"을 경영책임자등으로 별도로 규
정한 실익이 있기 때문이다.

〈각종 법인의 최고 업무집행권자〉

법인의 종류	근거법률	비고
민법상 비영리법인	민법 제58조(이사의 사무집행) ① 이사는 법인의 사무를 집행한다. ② 이사가 수인인 경우에는 정관에 다른 규정이 없으면 법인의 사무집행은 이사의 과반수로써 결정한다.	민법상 비영리법인은 각 이사가 법인의 사무를 집행한다.
합명회사	상법 제200조(업무집행의 권리의무) ① 각 사원은 정관에 다른 규정이 없는 때에는 회사의 업무를 집행할 권리와 의무가 있다. ② 각 사원의 업무집행에 관한 행위에 대하여 다른 사원의 이의가 있는 때에는 곧 행위를 중지하고 총사원과반수의 결의에 의하여야 한다.	합명회사의 경우 각 사원은 정관에 다른 규정이 없는 때에는 회사의 업무를 집행할 권리와 의무가 있다.
합자회사	상법 제273조(업무집행의 권리의무) 무한책임사원은 정관에 다른 규정이 없는 때에는 각자가 회사의 업무를 집행할 권리와 의무가 있다.	합자회사의 경우 무한책임사원은 정관에 다른 규정이 없는 때에는 각자가 회사의 업무를 집행할 권리와 의무가 있다.

법인의 종류	근거법률	비고
유한 책임회사	상법 제287조의12(업무의 집행) ① 유한책임회사는 정관으로 사원 또는 사원이 아닌 자를 업무집행자로 정하여야 한다. ② 1명 또는 둘 이상의 업무집행자를 정한 경우에는 업무집행자 각자가 회사의 업무를 집행할 권리와 의무가 있다. 이 경우에는 제201조제2항을 준용한다. 상법 제287조의15(법인이 업무집행자인 경우의 특칙) ① 법인이 업무집행자인 경우에는 그 법인은 해당 업무집행자의 직무를 행할 자를 선임하고, 그 자의 성명과 주소를 다른 사원에게 통지하여야 한다.	유한책임사원의 경우 1명 또는 둘 이상의 업무집행자를 정한 경우에는 업무집행자 각자가 회사의 업무를 집행할 권리와 의무가 있다. 법인이 업무집행자인 경우에는 그 법인은 해당 업무집행자의 직무를 행할 자를 선임해야 하나, 이렇게 선임된 자는 법인인 업무집행자의 위임을 받아 업무집행을 대행하는 자일 뿐 엄격한 의미에서의 '업무집행자'로 보기는 어렵다.
주식회사	상법 제389조(대표이사) ① 회사는 이사회의 결의로 회사를 대표할 이사를 선정하여야 한다. 그러나 정관으로 주주총회에서 이를 선정할 것을 정할 수 있다. 상법 제408조의2(집행임원 설치회사, 집행임원과 회사의 관계) ① 회사는 집행임원을 둘 수 있다. 이 경우 집행임원을 둔 회사(이하 "집행임원 설치회사"라 한다)는 대표이사를 두지 못한다. 상법 제408조의4(집행임원의 권한) 집행임원의 권한은 다음 각 호의 사항으로 한다. 1. 집행임원 설치회사의 업무집행 2. 정관이나 이사회의 결의에 의하여 위임받은 업무집행에 관한 의사결정	상법은 다른 회사와는 달리 주식회사의 업무집행자에 대해서는 명시적인 규정을 두고 있지 않다. 다만, 대외적 대표권을 갖는 대표이사가 업무집행권을 갖는다고 해석할 수 있을 것이다. 한편, 집행임원 설치회사의 경우 업무집행권은 집행임원에게 있다.
유한회사	상법 제561조(이사) 유한회사에는 1인 또는 수인의 이사를 두어야 한다. 상법 제564조(업무집행의 결정, 이사와 회사간의 거래) ① 이사가 수인인 경우에 정관에 다른 정함이 없으면 회사의 업무집행, 지배인의 선임 또는 해임과 지점의 설치·이전 또는 폐지는 이사 과반수의 결의에 의하여야 한다. 〈개정 1984. 4. 10.〉	유한회사는 이사가 1인인 경우에는 그 이사가 업무를 집행한다. 이사가 수인인 경우에는 대외적 대표권을 갖는 이사가 업무집행권을 갖는다고 해석할 수 있을 것이다.
협동조합 기본법	협동조합 기본법 제41조(이사장 및 이사의 직무) ① 이사장은 협동조합을 대표하고 정관으로 정하는 바에 따라 협동조합의 업무를 집행한다.	협동조합 기본법에 따른 법인인 협동조합은 이사장이 대표한다.

다) 정리

상기 논의를 정리해 보면, 중대재해처벌법 제2조제9호가목 전단의 "사업을 대표하고 사업을 총괄하는 권한과 책임이 있는 사람"은 법인의 설립근거 법령과 정관 등에 근거하여 법인을 대외적으로 대표하는 동시에 대내적으로 사업을 '총괄'하는 지위에 있는 자(즉, 법률상 권한이 있는자)를 의미하는 것으로 해석해야 할 것이다. 한편, 법인격 없는 단체의 경우에는 그러한 단체 자체를 사업주로 보아야 할 것이므로 해당 단체의 정관 또는 규약 등에 근거하여 해당 단체를 대표하는 지위에 있는 사람을 경영책임자등으로 보아야 할 것이다.

나. 이에 준하여 안전보건에 관한 업무를 담당하는 사람

중대재해처벌법 제2조제9호가목 후단은 "이에 준하여 안전보건에 관한 업무를 담당하는 사람"을 경영책임자등으로 정의한다. 이 부분은 법인 또는 기관에 소속되어 그러한 법인 또는 기관의 안전보건에 관한 업무를 담당하는 사람이 그러한 법인 또는 기관의 경영담당자등으로 인정되기 위해서는 '사업을 대표하고 사업을 총괄하는 권한과 책임이 있는 사람'에 준(準)하는 권한과 책임이 있어야 한다는 취지로 제한적으로 해석해야 할 것이다.

주식회사의 대표이사는 그가 지닌 경영에 대한 전문지식과 능력, 경험을 평가받아 이사회 또는 주주총회에서 선임된다. 따라서 상법은 대표이사에 취임하면 그 의사와 상관없이 대표권이라는 포괄적·정형적·불가제한적인 권한을 부여하고 있다. 따라서 대표이사가 대표권을 평이사라든가 상업사용인 기타 제3자에게 항구적으로 위임하여 이들로 하여금 회사를 대표하게 하는 것은 대표이사제를 유명무실하게 하는 것으로서 무효이다.[13] 그러므로 대표이사가 전단적으로 최고안전책임자(Chief Security Officer, CSO)를 선임하고 최고안전책임자에게 자신의 대표권을 위임하는 것은 허용되지 않는다. 따라서 그 명칭이 무엇이 되었든 대표이사로부터 그 권한의 일부를 위임받은 수임인(受任人)이나 회사의 지시에 따라 업무를 수행하는 근로자는 '이에 준하여' 안전보건에 관한 업무를 담당하는 사람으로 보기 어렵다.

한편, 상법 제564조제1항은 주식회사가 그 지배인을 선임 또는 해임하는 경우 이사 과반수의 결의에 의하여야 한다고 규정하고 있으므로, 주식회사의 임원(officer)으로 최고안전책임자를 선임하는 경우에는 적어도 이사회의 결의가 있어야 할 것이다. 나아가 임원으로 최고안전책임자를 선임했다고 해서 최고안전책임자가 당연히 경영책임자등이 되는 것도 아니다. 중대재해처벌법 제2조제9호가목 후단의 "이에 준하여"라는 말은 문언상 '사업을 대표하고 사업을 총괄하는 권한과 책임이 있는 사람'에 준한다는 의

---

13) 권기범, 『현대회사법론』(제5판), 삼지원, 2014, p.903.

미이다. 따라서, 법률상 대표권은 없지만 특정 사업부문에 대하여 포괄적 대리권을 수여 받아 해당 사업부문의 외부적 거래행위에 관하여 대표자에 준하여 대외적 의사표시를 할 수 있고, 또한 회사의 정관이나 이사회 결의 등에 따라 내부적으로 해당 사업부문의 경영활동을 총괄할 권한을 부여받은 사람만이 "이에 준하여 안전보건에 관한 업무를 담당하는 사람"에 해당할 여지가 있다고 생각한다.

다. 제2조제9호가목의 '또는'의 의미

중대재해처벌법 제2조제9호가목은 "사업을 대표하고 사업을 총괄하는 권한과 책임이 있는 사람 또는 이에 준하여 안전보건에 관한 업무를 담당하는 사람"을 경영책임자등으로 정의하는바, 위 조항에서 '또는'의 해석이 문제된다.

먼저, 기본적으로 법인 또는 법인격 없는 단체가 하나의 사회적 실체로 인정되려면 대표기관은 필수적으로 요구된다. 따라서 '사업을 대표하고 사업을 총괄하는 권한과 책임이 있는 사람', 즉 대표자가 없는 법인 또는 법인격 없는 단체는 상상하기 어렵다. 따라서, 중대재해처벌법 제2조제9호가목의 '또는'이라는 문구를 '사업을 대표하고 사업을 총괄하는 권한과 책임이 있는 사람'이 없을 때 보충적으로 '이에 준하여 안전보건에 관한 업무를 담당하는 사람'이 경영책임자등이 된다는 취지로 해석한다면 후단 부분은 대표이사의 유고(有故) 시 등 예외적인 경우 이외에는 적용될 여지가 없다.

반대로, '이에 준하여 안전보건에 관한 업무를 담당하는 사람'이 있는 경우 이러한 사람만을 경영책임자로 보고 '사업을 대표하고 사업을 총괄하는 권한과 책임이 있는 사람'은 경영책임자로 보지 않는다고 해석한다면 이는 경영책임자등의 원칙적인 형태인 '사업을 대표하고 사업을 총괄하는 권한과 책임이 있는 사람'의 가벌성을 구성요건적 신분(身分)의 단계에서 배제하는 결과를 초래한다는 점에서 수용하기 어렵다. 거칠게 말하면 이러한 해석은 대표이사가 '이에 준하여 안전보건에 관한 업무를 담당하는 사람'이라는 엄폐물을 세워 중대재해처벌법의 책임에서 회피함을 허용하기 위한 논리에 불과하다.

한편, 중대재해처벌법 제2조제9호가목의 '또는'의 해석에 관한 논란은 단수와 복수를 명확하게 구별하여 사용하지 않는, 즉 'person'과 'persons'를 명확하게 구별하여 사용하는 영미와 달리 "사람"과 "사람들" 또는 "자"와 "자 등"을 명확하게 구별하여 사용하지 않는 우리나라의 관행에서 기인한 바가 크다고 생각한다. 오히려 중대재해처벌법 제2조제9호가 "경영책임자"가 아니라 "경영책임자등(等)"이라는 용어를 사용한 것은 경영책임자에 해당하는 사람이 복수일 가능성을 시사하는 것으로 볼 수 있다. 또한, 영미의 법문서에서 빈번하게 사용되는 "and/or"라는 표현을 우리말로 "및/또는"이라고 번역하는 실무 관행이 있기는 하나, "및/또는"이라는 표현은 사실 한국어의 어문법칙에 부합하는 표현은 아니다. 미국에서도 "and/or"라는 표현에 대한 비판이 있다.[14] 영어의 "and/or"는 "또는"이라고 번역하는 것이 한국어의 어문법칙에 부합한다. 논리적으로도 "and"만으로 연결하는 것은 교집합(∩)의 의미가 있다. 반면 "or"로 연결하는 것은 합집합(∪)의 의미가 있다. "또는"이라는 말은 합집합(∪) 또는 논리연산자 "∨"의 의미가 있으므로 이를 양자택일의 의미로 해석해야 한다는 주장은 근거가 희박하다.

　무엇보다 중대재해처벌법 제2조제9호가목에서 '사업을 대표하고 사업을 총괄하는 권한과 책임이 있는 사람' 이외에 '이에 준하여 안전보건에 관한 업무를 담당하는 사람'을 경영책임자등으로 규정한 것은 동법이 규정하는 안전·보건 확보의무의 수범자, 즉 신분자를 확장하려는 취지이지 '사업을 대표하고 사업을 총괄하는 권한과 책임이 있는 사람'의 책임을 제한하기 위한 것으로 보기는 어렵다. 따라서 중대재해처벌법 제2조제9호가목 중 '또는'이라는 문구는 전단과 후단을 병렬적으로 연결하는 의미로 해석하는 것이 동 조항의 취지에 부합하는 해석이라고 생각한다.

---

14) 예컨대, 영국의 저명한 사전편찬자인 H. W. Fowler는 "and/or"라는 표현은 일부 공식문서, 법문서 등에서 빈번하게 사용되고 편리하기도 하지만, 그 외에는 사용해서는 안 되는 "ugly device"라고 비판한 바 있다.

다만, 법조문이 굳이 미문(美文)일 필요까지야 없겠지만, 특히 형사법의 경우에 있어 의미가 모호한 조항은 매우 해롭다. 중대재해처벌법 제2조제9호가목과 관련한 해석상 논란을 피하기 위해서 다음과 같은 방식으로 개정할 필요가 있을 것이다.

> **제2조(정의)** 이 법에서 사용하는 용어의 뜻은 다음과 같다.
> 9. "경영책임자등"이란 다음 각 목의 어느 하나에 해당하는 자를 말한다.
>> 가. 사업을 대표하고 사업을 총괄하는 권한과 책임이 있는 사람
>> 나. 가목에 준하여 안전보건에 관한 업무를 담당하는 사람
>> 다. 중앙행정기관의 장, 지방자치단체의 장, 「지방공기업법」에 따른 지방공기업의 장, 「공공기관의 운영에 관한 법률」 제4조부터 제6조까지의 규정에 따라 지정된 공공기관의 장

라. 補論 : 주식회사의 지배구조
가) 기업형태의 전개와 소유와 경영의 분리

자본주의가 고도화한 오늘날 기업의 형태는 개인기업부터 주식회사까지 다양하다. 이들 기업에서의 소유와 경영의 분리 정도는 기업의 종류에 따라 상이하다. 개인기업이나 인적회사에 있어서는 소유와 경영의 분리도가 매우 약한 반면 자본회사에서는 그 정도가 강하다. 특히 주식회사는 대중으로부터 자본을 집중시키기 위해 만들어진 기업형태이므로 다수의 주주가 존재함을 예상해야 한다. 현실적으로 다수의 주주가 집단적으로 경영에 참여한

다는 것은 비효율적이기도 하고, 나아가 주주들은 회사의 채무에 대해 유한책임을 지므로 경영성과로 인한 주주의 위험부담은 제한적이다. 따라서 주식회사의 경우 인적회사에서처럼 주주(사원)가 직접 경영을 담당하여야 할 필연적인 이유는 없다. 이러한 배경에서 주식회사는 주주로부터 독립된 제3의 독립적인 경영기구를 두는 것을 전제로 하며, 여기에서 전통적 회사법상 '소유와 경영의 분리'라는 원칙이 도출된다.

나) 기업의 지배구조 유형

각국의 기업 지배구조는 회사법의 이념적 근간이 주주 자본주의인가, 이해관계자 자본주의인가에 따라 상이하게 형성되어 왔다. 다만, 최근에는 양자의 모델이 수렴하는 현상을 보이고 있다.

먼저, 주주 자본주의 모델은 기업을 주주의 재산으로 파악하고 기업경영의 목적 역시 이해관계자의 단체적 이익보다는 주주가치(주가 관련 경영성과)의 극대화에 두는 것이 특징이다. 미국이 대표적이다. 미국 회사법은 19세기 중엽까지도 회사의 모든 권한은 주주에게 귀속된다고 보았으나, 19세기 말부터 20세기 초에 주주와 이사 사이의 권한 분배가 입법적으로 구체화되기 시작하였다. 미국에서는 회사의 기관을 주주총회와 이사회로 구성하고, 회사 내에 별도의 감독기구를 두지 않았다. 따라서 이사회가 업무를 집행하고 동시에 업무집행의 감독도 담당하는 일원적 이사회

시스템을 오랫동안 유지하고 있다. 이와 같은 일원주의를 취하는 경우 회사의 업무집행에 관한 감독기관의 부당한 개입을 방지함으로써 신속하게 집행할 수 있는 장점이 있다. 내부적으로는 업무집행기능과 감독기능을 갖는 단일한 이사회 시스템을 유지하며, 이사회의 감독기능을 강화하기 위해 '이사회 내 위원회'를 구성하고 여기에서는 사외이사가 과반수를 차지하는 것이 보통이다. 이 모델 하에서는 이사회 내 위원회의 하나로서 감사위원회 이외에는 감사회 또는 감사라는 제도는 따로 존재하지 않는다.

반면, 이해관계자 자본주의 모델은 기업에 공공적 성격을 부여하고 주주, 경영자, 채권자, 근로자 등 이해관계자 집단의 이익으로써 기업가치의 극대화를 추구하는 데에 기본 목적이 있다. 독일 등이 대표적이다. 전통적으로 독일법은 자본회사에 관하여 업무집행기능을 담당하는 경영진에 해당하는 이사회(또는 집행위원회, Vorstand)와 감독기능을 수행하는 감사회(또는 감독위원회, Aufsichtsrat)를 두는 이원적 시스템을 채택하고 있다. 주주총회에서는 감사를 선임하고, 그 감사들로 구성되는 감사회에서 이사를 선임한다. 이사회는 감사회의 감독 아래에서 회사의 업무를 집행하게 되고, 이사와 감사의 겸직은 금지된다. 이사회는 주기적으로 감사회에 그 업무집행상황에 대하여 보고해야 하고, 감사회는 이사회에 대하여 업무집행의 감독과 관련하여 보고를 요구할 수 있을 뿐만 아니라 직무수행에 필요한 조사를 할 수 있다. 지배구조도 이사회와 감사회라는 이원적 시스템으로 구성되어, 이사회^(집행위원회)는 업무집행을 담당하고, 감사회^(감독위원회)는 이사회를 감독하는 기능을 담당한다.

다) 우리나라 주식회사의 지배구조

① 주주총회와 이사회의 관계

영리법인인 회사는 법적으로 하나의 인격체로 취급되지만, 이는 법적 의제(legal fiction)에 불과하다. 회사의 실제 활동은 자연인으로 구성된 집단의 의사와 행위로 이루어진다.

우리나라의 경우 회사의 조직에 관한 틀은 상법이 규율하고 있는바, 현행 상법은 주식회사의 핵심적인 기관으로 주주총회와 이사회를 상정하고 있다. 그리고 양자의 권한 분배에 관하여는 이사회를 중심으로 운영되는 것을 예정하고 있다. 주주총회도 회사의 근간을 이루는 의사결정에 참여하고 최종적인 권한을 갖기도 하나 이는 법에서 규정된 사항에 국한되며, 그 외에는 일반적으로 이사회에 포괄적으로 위임되어 있다. 종래 판례도 "법률 또는 정관 등의 규정에 의하여 주주총회 또는 이사회의 결의를 필요로 하는 것으로 되어 있지 아니한 업무 중 이사회가 일반적 구체적으로 대표이사에게 위임하지 않은 업무로서 일상업무에 속하지 아니한 중요한 업무에 대하여는 이사회에게 그 의사결정권한이 있다."고 판시한 바 있다.[15] 다만, 규범상으로는 이사회가 포괄적으로 경영을 담당하고 있다고 하더라도 구체적인 업무집행은 하부조직에 위임하는 것이 일반적이다. 따라서 회사의 일상적인 업무는 담당자의 전결(專決)로 이루어지거나, 하급자의 품의에 대한 상급기관의 결재로 이루어진다. 이러한 의사결정은 상법의 규율을 받을 뿐만 아니라 정관이나 위임전결규정 등 회사의 사규에 따라 이루어진다.

② 이사회와 대표이사의 관계

현행 상법상 주식회사의 이사회는 업무집행사항에 대한 결정권을 갖고(상법 제393조제1항), 대표이사는 이를 대외적으로 집행할 대표권을 갖는다(상법 제389조제3항, 제209조)는 점에 대하여는 의문이 없다. 그러나 이사회가 결정한 업무집행을 내부에서 실행할 권한, 즉 '대내적인 집행권'에 대하여는 상법에 명문 규정이 없어 학설상 다툼이 있다.

이와 관련하여 일본에서는 1950년 상법 개정 시 대표취체역(代表取締役) 제도가 도입된 이후 대표이사를 이사회의 파생기관으로 볼 것인지, 독립기관으로 볼 것인지에 대한 해석상의 논란이 있

---

15) 대법원 1997. 6. 13. 선고 96다48282 판결.

었다.[16] 다만, 어느 입장에 서건 업무집행의 결정권은 이사회에, 그 대외적인 집행권(代表權)이 대표이사에게 전속(專屬)된다고 보는 점은 차이가 없다. 참고로, 일본의 경우 1950년 상법 개정 이전에는 이사회가 결정한 사항을 각 이사가 집행과 대표를 하는 일종의 독일식 체제였으나, 1950년 개정 시 이사회와 대표이사로 분화되었다. 이는 미국식 이사회 제도를 도입하여 주주총회의 권한을 축소하는 대신 이사회에 광범위한 업무집행권한을 부여하고, 동시에 이사회로 하여금 대표이사의 업무집행을 감독하게 하려는 구상이었다고 이해된다.

한편, 대법원은 최근 "주식회사의 대표이사는 대외적으로는 회사를 대표하고 대내적으로는 회사의 업무를 집행할 권한을 가진다. 대표이사는 회사의 행위를 대신하는 것이 아니라 회사의 행위 자체를 하는 회사의 기관이다. 회사는 주주총회나 이사회 등 의사결정기관을 통해 결정한 의사를 대표이사를 통해 실현하며, 대표이사의 행위는 곧 회사의 행위가 된다."라고 판시하여,[17] 대표이사가 회사의 행위를 대신하는 것이 아니라 회사의 행위 자

---

16) 학설의 내용을 살펴보면, 먼저 파생기관설은 주식회사의 권한 분장 구도상 경영기관인 이사회가 업무집행에 관한 결정권과 그 대내적인 집행권을 모두 갖지만, 회의체 기관인 이사회가 공동으로 그 집행권을 행사하는 것이 불가능하거나 적합하지 않으므로 이를 대표이사에게 위임한 것이라고 이해하는 견해이다. 반면, 독립기관설은 업무집행의 결정권과 그 대내적인 집행권을 분리하여 전자는 이사회에, 후자는 대표이사에 각각 전속되어 있다고 보는 견해이다.

17) 대법원 2021. 2. 18. 선고 2015다45451 전원합의체 판결.

체를 하는 회사의 기관이라는 점을 재차 확인하였다. 대법원의
이러한 판시는 독립기관설에 따른 것으로 이해된다.

③ 대표권의 제한

대표권은 포괄적·정형적·획일적인 권한이지만, 전혀 제한
이 불가능한 것은 아니다. 대표권은 법령, 정관, 주주총회의 결
의 또는 이사회의 결의 등으로 적법하게 제한될 수 있다.[18] 중대
재해처벌법과 관련하여서는 대표권의 내부적 제한, 즉 법령 이외
의 수단에 의한 대표권의 제한이 문제 될 것이다. 대표권의 내부
적 제한의 구체적인 유형으로는 ① 일정 금액 이상의 거래나 특
정 영업 분야의 거래에 주주총회 결의나 이사회 결의를 거치도록
제한하는 경우, ② 부동산의 양도·양수에 주주총회 결의나 이사
회 결의를 요구하는 경우, ③ 연대보증 등 특정한 유형의 거래행
위에 대하여 주주총회 결의나 이사회 결의를 거치도록 하는 경우
또는 ④ 각자 대표이사가 수인이 있는 경우 이들의 위계관계를
내부적으로 정해 놓고(예컨대 회장·부회장·사장 등) 일정한 행위에 대해서
는 반드시 회장 대표이사의 내부결재를 거치도록 요구하는 경우
등의 사례가 있다.[19] 이러한 대표권의 내부적 제한을 위반한 대

---

18) 권기범, 『현대회사법론』(제5판), 삼지원, 2014, p.898.
19) 위의 책, p.899.

표행위의 사법(私法)상의 효력에 관하여는 상법 제389조제3항, 제209조제2항이 적용된다.[20] 따라서 대표권의 내부적 제한을 위반하였더라도 이로써 선의의 제3자에게 대항하지 못한다. 이와 관련하여 최근 대법원은 "대표권이 제한된 경우에 대표이사는 그 범위에서만 대표권을 갖는다. 그러나 그러한 제한을 위반한 행위라 할지라도 그것이 회사의 권리능력을 벗어난 것이 아니라면 대표권의 제한을 알지 못하는 제3자는 그 행위를 회사의 대표행위라고 믿는 것이 당연하고 이러한 신뢰는 보호되어야 한다. 일정한 대외적 거래행위에 관하여 이사회 결의를 거치도록 대표이사의 권한을 제한한 경우에도 이사회 결의는 회사의 내부적 의사결정절차에 불과하고, 특별한 사정이 없는 한 거래 상대방으로서는 회사의 대표자가 거래에 필요한 회사의 내부절차를 마쳤을 것으로 신뢰하였다고 보는 것이 경험칙에 부합한다. 따라서 회사 정관이나 이사회 규정 등에서 이사회 결의를 거치도록 대표이사의 대표권을 제한한 경우(이하 '내부적 제한'이라 한다)에도 선의의 제3자는 상법 제209조제2항에 따라 보호된다."라고 판시하였다.[21]

---

20) 상법 제389조(대표이사) ③ 제208조제2항, 제209조, 제210조와 제386조의 규정은 대표이사에 준용한다. 〈개정 1962. 12. 12. 〉
　　 상법 제209조(대표사원의 권한) ① 회사를 대표하는 사원은 회사의 영업에 관하여 재판상 또는 재판외의 모든 행위를 할 권한이 있다.
　　 ② 전항의 권한에 대한 제한은 선의의 제삼자에게 대항하지 못한다.
21) 대법원 2021. 2. 18. 선고 2015다45451 전원합의체 판결.

한편, 현행 상업등기법 및 상업등기규칙, 이사와 집행임원의 등기신청방법에 관한 예규[22]는 정관이나 이사회 결의에 따른 대표이사의 대표권 제한을 등기할 방법을 마련하고 있지 않다. 이러한 점도 주식회사 대표이사의 대표권은 포괄성, 정형성, 획일성을 강하게 보여준다.

다만, 상법은 다른 회사와 유사하게 수인의 대표이사가 공동하여 회사를 대표하는 공동대표이사제도를 규정하고 있다(제389조). 회사가 대표이사 선임기관인 이사회의 결의에 의하여 공동으로 대표한다는 취지를 정한 경우에는 공동대표이사는 공동으로 대표권을 행사하지 않으면 대표행위의 효력이 발생하지 않는다. 공동대표는 등기사항이기 때문에 거래상대방으로서는 공동대표의 정함이 등기된 이후에는 공동대표의 정함이 있다는 사실에 대하여 정당한 사유에 의하여 알지 못했다는 것을 증명하지 못하면 악의가 의제된다(상법 제37조제1항의 반대해석).

④ 이사회와 이사회 내 위원회

우리 상법은 정관이 정하는 바에 따라 2인 이상의 이사로 구성되는 이사회 내 위원회를 설치할 수 있도록 하고, 이사회는 주주총회의 승인을 요하는 사항의 제안, 대표이사의 선임 및 해임

---

22) 등기예규 제1538호, 시행 2014. 11. 21.

등을 제외하고 그 권한을 위원회에 위임할 수 있다(상법 제393조의2). 이러한 이사회 내 위원회 제도는 이사회의 효율적 운영과 의사결정의 객관성과 전문성을 확보하기 위한 것으로 그간 실무에서 실시하고 있었던 이사회 내의 각종 위원회가 그 법률상 지위를 얻게 되었고, 또한 감사에 갈음하여 설치되는 감사위원회(제415조의2)의 설치근거가 마련된 것이다.

다만, 이러한 이사회 내 위원회는 본질적으로 이사회가 자신에게 전속된 업무집행의 결정권 일부를 위원회에 위임한 것이므로, 대표이사에게 전속된 '업무집행권'과는 상관이 없다. 즉, 이러한 위원회는 업무집행기관은 아니다.

⑤ 이사와 임원의 구분

미국의 경우 이사(directors)와 임원(officers)이 분리되어 있으나, 우리 상법은(집행임원 설치회사를 제외하고는) 별도의 임원 개념을 규정하고 있지 않다. 즉, 미국 모범회사법(Model Business Corporation Act) 제8.01조 제b항은 "정관상 또는 제7.32조가 허용하는 주주 간 합의서상 달리 정함이 없는 한 회사의 모든 권한은 이사회에 의해 또는 이사회의 권한 하에서 행사되어야 하고, 회사의 업무는 이사회에 의해 또는 이사회의 지시와 감독하에 관리되어야 한다."라고 규정함으로써[23] 이사회가 집행기관인 임원(officer)에 대한 상위기관임을 명백히 규정하고 있다. 더욱이 미국법상 임원은 이사 자격을 전제로 하지 아니하므로 이사 아닌 자도 임원이 될 수 있는바, 이로 인하여 이사회의 우월성이 두드러진다.

반면, 우리나라의 경우 현행법상 '임원'이라는 용어에 관한 정의규정은 세법의 영역에서나 찾아볼 수 있을 뿐(법인세법 시행령 제20조 제1항 등)[24] 상법은 '임원'이라는 용어를 별도로 정의하고 있지 않다. 그럼에도 기업실무상으로는 '임원'이라는 용어가 기업의 '상급 경영진'이라는 의미로 사용되고 있는바, 이러한 임원은 여타 직원과는 달리 그 업무와 권한이 이사회에 의하여 부여되고, 그 업무는 경영에 관한 것이고 상당한 재량권을 갖는다.

한편, 임원의 업무분장은 사업의 종류와 회사의 규모 등에 따라 다양한 방식으로 이루어진다. 다만, 이러한 업무분장은 회사의 자치권이 미치는 내부관계에서의 업무분장으로써 의미가 있을 뿐, 대외적인 관계에서 회사를 '대표(代表)'할 수 있는가의 국면

---

23) §8.01. Requirement for and Duties of Board of Directors.
　(b) All corporate powers shall be exercised by or under the authority of, and the business and affairs of the corporation managed by or under the direction of, its board of directors, subject to any limitation set forth in the articles of incorporation or in an agreement authorized under section 7.32.
24) 조세법상 '임원' 개념은 사용인의 인건비에 대하여는 조세법에 일반적인 규제 규정이 없지만, 임원에 대하여는 그들이 회사의 업무를 집행하는 위치에 있음을 고려하여 상여금이나 퇴직금 등에 대하여 규제를 가하기 위한 목적을 가진 것이다.

에서는 상법의 적용을 받는다^(대표권의 포괄성, 정형성, 획일성). 물론, 실무상 회사의 대외적 의사표시가 각각의 사무를 담당하는 임직원에 의해 이루어지는 것이 일반적이나 이는 법적으로는 회사를 대리^(代理)하여 의사를 표시함에 불과하며, 따라서 별도의 수권^(授權)이 있어야 한다. 우리 상법은 대표이사가 아닌 회사의 임원이 대외적으로 법인의 의사표시를 부분적으로 대표^(代表)할 수 있는 제도를 마련하고 있지 않다.

다만, 2011년 개정 상법은 이사회의 의사결정기능과 업무집행기능 중 업무집행기능을 집행임원에게 이양하고 이사회는 집행임원을 감독함으로써 지배구조의 효율화를 꾀하는 집행임원제도를 도입하면서 이를 회사가 자율적으로 선택할 수 있도록 하였다^(제408조의2). 집행임원제도를 설치한 회사는 '대표집행임원'을 두어야 하고 이를 등기해야 하므로 대표이사를 둘 수 없다^(제408조의2제1항). 한편, 집행임원의 회사 및 제3자에 대한 책임구조는 이사의 책임구조와 같게 하고^(제408조의8), 집행임원에 대하여는 상법상 이사에 관한 규정이 대부분 준용되도록 하였다^(제408조의9).

3) 제2조제9호나목의 경영책임자

중대재해처벌법 제2조제9호나목은 ① 중앙행정기관의 장, ② 지방자치단체의 장, ③「지방공기업법」에 따른 지방공기업의 장, ④「공공기관의 운영에 관한 법률」제4조부터 제6조까지의 규정에 따라 지정된 공공기관의 장을 경영책임자로 열거하고 있다. 이 규정은 소위 공공부문에서 영위하는 사업에 관하여 경영책임자를 누구로 볼 것인가를 법정하기 위한 취지라고 생각된다. 그러나 중대재해처벌법 제2조제9호나목은 헌법기관, 공법인 및 법인격이 없는 영조물 전체를 포괄하지 못하고 있다. 예컨대, 법원(法院)이나 국회(國會)가 영위하는 사업은 위 ①부터 ④까지의 어디에도 해당하지 않는다. 따라서, 법원이나 국회가 영위하는 사업에서 중대산업재해나 중대시민재해가 발생한 경우 그 경영책임자등이 누구인지는 중대재해처벌법 제2조제9호나목으로는 해결이 되지 않는다. 따라서, 중대재해처벌법 제2조제9호가목을 민간부문의 사업에만 제한적으로 적용되는 것으로 해석한다면 법원이나 국회가 영위하는 사업에 대해서는 중대재해처벌법을 적용할 수 없다는 결과가 발생한다. 그러므로, 중대재해처벌법 제2조제9호나목에 해당하지 않는 헌법기관이나 공법인 등의 경우에는 중대재해처벌법 제2조제9호가목을 적용하여 그러한 헌법기관이나 공법인 등이 영위하는 사업을 대표하고 사업을 총괄하는 권한과 책임이 있는 사람을 경영책임자등으로 보는 것이 중대재해처벌법의 입법취지에 부합한다고 생각한다. 다만, 중대재해처벌법 제2조제9호나목이 국가, 지방자치단체 기타 공법인의 경영책임자를 열거하면서 법원이나 국회에 대한 규정을 두지 않는 것은 (만약 입법자의 의사가 이들에 대해서는 중대재해처벌법의 적용을 배제하는 것이 아니었다면)

조악한 입법이란 비판을 피하기 어렵다. 향후 법 개정을 통하여 정비가 필요한 부분이다.

한편, 앞에서 중대재해처벌법의 제반 조항에 규정된 '법인 또는 기관'이라는 문구의 해석과 관련하여 이들 조항에서의 '기관'은 법인격 없는 공공기관의 의미로 해석해야 한다는 견해를 제시한 바 있다. 이와 관련하여 2021. 10. 28.에 선고된 대법원 판결을 살펴볼 필요가 있다.[25] 이 판결에서 대법원은 "구「개인정보 보호법」(2020. 2. 4. 법률 제16930호로 개정되기 전의 것, 이하 구「개인정보 보호법」이라고 한다) 제71조제2호는 같은 법 제18조제1항을 위반하여 이용범위를 초과하여 개인정보를 이용한 개인정보처리자를 처벌하도록 규정하고 있고, 같은 법 제74조제2항에서는 법인의 대표자나 법인 또는 개인의 대리인, 사용인, 그 밖의 종업원이 그 법인 또는 개인의 업무에 관하여 같은 법 제71조에 해당하는 위반행위를 하면 그 행위자를 벌하는 외에 그 법인 또는 개인에게도 해당 조문의 벌금형을 과하도록 하는 양벌규정을 두고 있다. 위 법 제71조제2호, 제18조제1항에서 벌칙규정의 적용대상자를 개인정보처리자로 한정하고 있다. 그러나 위 양벌규정은 벌칙규정의 적용대상인 개인정보처리자가 아니면서 그러한 업무를 실제로 처리하는 자가 있을 때 벌칙규정의 실효성을 확보하기 위하여 적용대상

---

25) 대법원 2021. 10. 28. 선고 2020도1942 판결.

자를 해당 업무를 실제로 처리하는 행위자까지 확장하여 그 행위자나 개인정보처리자인 법인 또는 개인을 모두 처벌하려는 데 그 취지가 있으므로, 위 양벌규정에 의하여 개인정보처리자 아닌 행위자도 위 벌칙규정의 적용대상이 된다(대법원 1999. 7. 15. 선고 95도2870 전원합의체 판결, 대법원 2017. 12. 5. 선고 2017도11564 판결 등 참조). 그러나, 구「개인정보 보호법」은 제2조제5호, 제6호에서 공공기관 중 법인격이 없는 '중앙행정기관 및 그 소속 기관' 등을 개인정보처리자 중 하나로 규정하고 있으면서도, 양벌규정에 의하여 처벌되는 개인정보처리자로는 같은 법 제74조제2항에서 '법인 또는 개인'만을 규정하고 있을 뿐이고, 법인격 없는 공공기관에 대하여도 위 양벌규정을 적용할 것인지 여부에 대하여는 명문의 규정을 두고 있지 않으므로, 죄형법정주의의 원칙상 '법인격 없는 공공기관'을 위 양벌규정에 의하여 처벌할 수 없고, 그 경우 행위자 역시 위 양벌규정으로 처벌할 수 없다고 봄이 타당하다."라고 판시하였다. 이러한 판시를 보면, "법인 또는 기관의 경영책임자등이 그 법인 또는 기관의 업무에 관하여 제6조에 해당하는 위반행위를 하면 그 행위자를 벌하는 외에 그 법인 또는 기관에 다음 각 호의 구분에 따른 벌금형을 과(科)한다."는 중대재해처벌법 제7조 규정에서 '기관'은 법인격 없는 공공기관(예컨대, 지방공기업 중 법인격 없는 '지방직영기업' 등)에 대해 양벌규정에 따른 처벌을 가능하도록 하기 위한 규정으로 해석하는 것이 합리적이라고 생각한다.

가. 중앙행정기관의 장

정부조직법 제2조제1항은 "중앙행정기관의 설치와 직무범위는 법률로 정한다."고 규정하고 같은 조 제2항은 정부조직법에 따라 설치된(36개의) 부·처·청과 방송통신위원회(1호), 공정거래위원회(2호), 국민권익위원회(3호), 금융위원회(4호), 개인정보보호위원회(5호), 원자력안전위원회(6호), 행정중심복합도시건설청(7호) 및 새만금개발청(8호)을 중앙행정기관으로 규정하고 있다.

한편, 공공감사에 관한 법률 제2조제2항은 중앙행정기관을 정부조직법 제2조에 따른 부·처·청과 감사원, 국가인권위원회, 국민권익위원회, 공정거래위원회, 금융위원회, 방송통신위원회 및 그 밖에 대통령령으로 정하는 기관을 말한다고 정의하고, 동법 시행령 제2조는 고위공직자범죄수사처, 국무조정실, 원자력안전위원회 및 행정중심복합도시건설청을 중앙행정기관으로 규정하고 있다.

이처럼 정부조직법에 따른 중앙행정기관과 공공감사에 관한 법률에 따른 중앙행정기관의 범위가 상이한바, 두 법의 목적을 고려할 때 중대재해처벌법에서 말하는 '중앙행정기관'은 정부조직법상 중앙행정기관을 의미하는 것으로 해석하는 것이 합리적이라고 생각한다.

그런데, 이렇게 해석하면 감사원은 중대재해처벌법 제2조제9호나목의 중앙행정기관에서 제외된다. 따라서 생각할 수 있는 해석론으로는 '원장은 감사원을 대표하며 소속 공무원을 지휘하고 감독한다.'라는 감사원법 제4조제2항에 근거하여 감사원장을 감사원이 영위하는 사업을 대표하고 사업을 총괄하는 권한과 책임이 있는 사람으로 보아 중대재해처벌법 제2조제9호가목에 따른 경영책임자에 포섭하는 방법을 고려할 수 있을 것이다. 사실 감사원은 "국가의 세입·세출의 결산, 국가 및 법률이 정한 단체의 회계검사와 행정기관 및 공무원의 직무에 관한 감찰을 하기 위하여 대통령 소속하에 감사원을 둔다."라는 헌법 제97조에 따라 설치된 헌법기관이라는 점에서 중앙행정기관으로 보아도 크게 무리가 없을 수도 있지만, 국회, 법원, 헌법재판소, 선거관리위원회 등의 헌법기관을 중앙행정기관으로 보는 것은 문언의 가능한 범위를 넘는다고 생각한다. 결국 이들 헌법기관에 대해서는 중대재해처벌법 제2조제9호나목이 아니라 중대재해처벌법 제2조제9호가목에 따라 경영책임자를 결정하는 것이 합리적인 해석이라고 생각한다.

한편, 국립대학교 중에서 별도의 법률로 독립된 법인격이 부여된 서울대학교와 인천대학교는 근거법률에 따라 총장이 법인을 대표하고 그 업무를 총괄하므로 총장이 경영책임자에 해당함

---

26) 국립대학법인 서울대학교 설립·운영에 관한 법률 제6조제2항; 국립대학법인 인천대학교 설립·운영에 관한 법률 제8조제2항.

은 의문의 여지가 없다.[26] 이들 두 대학교를 제외한 국립대학의 경우에는 중대재해처벌법 제2조제9호나목에 따라 관련 '중앙행정기관의 장'인 교육부장관을 경영책임자등으로 보아야 하는지 아니면 법인격이 없어도 동법 제2조제9호가목에 따라 (법인격이 없는) 국립대학의 총장을 경영책임자로 보아야 하는지 해석상 논란이 있을 수 있다. 국립학교 설치령 제5조제1항이 "대학·교육대학 및 전문대학에 총장을, 특수학교에 교장을 각각 둔다."라고 규정하고, 같은 조 제2항이 "총장 및 교장은 교무를 총괄하고 소속 교직원을 감독하며, 학생을 지도하고 학교를 대표한다."고 규정하고 있으므로 법인격 없는 국립대학의 경우에도 총장을 경영책임자등으로 보는 것이 합리적이라고 생각한다. 이러한 법인격 없는 영조물인 국립대학은 위에서 언급한 '법인격 없는 공공기관'이라는 의미에서 중대재해처벌법 제7조 등에서 규정하는 '기관'에 해당할 수 있을 것이다.

나. 지방자치단체의 장

행정의 시원적 주체는 국가이나, 국가는 국가로부터 분리된 법인격을 부여받은 다양한 공법인(公法人)을 설립하여 간접행정기관으로 활용하고 있다. 이러한 공법인을 '공공단체'라고 하며, 공공단체 중에서 국가의 사무를 지역적으로 분권한 것이 지방자치단체이다.

현행 지방자치법 제2조제1항은 지방자치단체의 종류를 특별시, 광역시, 특별자치시, 도, 특별자치도^(1호)와 시, 군, ^(특별시와 광역시의 관할 구역 안의) 구^(2호)로 구분하고 있으며, 동법 제3조제1항은 지방자치단체는 법인으로 한다고 규정하고 있다. 한편, 동법 제93조는 '지방자치단체의 장'이라는 표제하에 특별시에 특별시장, 광역시에 광역시장, 특별자치시에 특별자치시장, 도와 특별자치도에 도지사를 두고, 시에 시장, 군에 군수, 자치구에 구청장을 둔다고 규정하고 있으며, 동법 제101조는 지방자치단체의 장은 지방자치단체를 대표하고, 그 사무를 총괄한다고 규정하고 있다. 따라서 중대재해처벌법 제2조제9호나목은 위 규정에 따른 '지방자치단체의 장'을 지방자치단체의 경영책임자등으로 규정하고 있다.

그런데, 지방교육자치에 관한 법률 제2조는 지방자치단체의 교육·과학·기술·체육 그 밖의 학예에 관한 사무는 특별시·광역시 및 도^(이하 "시·도"라 한다)의 사무로 한다고 규정하고, 동법 제3조는 지방자치단체의 교육·학예에 관한 사무를 관장하는 기관의 설치와 그 조직 및 운영 등에 관하여 지방자치법의 관련 규정을 준용한다고 규정하면서 "지방자치단체의 장" 또는 "시·도지사"는 "교육감"으로 본다고 규정하고 있다. 또한, 동법 제18조제1항은 "시·도의 교육·학예에 관한 사무의 집행기관으로 시·도에 교육감을 둔다."라고 규정하고, 같은 조 제2항은 "교육감은 교육·학예에 관한 소관 사무로 인한 소송이나 재산의 등기 등에 대하여 해당 시·도를 대표한다."고 규정하고 있다. 따라서, 시·도의 교육·학예에 관한 사무(예컨대 공립 초중등학교의 운영)의 경우에는 시도지사가 아니라 교육감을 경영책임자등으로 보아야 할 것이다. 따라서, 공립초·중등학교의 경우에는 초·중등교육법 제20조제1항이 "교장은 교무를 총괄하고, 소속 교직원을 지도·감독하며, 학생을 교육한다."라고 규정하고 있을 뿐, 교장이 학교를 대표한다는 규정은 두고 있지 않으므로 교육감을 경영책임자등으로 보아야 할 것으로 생각한다. 다만, 공립초·중등학교와 달리 공립대학의 경우에는 설립근거가 되는 조례에 따라 판단해야 할 것이다. 예컨대 서울시립대학의 경우 서울시립대학교 운영에 관한 조례 제3조의3제2항에서 "총장은 교무를 총괄하고 소속 교직원을 감독하며, 학생을 지도하고, 대학교를 대표한다."라고 규정하고 있으므로 총장을 경영책임자등으로 보아야 할 것이다.

다. 지방공기업법에 따른 지방공기업의 장

앞에서 본 공공단체 가운데서 국가 또는 지방자치단체의 사무를 사무적으로 분권한 공공단체로 공공조합(공법상 사단), 공법상의 영조물법인, 공법상의 재단(財團)이 있다. 영조물법인의 전통적 개념은 공공서비스를 수행하기 위한 국가 또는 지방자치단체를 제외한 공법상의 법인체를 말한다. 영조물은 그 성격에 따라 행정

적 영조물과 상공업적 영조물로 구분되며, 후자를 흔히 공기업(公
企業)이라고 한다. 한편, 실정법에서 '공기업'의 개념에 대해 일반
적인 정의규정을 두고 있는 법률은 찾아보기 힘들며, 다만 공공
기관의 운영에 관한 법률(이하 "공공기관운영법"이라고 한다)에서 공공기관
의 한 종류로 '공기업'을 열거하고 있다. 이외에 지방공기업법에
서 지방자치단체가 설치한 공기업을 규정하고 있다.

> **지방공기업법 제2조(적용 범위)** ① 이 법은 다음 각 호의 어느 하나에 해당하는 사업
> (그에 부대되는 사업을 포함한다. 이하 같다) 중 제5조에 따라 지방자치단체가 직접 설
> 치·경영하는 사업으로서 대통령령으로 정하는 기준 이상의 사업(이하 "지방직영기
> 업"이라 한다)과 제3장 및 제4장에 따라 설립된 지방공사와 지방공단이 경영하는 사업
> 에 대하여 각각 적용한다. 〈개정 2019. 12. 3., 2021. 10. 19.〉
> 1. 수도사업(마을상수도사업은 제외한다)
> 2. 공업용수도사업
> 3. 궤도사업(도시철도사업을 포함한다)
> 4. 자동차운송사업
> 5. 지방도로사업(유료도로사업만 해당한다)
> 6. 하수도사업
> 7. 주택사업
> 8. 토지개발사업
> 9. 주택(대통령령으로 정하는 공공복리시설을 포함한다)·토지 또는 공용·공공용건축
>   물의 관리 등의 수탁
> 10.「도시 및 주거환경정비법」제2조제2호에 따른 공공재개발사업 및 공공재건축사업
> ② 지방자치단체는 다음 각 호의 어느 하나에 해당하는 사업 중 경상경비의 50퍼센트
> 이상을 경상수입으로 충당할 수 있는 사업을 지방직영기업, 지방공사 또는 지방공단이
> 경영하는 경우에는 조례로 정하는 바에 따라 이 법을 적용할 수 있다.

1. 민간인의 경영 참여가 어려운 사업으로서 주민복리의 증진에 이바지할 수 있고, 지역 경제의 활성화나 지역개발의 촉진에 이바지할 수 있다고 인정되는 사업
2. 제1항 각 호의 어느 하나에 해당하는 사업 중 같은 항 각 호 외의 부분에 따라 대통령령으로 정하는 기준에 미달하는 사업
3. 「체육시설의 설치·이용에 관한 법률」에 따른 체육시설업
4. 「관광진흥법」에 따른 관광사업(여행업 및 카지노업은 제외한다)

제3조(경영의 기본원칙) ① 지방직영기업, 지방공사 및 지방공단(이하 "지방공기업"이라 한다)은 항상 기업의 경제성과 공공복리를 증대하도록 운영하여야 한다.

지방공기업법에 따르면 지방공기업은 ① 지방직영기업, ② 지방공사 및 ③ 지방공단이 있는바, 지방공기업법 제51조는 지방공사는 법인으로 한다고 규정하고 또한 동법 제76조제2항은 동법 제51조를 지방공단에 준용한다. 따라서 지방공사와 지방공단은 지방자치단체와는 독립된 별도의 법인(法人)이므로 이러한 법인의 대표자가 경영책임자가 되어야 할 것이다. 그런데, 지방자치단체가 직접 설치 및 경영하는 지방직영기업의 경우에는 별도의 법인격이 없으므로, 이러한 지방직영기업의 경영책임자를 누구로 보아야 하는지 문제 된다.

지방공기업법 제7조제1항 본문은 "지방자치단체는 지방직영기업의 업무를 관리·집행하게 하기 위하여 사업마다 관리자를 둔다."라고 규정하고, 같은 조 제2항은 "관리자는 대통령령으로 정하는 바에 따라 해당 지방자치단체의 공무원으로서 지방직영

기업의 경영에 관하여 지식과 경험이 풍부한 사람 중에서 지방자
치단체의 장이 임명하며, 임기제로 할 수 있다."라고 규정한다.
한편, 동법 제9조는 관리자의 업무를 다음과 같이 규정한다.

> **지방공기업법 제9조(관리자의 업무)** 제8조에 따라 관리자가 담당하는 주요 업무는 다음
> 각 호와 같다.
> 1. 지방직영기업에 관한 조례안 및 규칙안을 작성하여 지방자치단체의 장에게 제출하는
>   사항
> 2. 지방직영기업의 사업운영계획 및 예산안을 작성하여 지방자치단체의 장에게 제출하
>   는 사항
> 3. 결산을 작성하여 지방자치단체의 장에게 제출하는 사항
> 4. 지방직영기업의 자산을 취득 · 관리 · 처분하는 사항
> 5. 계약을 체결하는 사항
> 6. 요금이나 그 밖의 사용료 또는 수수료를 징수하는 사항
> 7. 예산 내의 지출을 하는 경우 현금이 부족할 때에 일시 차입을 하는 사항과 그 밖에 예
>   산집행에 관한 사항
> 8. 출납이나 그 밖의 회계 사무에 관한 사항
> 9. 증명서 및 공문서류를 보관하는 사항
> 10. 지방직영기업의 조직 및 인사(人事) 운영에 관한 사항, 그 밖에 법령이나 해당 지방자
>   치단체의 조례 또는 규칙에 따라 관리자의 권한에 속하는 사항

위와 같은 지방직영기업 관리자의 업무 범위를 고려할 때, 지
방직영기업의 경우 지방공기업법 제7조제2항에 따라 임명된 관
리자를 경영책임자등으로 보는 것이 합리적이라고 생각한다.
따라서 중대재해처벌법 제2조제9호나목의 지방공기업법에

따른 '지방공기업의 장'이라는 규정은 지방공사, 지방공단 등 독립된 법인격이 있는 지방공기업 외에 지방자치단체가 직영으로 운영하는 지방직영기업의 경우에도^(지방자치단체의 장이 아니라) 해당 지방직영기업의 관리자가 경영책임자등에 해당한다는 점을 명시한 취지로 이해된다.

참고로, '공기업'이 되기 위하여 반드시 별도의 법인격이 개념 필요적으로 요구되는 것은 아니다. 비교법적으로 보면, EU의 투명성지침^(80/723/EEC)에 따르면 공기업을 소유나 자본의 참여나 운영규정상 직접 또는 간접으로 공권력이 지배적인 영향을 미칠 수 있는 모든 기업을 의미한다.

한편, 유럽경제공동체의 설립 조약(Treaty establishing the European Economic Community)에 따라 제정된 회원국과 공기업 간의 재무관계의 투명성 관련 지침[27] 제2조는 공기업(public undertakings)의 개념을 해당 기업에 대한 소유, 참여지분, 또는 자치규칙을 통하여 직접적 또는 간접적으로 공공주체가 지배적인 영향력을 행사하는 기업이라고 정의한다. 위 지침의 적용과 관련하여, 불법적인 도박과 구별되는 합법적인 게임에 대해 표장^(標章)을 부여하는 사업을 운영

---

27) Commission Directive 80/723 of 25 June 1980 on the transparency of financial relations between member states and public undertakings(80/723/EEC). 이 지침의 전문(영문본)은 〈https://eur-lex. europa.eu/legal-content/EN/TXT/HTML/?uri=CELEX:31980L0723&from=EN 〉 참조(2021. 10. 29. 최종방문).

하는 공공기관인 'Amministrazione Autonoma dei Monopoli di Stato^(AAMS)'[28]는 국가와 독립된 법인격이 없으므로 공기업이 아니라 공공주체에 해당한다. 따라서 투명성지침에 따른 정보공개의무를 부담하지 않는다는 이탈리아 정부의 주장에 대하여 유럽사법재판소^(Court of Justice of the European Union)는 공기업 여부를 판단하는데 있어 국가가 경제적인 행위를 별도의 법인을 설립하여 수행하는지, 아니면 국가행정의 일환으로 직접 수행하는지는 중요하지 않다고 판단하였다.[29] 즉, 유럽사법재판소는 공공주체와 공기업의 구별기준은 국가가 공권력을 행사하는지 아니면 상업적인 시장에서 제품과 서비스를 공급하는지에 달려있다고 보았고, 또한 이러한 구별을 위해서는 국가에 의해 수행되는 행위를 개별적으로 고찰해서 그러한 행위가 어떤 범주에 속하는가를 결정해야 한다고 보았다. 유럽사법재판소의 이러한 입장은 공기업의 개념을 기능적으로 접근한 것으로 평가할 수 있다.

---

28) '합법적이고 책임성 있는 게임'(legal and responsible game)을 추구하는 이탈리아의 공공기관이다.

29) Case 118/85 Commission v. Italy [1987] ECR 2599: "The distinction between 'public authorities' and 'public undertakings' provided for in Article 2 of Directive 80/723 on the transparency of financial relations between Member States and public undertakings flows from the recognition of the fact that the State may act either by exercising public powers or by carrying on economic activities of an industrial or commercial nature by offering goods and services on the market. In order to make such a distinction, it is therefore necessary, in each case, to consider the activities exercised by the State and to determine the category to which those activities belong."(밑줄은 필자). 위 판결의 Summary of Judgment 원문은 〈https://eur-lex.europa.eu/legal-content/EN/TXT/?uri=CELEX%3A61985CJ0118〉 (2021. 10. 29. 최종 방문).

지방공기업법이 지방공사나 지방공단 이외에(독립된 법인격이 없는) 지방직영기업을 지방공기업 중 하나의 유형으로 규정하는 것도 공기업을 기능적인 관점에서 접근한 것으로 이해할 수 있을 것이다.

라. 공공기관의 운영에 관한 법률 제4조부터 제6조까지의 규정에 따라 지정된 공공기관의 장

공공기관의 운영에 관한 법률(이하 "공공기관운영법"이라고 한다) 제4조부터 제6조까지의 규정에 따라 지정된 공공기관의 경우 해당 공공기관의 장이 경영책임자가 된다.

공공기관운영법 제4조(공공기관) ① 기획재정부장관은 국가 · 지방자치단체가 아닌 법인 · 단체 또는 기관(이하 "기관"이라 한다)으로서 다음 각 호의 어느 하나에 해당하는 기관을 공공기관으로 지정할 수 있다. 〈개정 2008. 2. 29., 2020. 3. 31., 2020. 6. 9.〉
1. 다른 법률에 따라 직접 설립되고 정부가 출연한 기관
2. 정부지원액(법령에 따라 직접 정부의 업무를 위탁받거나 독점적 사업권을 부여받은 기관의 경우에는 그 위탁업무나 독점적 사업으로 인한 수입액을 포함한다. 이하 같다) 이 총수입액의 2분의 1을 초과하는 기관
3. 정부가 100분의 50 이상의 지분을 가지고 있거나 100분의 30 이상의 지분을 가지고 임원 임명권한 행사 등을 통하여 해당 기관의 정책 결정에 사실상 지배력을 확보하고 있는 기관
4. 정부와 제1호부터 제3호까지의 어느 하나에 해당하는 기관이 합하여 100분의 50 이상의 지분을 가지고 있거나 100분의 30 이상의 지분을 가지고 임원 임명권한 행사 등을 통하여 해당 기관의 정책 결정에 사실상 지배력을 확보하고 있는 기관
5. 제1호부터 제4호까지의 어느 하나에 해당하는 기관이 단독으로 또는 두 개 이상의 기관이 합하여 100분의 50 이상의 지분을 가지고 있거나 100분의 30 이상의 지분을 가

지고 임원 임명권한 행사 등을 통하여 해당 기관의 정책 결정에 사실상 지배력을 확보하고 있는 기관

6. 제1호부터 제4호까지의 어느 하나에 해당하는 기관이 설립하고, 정부 또는 설립 기관이 출연한 기관

② 제1항에도 불구하고 기획재정부장관은 다음 각 호의 어느 하나에 해당하는 기관을 공공기관으로 지정할 수 없다. 〈개정 2007. 12. 14., 2008. 2. 29., 2020. 6. 9.〉

1. 구성원 상호 간의 상호부조 · 복리증진 · 권익향상 또는 영업질서 유지 등을 목적으로 설립된 기관

2. 지방자치단체가 설립하고, 그 운영에 관여하는 기관

3. 「방송법」에 따른 한국방송공사와 「한국교육방송공사법」에 따른 한국교육방송공사

③ 제1항제2호의 규정에 따른 정부지원액과 총수입액의 산정 기준 · 방법 및 같은 항 제3호부터 제5호까지의 규정에 따른 사실상 지배력 확보의 기준에 관하여 필요한 사항은 대통령령으로 정한다. 〈개정 2020. 6. 9.〉

공공기관운영법 제5조(공공기관의 구분) ① 기획재정부장관은 공공기관을 다음 각 호의 구분에 따라 지정한다. 〈개정 2020. 3. 31.〉

1. 공기업 · 준정부기관: 직원 정원, 수입액 및 자산규모가 대통령령으로 정하는 기준에 해당하는 공공기관

2. 기타공공기관: 제1호에 해당하는 기관 이외의 기관

② 제1항제1호에도 불구하고 기획재정부장관은 다른 법률에 따라 책임경영체제가 구축되어 있거나 기관 운영의 독립성, 자율성 확보 필요성이 높은 기관 등 대통령령으로 정하는 기준에 해당하는 공공기관은 기타공공기관으로 지정할 수 있다. 〈신설 2020. 3. 31.〉

③ 기획재정부장관은 제1항의 규정에 따라 공기업과 준정부기관을 지정하는 경우 총수입액 중 자체수입액이 차지하는 비중이 대통령령으로 정하는 기준 이상인 기관은 공기업으로 지정하고, 공기업이 아닌 공공기관은 준정부기관으로 지정한다. 〈개정 2008. 2. 29., 2020. 3. 31.〉

④ 기획재정부장관은 제1항 및 제3항의 규정에 따른 공기업과 준정부기관을 다음 각 호의 구분에 따라 세분하여 지정한다. 〈개정 2008. 2. 29., 2020. 3. 31., 2020. 6. 9.〉

1. 공기업
   가. 시장형 공기업: 자산규모와 총수입액 중 자체수입액이 대통령령으로 정하는 기준 이상인 공기업
   나. 준시장형 공기업: 시장형 공기업이 아닌 공기업

2. 준정부기관

　　가. 기금관리형 준정부기관: 「국가재정법」에 따라 기금을 관리하거나 기금의 관리를
　　　위탁받은 준정부기관

　　나. 위탁집행형 준정부기관: 기금관리형 준정부기관이 아닌 준정부기관

⑤ 기획재정부장관은 제1항 및 제2항에 따라 기타공공기관을 지정하는 경우 기관의 성격 및 업무 특성 등을 고려하여 기타공공기관 중 일부를 연구개발을 목적으로 하는 기관 등으로 세분하여 지정할 수 있다. 〈개정 2008. 2. 29., 2018. 3. 27., 2020. 3. 31.〉

⑥ 제3항 및 제4항의 규정에 따른 자체수입액 및 총수입액의 구체적인 산정 기준과 방법 및 제5항에 따른 기타공공기관의 종류와 분류의 세부 기준은 대통령령으로 정한다. 〈개정 2018. 3. 27., 2020. 3. 31.〉

공공기관운영법 제6조(공공기관 등의 지정 절차) ① 기획재정부장관은 매 회계연도 개시 후 1개월 이내에 공공기관을 새로 지정하거나, 지정을 해제하거나, 구분을 변경하여 지정한다. 다만, 회계연도 중이라도 다음 각 호의 구분에 따라 공공기관을 새로 지정하거나, 지정을 해제하거나, 구분을 변경하여 지정할 수 있다. 〈개정 2009. 12. 29.〉

1. 제4조제1항 각 호의 요건에 해당하는 기관이 신설된 경우: 신규 지정

2. 공공기관으로 지정된 기관이 민영화, 기관의 통합·폐지·분할 또는 관련 법령의 개정·폐지 등에 따라 이 법의 적용을 받을 필요가 없게 되거나 그 지정을 변경할 필요가 발생한 경우: 지정 해제 또는 구분 변경 지정

② 기획재정부장관은 제1항의 규정에 따라 공기업·준정부기관과 기타공공기관을 새로 지정하거나 지정해제 또는 변경지정하는 때에는 관계 법령에 따라 그 공기업·준정부기관과 기타공공기관의 업무를 관장하는 행정기관(이하 "주무기관"이라 한다)의 장과 협의한 후, 제8조의 규정에 따른 공공기관운영위원회의 심의·의결을 거쳐야 한다. 〈개정 2008. 2. 29.〉

③ 기획재정부장관은 제1항 및 제2항의 규정에 따라 공기업·준정부기관과 기타공공기관을 새로 지정하거나 지정해제 또는 변경지정할 경우 이를 고시하여야 한다. 이 경우 필요하다고 인정하는 때에는 기존의 공기업·준정부기관과 기타공공기관을 함께 고시할 수 있다. 〈개정 2008. 2. 29.〉

④ 공기업·준정부기관과 기타공공기관의 지정(변경지정을 포함한다)·지정해제와 고시 절차 등에 관하여 필요한 사항은 대통령령으로 정한다.

2022년도에 공공기관운영법 제6조에 따라 지정된 공공기관은 총 350개이다. 한국탄소산업진흥원, 한국제품안전관리원 및 재단법인 한국보건의료정보원의 3개 기관이 신규 지정되었고, 아시아문화원과 한국예탁결제원의 2개 기관이 기관해산, 지정요건 미충족을 이유로 지정 해제되었다. 공공기관 지정의 상세는 공공기관 경영정보 공개시스템(www.alio.go.kr)에서 확인할 수 있다.

〈표〉 2022년 공공기관 지정 변동내역

구분		'21년	'22년	증감	신규	해제	변경
① 공기업		36	36	−			
	■ 시장형	15	15	−			
	■ 준시장형	21	21	−			
② 준정부기관		95	94	△1		△1	
	■ 기금관리형	13	13	−			
	■ 위탁집행형	82	81	△1		△1	
③ 기타공공기관		218	220	+2	+3	△1	
계		349	350	+1	+3	△2	−

출처: 기획재정부 보도자료

한편, 공공기관운영법에 따라 지정된 공공기관은 대부분 독립된 법인격이 있으므로 해당 법인의 대표자인 공공기관의 장을 경영책임자등으로 하는 것은 특별히 문제 될 것이 없다. 그런데, 이러한 공공기관의 '부설기관(예컨대 한국과학기술원 부설 '한국과학영재학교' 등)'의 경우에는 독립된 법인격이 없으므로 그 경영책임자등을 누구로 볼 것인지 해석상 논란이 있을 수 있다. 이러한 경우 중대재해처벌법 제2조제9호나목의 법문상 '공공기관'인 한국과학기술원의 장을 경영책임자로 보아야 할 것으로 생각한다.

제3장

중대산업재해

제3장 **중대산업재해**

적용범위

제3조(적용범위) 상시 근로자가 5명 미만인 사업 또는 사업장의 사업주(개인사업주에 한
정한다. 이하 같다) 또는 경영책임자등에게는 이 장의 규정을 적용하지 아니한다.

중대재해처벌법 제3조는 "상시 근로자가 5명 미만인 사업 또
는 사업장의 사업주(개인사업주에 한정한다. 이하 같다) 또는 경영책임자등
에게는 이 장의 규정을 적용하지 아니한다."라고 규정하고 있다.
일견 단순해 보이는 위 조문에 대해서도 해석상 다툼이 예상되는
부분이 있다.

1. '상시 근로자가 5명 미만'

상시 근로자의 수를 기준으로 법률의 적용범위를 결정하는 대
표적인 예로 근로기준법이 있는바, 근로기준법 제11조제1항 본문
은 "이 법은 상시 5명 이상의 근로자를 사용하는 모든 사업 또는

사업장에 적용한다."라고 규정하고, 동법 시행령 제7조의2는 근로기준법 제11조제3항의 위임을 받아 '상시 사용하는 근로자 수의 산정 방법'을 아래와 같이 법정하고 있다.

> 근로기준법 시행령 제7조의2(상시 사용하는 근로자 수의 산정 방법) ① 법 제11조제3항에 따른 "상시 사용하는 근로자 수"는 해당 사업 또는 사업장에서 법 적용 사유(휴업수당 지급, 근로시간 적용 등 법 또는 이 영의 적용 여부를 판단하여야 하는 사유를 말한다. 이하 이 조에서 같다) 발생일 전 1개월(사업이 성립한 날부터 1개월 미만인 경우에는 그 사업이 성립한 날 이후의 기간을 말한다. 이하 "산정기간"이라 한다) 동안 사용한 근로자의 연인원을 같은 기간 중의 가동 일수로 나누어 산정한다.
> ④ 제1항의 연인원에는 「파견근로자보호 등에 관한 법률」 제2조제5호에 따른 파견근로자를 제외한 다음 각 호의 근로자 모두를 포함한다. 〈개정 2018. 6. 29.〉
> 1. 해당 사업 또는 사업장에서 사용하는 통상 근로자, 「기간제 및 단시간근로자 보호 등에 관한 법률」 제2조제1호에 따른 기간제근로자, 단시간근로자등 고용형태를 불문하고 하나의 사업 또는 사업장에서 근로하는 모든 근로자
> 2. 해당 사업 또는 사업장에 동거하는 친족과 함께 제1호에 해당하는 근로자가 1명이라도 있으면 동거하는 친족인 근로자
>
> [본조신설 2008. 6. 25.]

그런데, 위 근로기준법 시행령 제7조의2제1항은 근로기준법 제11조제3항의 위임을 받아 근로기준법의 적용 여부를 판단하는 데 필요한 '상시 사용하는 근로자 수'의 산정방법을 규정한 것이므로, 위 근로기준법 시행령 조항을 중대재해처벌법 제3조에 적

용할 수는 없다.[30]

따라서, 중대재해처벌법 제3조의 '상시 근로자가 5명 미만'이라는 문구는 중대재해처벌법의 입법취지를 고려하여 독자적으로 해석할 필요가 있는바, 먼저 '상시'라는 말의 의미는 "상태(常態)라고 하는 의미로서 근로자의 수가 때때로 5인 미만이 되는 경우가 있어도 사회통념에 의하여 객관적으로 판단하여 상태적으로 5인 이상이 되는 경우에는 이에 해당하며, 여기의 근로자에는 당해 사업장에 계속 근무하는 근로자뿐만 아니라 그때그때의 필요에 의하여 사용하는 일용근로자를 포함한다고 해석하여야 한다."고 해석함이 옳을 것이다(대법원 2000. 3. 14. 선고 99도1243 판결 참조).

한편, 근로기준법 시행령 제7조의2제4항 본문은 「파견근로자 보호 등에 관한 법률」 제2조제5호에 따른 파견근로자'를 '상시 사용하는 근로자 수' 산정에서 제외하고 있으나, 앞서 본 바와 같이 위 규정은 근로기준법상 '상시 사용하는 근로자 수' 산정에 관한

---

30) 대법원 2013. 12. 26. 선고 2012도5875 판결은 "상시 근로자 산정방법에 관한 근로기준법 제11조제3항 및 근로기준법 시행령 제7조의2 규정은 근로자퇴직급여 보장법이 시행된 이후에야 신설된 조항이고, 법 문언에 의하더라도 근로기준법을 적용하는 경우 상시 사용하는 근로자 수의 산정방법을 정하고 있는 점, 근로자퇴직급여 보장법에 따른 퇴직금 지급의무 유무를 판단하기 위하여 근로기준법 시행령 제7조의2 규정에 따라 퇴직일 전 1개월 동안의 상시 근로자 수를 산정하는 것은, 경우에 따라 해당 근로자가 상시 근로자 5인 이상인 사업장에서 1년 이상 계속 근무하였음에도 단지 퇴직일 전 1개월 동안의 상시 근로자 수가 4인 이하라는 이유로 사용자에게 퇴직금 지급의무가 없다는 결과를 가져올 수 있어 부당하다고 하지 않을 수 없고, 1년 이상의 계속근로기간이 요구되는 퇴직금제도의 취지에 부합한다고 보기도 어려운 점 등을 종합하면, 근로기준법 시행령 제7조의2 규정은 근로자퇴직급여 보장법 적용에 관한 상시 근로자 수 산정에는 적용되지 아니한다고 봄이 타당하다."고 판시한 바 있다.

규정일 뿐, 중대재해처벌법 제3조에는 적용되지 않는다.

　나아가 근로기준법 제11조제1항 본문이 "이 법은 상시 5명 이상의 근로자를 사용하는 모든 사업 또는 사업장에 적용한다."라고 규정하여 사업 또는 사업장이 '사용하는' 근로자라고 명시적으로 규정하고 있는 것과 달리 중대재해처벌법 제3조는 "상시 근로자가 5명 미만인 사업 또는 사업장"이라고만 규정하고 있다는 점에서 중대재해처벌법 제3조의 '상시 근로자'를 반드시 해당 사업 또는 사업장을 운영하는 사업주와 '직접' 근로계약을 체결하여 사용하는 근로자라고 제한적으로 보아야 할 논리필연적 이유는 없다고 생각한다. 따라서, 근로기준법과 달리 근로자가 해당 사업 내에 상시 존재하기만 하면 중대재해처벌법 제3조의 '상시 근로자'에 해당하는 것으로 해석하는 것도 가능하다. 따라서, 파견근로자는 물론 도급인의 사업 또는 사업장 내에서 상시적으로 노무를 제공하는 수급인의 근로자도 도급인의 '상시 근로자'라고 해석해야 한다고 생각한다. 고용노동부도 파견근로자의 경우에는 사용사업주의 상시 근로자 산정에 포함된다는 입장을 취하고 있다.[31] 다만, 고용노동부는 수급인의 근로자는 도급인의 상시 근로자에 포함되지 않는다는 입장이다.[32]

---

31) 고용노동부(2021), p. 34.
32) Ibid, 33.

2. '사업주(개인사업주에 한정한다. 이하 같다)'

중대재해처벌법 제3조는 "사업 또는 사업장의 사업주(개인사업주에 한정한다. 이하 같다)"라고 규정하고 있으므로, 동법 제3조 이하의 조항에서 규정하는 '사업주'라는 문구는 '개인사업주'를 의미하는 것으로 제한적으로 해석하여야 한다. 따라서 동법 제2장의 중대산업재해는 물론 제3장 중대시민재해 및 제4장 보칙의 규정을 해석 및 적용함에 있어서도 '사업주'는 개인사업주로 읽어야 한다.

3. '이 장의 규정을 적용하지 아니한다'

중대재해처벌법 제3조는 상시 근로자가 5명 미만인 사업 또는 사업장의 '개인사업주' 또는 경영책임자등에게는 '이 장(제2장 중대산업재해)'의 규정을 적용하지 아니한다고 규정하고 있다. 따라서 상시 근로자가 5명 미만인 사업 또는 사업장의 '개인사업주' 또는 경영책임자등에게도 제3장 중대시민재해에 관한 규정과 제4장 보칙에 관한 규정은 당연히 적용된다.

그러므로 상시 근로자가 5명 미만인 사업 또는 사업장에서 중대산업재해가 발생한 경우 중대재해처벌법 제2장이 적용되지는 않겠지만, 이러한 중대산업재해가 제3장의 규정에 따른 중대시민재해에 해당할 경우에는 해당 사업 또는 사업장의 '개인사업주' 또는 경영책임자등은 중대시민재해에 관한 규정에 따른 벌칙의 적용을 받게 될 것이다. 중대시민재해의 개념을 정의하는 중대재해처벌법 제2조제3호의 단서에서 "다만, 중대산업재해에 해당하는 재해는 제외한다."라고 규정한 취지에 비추어 볼 때, 중대산업재해와의 관계에서 중대시민재해는 보충적 성격을 갖는다고 볼 수 있다. 따라서 중대재해처벌법 제3조에 따라 중대산업재해 관련 규정의 적용을 받지 않는 재해의 경우에도 중대시민재해에 관한 규정은 적용될 수 있다고 해석하는 것이 합리적이라고 생각한다.

사업주와 경영책임자등의 안전 및 보건 확보의무

제4조(사업주와 경영책임자등의 안전 및 보건 확보의무) ① 사업주 또는 경영책임자등은 사업주나 법인 또는 기관이 실질적으로 지배·운영·관리하는 사업 또는 사업장에서 종사자의 안전·보건상 유해 또는 위험을 방지하기 위하여 그 사업 또는 사업장의 특성 및 규모 등을 고려하여 다음 각 호에 따른 조치를 하여야 한다.

1. 재해예방에 필요한 인력 및 예산 등 안전보건관리체계의 구축 및 그 이행에 관한 조치
2. 재해 발생 시 재발방지 대책의 수립 및 그 이행에 관한 조치
3. 중앙행정기관·지방자치단체가 관계 법령에 따라 개선, 시정 등을 명한 사항의 이행에 관한 조치
4. 안전·보건 관계 법령에 따른 의무이행에 필요한 관리상의 조치

② 제1항제1호·제4호의 조치에 관한 구체적인 사항은 대통령령으로 정한다.

1. 조문의 구조

중대재해처벌법 제4조는 '사업주와 경영책임자등의 안전 및 보건 확보의무'라는 표제 아래 동조 제1항에서 사업주와 경영책임자등에게 같은 항 제1호부터 제4호에서 규정하는 각각의 '조치(措置)'를 할 의무를 부과하고, 동조 제2항에서는 제1항제1호와 제4호의 조치의 구체적인 사항을 대통령령으로 위임하고 있다.

2. 제4조제1항 본문

중대재해처벌법 제4조제1항은 ① ^(수범자) 사업주 또는 경영책임자등은 ② ^(적용대상) 사업주나 법인 또는 기관이 실질적으로 지배 · 운영 · 관리하는 사업 또는 사업장에서 ③ ^(의무의 내용) 종사자의 안전 · 보건상 유해 또는 위험을 방지하기 위하여 그 사업 또는 사업장의 특성 및 규모 등을 고려하여 같은 항 제1호부터 제4호에 따른 조치를 하여야 한다고 규정하고 있다.

한편, 중대재해처벌법 제6조제1항 및 제2항은 동법 제4조 및 제5조를 위반하여^(행위불법) 중대산업재해에 이르게 한^(결과불법) 개인사업주 또는 경영책임자등^(신분)을 처벌하고 있으므로, 중대재해처벌법 제4조제1항은 중대재해처벌등에관한법률위반^(산업재해치사) 및 중대재해처벌등에관한법률위반^(산업재해치상)의 범죄구성요건의 일부를 규정하는 것으로 보아야 한다.

1) 수범자 – 구성요건적 신분
중대재해처벌법 제4조제1항의 수범자는 개인사업주 또는 ^(법인 또는 기관의) 경영책임자등이다.

2) 적용대상
중대재해처벌법 제4조제1항의 적용대상은 개인사업주나 법인 또는 기관이 실질적으로 지배·운영·관리하는 사업 또는 사업장이다.

3) 의무의 내용

중대재해처벌법 제4조제1항이 개인사업주 또는 ^(법인 또는 기관의) 경영책임자등에게 부과하는 의무는 ① 종사자의 안전·보건상 유해 또는 위험을 방지하기 위하여 ② 그 사업 또는 사업장의 특성 및 규모 등을 고려하여 ③ 중대재해처벌법 제4조제1항제1호부터 제4호에 따른 조치를 하여야 할 의무이다. 따라서, 개인사업주 또는 ^(법인 또는 기관의) 경영책임자등이 준수해야 할 의무의 구체적인 내용은 중대재해처벌법 제4조제1항 각호의 규정에 따라야 할 것이다.

다만 동법 제4조제1항 각호의 규정을 해석함에 있어서 동법 제4조제1항 본문의 취지를 고려해야 할 것이므로, 동법 제4조제1항 각호를 해석함에 있어 ① 그 목적이 '종사자의 안전·보건상 유해 또는 위험을 방지'하기 위한 것이라는 점, ② 의무의 구체적인 내용은 개인사업주 또는 ^(법인 또는 기관의) 경영책임자등이 실질적으로 지배·운영·관리하는 각각의 사업 또는 사업장의 특성 및 규모 등을 고려하여 구체적으로 결정되어야 한다는 점, ③ '조치를 하여야 한다'는 문구를 고려할 때 금지의무를 내용으로 하는 일반 형사법규와 달리 작위의무^(作爲義務)를 내용으로 하고 있다는 점에 유의해야 할 것이다.

또한, 한편, 중대재해처벌법 제4조제2항은 같은 조 제1항제1호 및 제4호의 조치에 관한 구체적인 사항은 대통령령으로 정한다고 규정하고 있는바, 위 ①과 ②의 취지는 관련 대통령령을 제정함에 있어 입법의 한계로 기능해야 할 것이다.

3. 제4조제1항제1호: 안전보건관리체계의 구축 및 이행 조치

> 제4조(사업주와 경영책임자등의 안전 및 보건 확보의무) ① 사업주 또는 경영책임자등은 사업주나 법인 또는 기관이 실질적으로 지배 · 운영 · 관리하는 사업 또는 사업장에서 종사자의 안전 · 보건상 유해 또는 위험을 방지하기 위하여 그 사업 또는 사업장의 특성 및 규모 등을 고려하여 다음 각 호에 따른 조치를 하여야 한다.
> 1. 재해예방에 필요한 인력 및 예산 등 안전보건관리체계의 구축 및 그 이행에 관한 조치
> ② 제1항제1호 · 제4호의 조치에 관한 구체적인 사항은 대통령령으로 정한다.

중대재해처벌법 제4조제1항제1호는 개인사업주 또는 ^{(법인 또는} ^{기관의)} 경영책임자등이 '조치를 하여야 할' 의무의 하나로 재해예방에 필요한 인력 및 예산 등 안전보건관리체계의 구축 및 그 이행에 관한 조치^(이하 "안전보건관리체계의 구축 및 이행 조치"라고 한다)를 규정하고 있다.

일반적으로 '체계^(system)'라는 용어는 상호 의존적이고, 상호작용하는 부분들로 구성된 전체, 즉 '부분들 간에 관계를 맺고 있는

일련의 요인들'이라는 의미로 사용된다. 따라서, '안전보건관리체계'란 안전보건관리와 관련하여 상호 의존적이고 또한 상호작용을 하는 부분들로 구성된 일련의 요인들의 전체(全體)라고 이해할 수 있을 것이다.

한편, 체계의 안정 상태(steady state)란 체계의 내부 또는 외부로부터의 정보와 자원의 흐름으로 인하여 체계가 제대로 기능할 수 있는 상태를 의미한다. 즉, 전체로서의 체계가 부분들 간의 관계를 유지하고, 에너지가 계속하여 체계를 위해 활용되고 있는 상태를 의미한다. 체계의 관계적 특성은 '투입 → 전환 → 산출 → 환류 → (투입)'이라는 과정의 순환에 있으므로, 경영책임자등은 안전보건관리체계가 안정 상태를 유지할 수 있도록, 즉 제대로 기능할 수 있도록 안전보건관리체계의 제반 구성 부분에 관하여 '투입 → 전환 → 산출 → 환류 → (투입)'의 일련의 과정을 적절하게 통제(control)하여야 한다. 이러한 점에서 안전보건관리체계의 확보의무는 동태적(動態的) 성격을 갖는다고 할 것이다.

한편, 중대재해처벌법 제4조제2항의 위임을 받아 제정된 동

법 시행령 제4조는 '안전보건관리체계의 구축 및 이행 조치'의 구체적인 내용을 다음과 같이 규정하고 있다.

〈표〉 제4조제1항의 안전보건관리체계의 구축 및 이행에 관한 조치 개관

안전보건관리체계의 구성요소	안전보건관리체계의 구축에 관한 조치	안전보건관리체계의 이행에 관한 조치
안전·보건에 관한 목표와 경영방침	안전·보건에 관한 목표와 경영방침의 설정	
안전·보건에 관한 업무를 총괄·관리하는 전담 조직	(상시근로자 500명 이상 또는 시공능력 순위 200위 이내 건설사업자) 안전·보건에 관한 업무를 총괄·관리하는 전담 조직을 둘 것	
유해·위험요인을 확인하여 개선하는 업무절차	유해·위험요인을 확인하여 개선하는 업무절차를 마련 (산업안전보건법상 위험성평가를 하는 절차로 갈음할 수 있음)	해당 업무절차에 따라 유해·위험요인의 확인 및 개선이 이루어지는지를 반기 1회 이상 점검한 후 (산업안전보건법상 위험성 평가를 직접 실시하거나 실시하도록 하여 실시 결과를 보고받은 경우 '점검'한 것으로 간주) 필요한 조치를 할 것 (위험성평가로 갈음할 수 없음)
안전보건관리체계 구축을 위한 예산	필요한 예산을 편성	편성된 용도에 맞게 (예산을) 집행
안전보건관리책임자등의 법령상 업무 수행	해당 업무 수행에 필요한 권한과 예산을 줄 것	
	해당 업무를 충실하게 수행하는지 평가하는 기준 마련	기준에 따라 반기 1회 이상 평가·관리
안전관리자, 보건관리자, 안전보건관리담당자 및 산업보건의	안전관리자, 보건관리자, 안전보건관리담당자 및 산업보건의를 배치	다른 업무를 겸직하는 경우에는 고용노동부장관이 정하여 고시하는 기준에 따라 안전·보건에 관한 업무 수행시간 보장

안전보건관리체계의 구성요소	안전보건관리체계의 구축에 관한 조치	안전보건관리체계의 이행에 관한 조치
안전·보건에 관한 사항에 대해 종사자의 의견을 듣는 절차	종사자의 의견을 듣는 절차 마련	그 절차에 따라 의견을 들어(산업 안전보건위원회·안전 및 보건 에 관한 협의체에서의 논의 또는 심의·의결로 갈음할 수 있음) 재해 예방에 필요하다고 인정하 는 경우에는 그에 대한 개선방안 을 마련하여 이행하는지를 반기 1회 이상 점검한 후 필요한 조치
중대산업재해가 발생하거나 발생할 급박한 위험이 있을 경우를 대비하여 다음 각 목 의 조치에 관한 매뉴얼	매뉴얼 마련	매뉴얼에 따라 조치하는지를 반기 1회 이상 점검할 것
업무의 도급, 용역, 위탁 시 종사자의 안전·보건을 확보 하기 위한 기준과 절차	기준과 절차 마련	기준과 절차에 따라 도급, 용역, 위탁 등이 이루어지는지를 반기 1회 이상 점검할 것

1) 시행령 제4조제1호: 안전 및 보건에 관한 목표와 경영방침

시행령 제4조(안전보건관리체계의 구축 및 이행 조치) 법 제4조제1항제1호에 따른 조치의 구체적인 사항은 다음 각 호와 같다.
1. 사업 또는 사업장의 안전·보건에 관한 목표와 경영방침을 설정할 것

개인사업주 및 경영책임자등은 사업 또는 사업장의 안전·보건에 관한 '목표'와 '경영방침'을 설정해야 한다.

이러한 안전·보건에 관한 '목표'와 '경영방침'은 산업안전보

건법 제14조[33]가 규정하는 대표이사의 '안전 및 보건에 관한 계획 (안전보건계획)'과 상당 부분 교착될 것으로 예상된다. 그러나, 산업안 전보건법에 따라 대표이사가 수립하여 보고하는 안전보건계획은 매년 사업장의 상황을 고려한 안전보건에 관한 '구체적'인 경영계 획의 성격이 강한 반면 중대재해처벌법 시행령 제4조제1호에서 규정하는 안전 · 보건에 관한 '목표'와 '경영방침'은 사업을 수행하 면서 항상 고려하여야 하는 안전보건에 관한 기본적인 경영철학 과 의사결정의 일반적인 지침이 담긴 보다 일반적이고 추상적인 성격을 갖는다고 할 것이다.[34]

---

33) 산업안전보건법 제14조(이사회 보고 및 승인 등) ① 「상법」 제170조에 따른 주식회사 중 대통령령으로 정하는 회사의 대표이사는 대통령령으로 정하는 바에 따라 매년 회사의 안전 및 보건에 관한 계획을 수 립하여 이사회에 보고하고 승인을 받아야 한다.

② 제1항에 따른 대표이사는 제1항에 따른 안전 및 보건에 관한 계획을 성실하게 이행하여야 한다.

③ 제1항에 따른 안전 및 보건에 관한 계획에는 안전 및 보건에 관한 비용, 시설, 인원 등의 사항을 포함 하여야 한다.

34) 전형배, "중대재해처벌법의 해석상 쟁점", 「노동법포럼」제34호, 노동법이론실무학회, 2021. 11., p.279.

2) 시행령 제4조제2호: 안전 · 보건에 관한 업무를 총괄 · 관리하는 전담 조직

시행령 제4조(안전보건관리체계의 구축 및 이행 조치) 법 제4조제1항제1호에 따른 조치의 구체적인 사항은 다음 각 호와 같다.

2. 「산업안전보건법」 제17조부터 제19조까지 및 제22조에 따라 두어야 하는 인력이 총 3명 이상이고 다음 각 목의 어느 하나에 해당하는 사업 또는 사업장인 경우에는 안전 · 보건에 관한 업무를 총괄 · 관리하는 전담 조직을 둘 것. 이 경우 나목에 해당하지 않던 건설사업자가 나목에 해당하게 된 경우에는 공시한 연도의 다음 연도 1월 1일까지 해당 조직을 두어야 한다.

  가. 상시근로자 수가 500명 이상인 사업 또는 사업장

  나. 「건설산업기본법」 제8조 및 같은 법 시행령 별표 1에 따른 토목건축공사업에 대해 같은 법 제23조에 따라 평가하여 공시된 시공능력의 순위가 상위 200위 이내인 건설사업자

산업안전보건법에 따라 안전보건을 담당하는 전문적인 인력을 배치하는 것은 산업안전보건법에 따른 '사업주'의 의무이다.

중대재해처벌법시행령 제4조제2호가 안전 · 보건에 관한 업무를 총괄 · 관리하는 '전담 조직'의 설치를 규정한 것은 사업 또는 사업장의 특성 및 규모 등을 고려하여^(법 제4조제1항 본문) ① 상시근로자 수가 500명 이상인 사업 또는 사업장과 ② 「건설산업기본법」 제8조 및 동법 시행령 별표 1에 따른 토목건축공사업에 대해 동법 제23조에 따라 평가하여 공시된 시공능력의 순위가 상위 200위 이내인 건설사업자^(이에 해당하지 않던 건설사업자가 이에 해당하게 된 경우에는 공시한 연도의 다음 연도 1월 1일까지 전담 조직을 두어야 함)에게 이러한 산업

안전보건법의 의무를 넘어 안전보건을 총괄·관리하는 '전담 조직'을 설치하라는 보다 강화된 의무를 부과한 것으로 이해해야 할 것이다.[35)

　여기서 안전보건을 총괄·관리하는 '전담 조직'은 사업 또는 사업장의 안전보건관리체계를 관리·감독하는 등 개인사업주 또는 경영책임자등을 보좌하고 개인사업주나 법인 또는 기관의 안전·보건에 관한 컨트롤 타워로서의 역할을 하는 조직을 의미한다.[36)

　이러한 전담 조직은 최소 2명 이상으로 구성하되, 해당 기업의 모든 사업장의 특성, 유해·위험요인, 규모 등을 고려하여 안전 및 보건에 관한 업무를 총괄·관리하기에 충분한 인원으로 구성해야 한다.[37) 사업장이 여러 개인 경우 산업안전보건법에 따라 각 사업장에 두어야 하는 안전관리자 등과 중대재해처벌법상 전담 조직 구성원은 그 의무와 역할이 다르므로 전담 조직은 안전관리자 등과는 별도의 인력으로 구성해야 한다.[38) 다만, 하나의 사업장만 있는 경우에는 안전관리자 등 전문인력을 전담 조직의 구성원으로 포함할 수는 있으나, 그 전문인력이 중대재해처벌법상 안전보건관리체계의 구축 등 전담 조직의 업무를 수행하더라

---

35) 전형배, 앞의 글, p. 280.
36) 고용노동부(2021), p. 47.
37) 고용노동부(2022), p. 26.
38) Ibid.

도, 이로 인해 본래의 업무인 산업안전보건법상 직무를 소홀히 하여 현장의 안전·보건관리에 지장을 초래하지 않도록 전담 조직을 구성·운영해야 한다.[39]

한편, '전담(專擔)' 조직이라는 문언상 해당 조직은 안전·보건에 관한 업무만 총괄·관리하여야 하며 안전·보건과 무관하거나 생산관리, 일반행정 등 안전·보건과 목표의 상충이 일어날 수 있는 업무를 함께 수행해서는 아니 될 것이다.[40] 이와 관련하여 이러한 전담 조직이 중대재해처벌법 관련 업무를 수행할 수 있는지 문제가 될 것인바, 전담 조직이 중대재해처벌법 준수를 위한 업무를 담당하는 것은 당연한 일이겠지만, 중대산업재해 발생 시 법적 대응은 안전·보건에 관한 업무가 아니라 일반 법무 업무에 해당하므로 이러한 업무를 전담 조직이 담당하는 것은 부적절하다. 나아가, 중대산업재해 발생 시 법적 대응은 사실상 중대재해처벌법을 위반하지 않았음을 주장·증명하는 업무일 것이므로 전담 조직의 본래의 업무와 충돌할 위험이 크다.

---

39) Ibid, 28.
40) 고용노동부(2021), p.49.

3) 시행령 제4조제3호: 유해 · 위험요인의 확인 및 개선에 관한 업무절차

> **시행령 제4조(안전보건관리체계의 구축 및 이행 조치)** 법 제4조제1항제1호에 따른 조치
> 의 구체적인 사항은 다음 각 호와 같다.
> 3. 사업 또는 사업장의 특성에 따른 유해 · 위험요인을 확인하여 개선하는 업무절차를
> 마련하고, 해당 업무절차에 따라 유해 · 위험요인의 확인 및 개선이 이루어지는지를
> 반기 1회 이상 점검한 후 필요한 조치를 할 것. 다만, 「산업안전보건법」 제36조에 따른
> 위험성 평가를 하는 절차를 마련하고, 그 절차에 따라 위험성 평가를 직접 실시하거나
> 실시하도록 하여 실시 결과를 보고받은 경우에는 해당 업무절차에 따라 유해 · 위험
> 요인의 확인 및 개선에 대한 점검을 한 것으로 본다.

개인사업주 또는 경영책임자등은 사업 또는 사업장의 특성에
따른 유해 · 위험요인의 확인 및 개선에 관한 업무절차를 마련^{(안}
_{전보건관리체계의 구축 조치)}하고, 해당 절차에 따라 유해 · 위험요인이 확
인 · 개선되고 있는지를 반기 1회 이상 점검한 후 점검 결과에 따
라 필요한 조치^(안전보건관리체계의 이행 조치)를 하여야 한다.[41] 여기서 '유
해 · 위험요인을 확인 · 개선하는 업무절차'란 사업 또는 사업장의
특성에 따른 업무로 인한 유해 · 위험요인의 확인 및 개선 대책의
수립 · 이행까지 이르는 일련의 절차를 의미한다.[42]

---

41) 고용노동부(2021), p. 53.
42) Ibid, 55.

124

법문에서 '점검한 후 점검 결과에 따라 필요한 조치'를 하여야한다고 규정하고 있으므로, 유해·위험요인의 점검에 그칠 것이아니라 적극적으로 작업방식을 변경하거나 유해·위험물질을 대체하는 등 유해·위험 요인을 제거하고 통제하되, 제거나 통제가되지 않을 경우 작업중지를 하거나 개인에게 적절한 보호장구를지급하는 등 조치를 하는 것이 모두 포함된다.[43]

한편, 산업안전보건법 제36조에 따른 위험성 평가 제도를 도입하고 해당 절차에 따라 위험성 평가를 실시하고, 개인사업주또는 경영책임자등이 그 결과를 보고 받은 경우에는 그 확인·개선 절차 마련 및 점검을 한 것으로 간주된다. 다만, 이러한 점검의무와 점검 결과에 따라 '필요한 조치'를 할 의무는 별개이므로위험성 평가 결과에 따른 '필요한 조치'를 하지 않으면 본 호 위반에 해당한다.[44]

---

43) Ibid, 56.
44) Ibid, 63.

4) 시행령 제4조제4호: 재해 예방에 필요한 예산의 편성 및 집행

시행령 제4조(안전보건관리체계의 구축 및 이행 조치) 법 제4조제1항제1호에 따른 조치의 구체적인 사항은 다음 각 호와 같다.
4. 다음 각 목의 사항을 이행하는 데 필요한 예산을 편성하고 그 편성된 용도에 맞게 집행하도록 할 것
　가. 재해 예방을 위해 필요한 안전 · 보건에 관한 인력, 시설 및 장비의 구비
　나. 제3호에서 정한 유해 · 위험요인의 개선
　다. 그 밖에 안전보건관리체계 구축 등을 위해 필요한 사항으로서 고용노동부장관이 정하여 고시하는 사항

　　재해 예방을 위해서는 재해 예방에 필요한 안전 · 보건에 관한 인력, 시설 및 장비의 구비와 유해 · 위험요인의 개선이 불가결하다. 이러한 인력, 시설 및 장비를 구비하기 위해서는 상당한 비용의 지출이 필요할 것인바, 중대재해처벌법 시행령 제4조제4호는 이를 위한 예산을 편성하고, 편성된 예산을 그 용도에 맞게 집행할 것을 개인사업주 또는 경영책임자등의 조치의무로 규정하고 있다. 따라서 예산의 편성과 집행 명세에는 동법 시행령 제4조가 요구하는 각 사항이 어떻게 실현되고 있는지를 알 수 있도록 구성되어야 하고, 신빙성 있는 자료로 그 명세가 뒷받침되어야 할 것이다.[45]

---

45) 전형배, 앞의 글, p. 279.

5) 시행령 제4조제5호: 안전보건관리책임자등의 업무 수행을 위한 조치

> **시행령 제4조(안전보건관리체계의 구축 및 이행 조치)** 법 제4조제1항제1호에 따른 조치의 구체적인 사항은 다음 각 호와 같다.
>
> 5. 「산업안전보건법」 제15조, 제16조 및 제62조에 따른 안전보건관리책임자, 관리감독자 및 안전보건총괄책임자(이하 이 조에서 "안전보건관리책임자등"이라 한다)가 같은 조에서 규정한 각각의 업무를 각 사업장에서 충실히 수행할 수 있도록 다음 각 목의 조치를 할 것
>   가. 안전보건관리책임자등에게 해당 업무 수행에 필요한 권한과 예산을 줄 것
>   나. 안전보건관리책임자등이 해당 업무를 충실하게 수행하는지를 평가하는 기준을 마련하고, 그 기준에 따라 반기 1회 이상 평가·관리할 것

가. 안전보건관리책임자등

중대재해처벌법 시행령 제4조제5호는 산업안전보건법 제15조의 안전보건관리책임자, 동법 제16조의 관리감독자 및 동법 제62조의 안전보건총괄책임자를 '안전보건관리책임자등'이라고 정의하고, 이들이 산업안전보건법 관련 조항에서 규정하는 각각의 업무를 각 사업장에서 충실히 수행할 수 있도록 같은 호 각 목의 조치를 하도록 규정한다.

가) 안전보건관리책임자

산업안전보건법 제15조(안전보건관리책임자) ① 사업주는 사업장을 실질적으로 총괄하여 관리하는 사람에게 해당 사업장의 다음 각 호의 업무를 총괄하여 관리하도록 하여야 한다.
1. 사업장의 산업재해 예방계획의 수립에 관한 사항
2. 제25조 및 제26조에 따른 안전보건관리규정의 작성 및 변경에 관한 사항
3. 제29조에 따른 안전보건교육에 관한 사항
4. 작업환경측정 등 작업환경의 점검 및 개선에 관한 사항
5. 제129조부터 제132조까지에 따른 근로자의 건강진단 등 건강관리에 관한 사항
6. 산업재해의 원인 조사 및 재발 방지대책 수립에 관한 사항
7. 산업재해에 관한 통계의 기록 및 유지에 관한 사항
8. 안전장치 및 보호구 구입 시 적격품 여부 확인에 관한 사항
9. 그 밖에 근로자의 유해 · 위험 방지조치에 관한 사항으로써 고용노동부령으로 정하는 사항
② 제1항 각 호의 업무를 총괄하여 관리하는 사람(이하 "안전보건관리책임자"라 한다)은 제17조에 따른 안전관리자와 제18조에 따른 보건관리자를 지휘 · 감독한다.
③ 안전보건관리책임자를 두어야 하는 사업의 종류와 사업장의 상시근로자 수, 그 밖에 필요한 사항은 대통령령으로 정한다.

산업안전보건법 시행령 제14조(안전보건관리책임자의 선임 등) ① 법 제15조제2항에 따른 안전보건관리책임자(이하 "안전보건관리책임자"라 한다)를 두어야 하는 사업의 종류 및 사업장의 상시근로자 수(건설공사의 경우에는 건설공사 금액을 말한다. 이하 같다)는 별표 2와 같다.
② 사업주는 안전보건관리책임자가 법 제15조제1항에 따른 업무를 원활하게 수행할 수 있도록 권한 · 시설 · 장비 · 예산, 그 밖에 필요한 지원을 해야 한다.
③ 사업주는 안전보건관리책임자를 선임했을 때에는 그 선임 사실 및 법 제15조제1항 각 호에 따른 업무의 수행내용을 증명할 수 있는 서류를 갖추어 두어야 한다.

　　안전보건관리책임자는 사업장을 실질적으로 총괄하여 관리하는 사람으로 통상적으로 사업장의 현장소장, 공장장, 지점장 등

이 이에 해당한다.

안전보건관리책임자는 사업장을 실질적으로 총괄·관리하는 사람으로서 사업장의 산업재해 예방 계획의 수립 등 안전 및 보건에 관한 업무를 총괄·관리하며^(산업안전보건법 제15조제1항), 안전관리자와 보건관리자를 지휘·감독해야 한다^(동법 제15조제2항). 산업안전보건법상 사업주는 안전보건관리책임자가 동법 제15조제1항에 따른 업무를 원활하게 수행할 수 있도록 권한·시설·장비·예산, 그 밖에 필요한 지원을 해야 한다^(동법 시행령 제14조제2항).

다만, 안전보건관리책임자는 당해 사업장의 안전보건업무를 총괄하여 관리하는 사람일 뿐, 산업안전보건법의 수범자는 사업주이다. 따라서 안전보건관리책임자를 선임하였다는 이유로 사업주의 산업안전보건법상 책임이 안전보건관리책임자에게 이전되거나 면제되는 것은 아니다.[46]

나) 관리감독자

산업안전보건법 제16조(관리감독자) ① 사업주는 사업장의 생산과 관련되는 업무와 그 소속 직원을 직접 지휘·감독하는 직위에 있는 사람(이하 "관리감독자"라 한다)에게 산업 안전 및 보건에 관한 업무로서 대통령령으로 정하는 업무를 수행하도록 하여야 한다.

---

46) 양성필, p. 53.

② 관리감독자가 있는 경우에는 「건설기술 진흥법」 제64조제1항제2호에 따른 안전관리책임자 및 같은 항 제3호에 따른 안전관리담당자를 각각 둔 것으로 본다.

산업안전보건법 시행령 제15조(관리감독자의 업무 등) ① 법 제16조제1항에서 "대통령령으로 정하는 업무"란 다음 각 호의 업무를 말한다. 〈개정 2021. 11. 19.〉

1. 사업장 내 법 제16조제1항에 따른 관리감독자(이하 "관리감독자"라 한다)가 지휘 · 감독하는 작업(이하 이 조에서 "해당작업"이라 한다)과 관련된 기계 · 기구 또는 설비의 안전 · 보건 점검 및 이상 유무의 확인
2. 관리감독자에게 소속된 근로자의 작업복 · 보호구 및 방호장치의 점검과 그 착용 · 사용에 관한 교육 · 지도
3. 해당작업에서 발생한 산업재해에 관한 보고 및 이에 대한 응급조치
4. 해당작업의 작업장 정리 · 정돈 및 통로 확보에 대한 확인 · 감독
5. 사업장의 다음 각 목의 어느 하나에 해당하는 사람의 지도 · 조언에 대한 협조
   가. 법 제17조제1항에 따른 안전관리자(이하 "안전관리자"라 한다) 또는 같은 조 제5항에 따라 안전관리자의 업무를 같은 항에 따른 안전관리전문기관(이하 "안전관리전문기관"이라 한다)에 위탁한 사업장의 경우에는 그 안전관리전문기관의 해당 사업장 담당자
   나. 법 제18조제1항에 따른 보건관리자(이하 "보건관리자"라 한다) 또는 같은 조 제5항에 따라 보건관리자의 업무를 같은 항에 따른 보건관리전문기관(이하 "보건관리전문기관"이라 한다)에 위탁한 사업장의 경우에는 그 보건관리전문기관의 해당 사업장 담당자
   다. 법 제19조제1항에 따른 안전보건관리담당자(이하 "안전보건관리담당자"라 한다) 또는 같은 조 제4항에 따라 안전보건관리담당자의 업무를 안전관리전문기관 또는 보건관리전문기관에 위탁한 사업장의 경우에는 그 안전관리전문기관 또는 보건관리전문기관의 해당 사업장 담당자
   라. 법 제22조제1항에 따른 산업보건의(이하 "산업보건의"라 한다)
6. 법 제36조에 따라 실시되는 위험성 평가에 관한 다음 각 목의 업무
   가. 유해 · 위험요인의 파악에 대한 참여
   나. 개선조치의 시행에 대한 참여
7. 그 밖에 해당작업의 안전 및 보건에 관한 사항으로서 고용노동부령으로 정하는 사항
② 관리감독자에 대한 지원에 관하여는 제14조제2항을 준용한다. 이 경우 "안전보건관리책임자"는 "관리감독자"로, "법 제15조제1항"은 "제1항"으로 본다.

관리감독자는 사업장의 생산과 관련되는 업무와 그 소속 직원을 직접 지휘·감독하는 직위에 있는 사람을 말한다. 산업안전보건법은 사업장 내 부서 단위에서 산업재해 예방활동을 촉진하기 위하여 생산과 관련된 업무와 그 소속 직원을 지휘·감독하는 자를 관리감독자로 지정하여 해당 직무와 관련된 안전보건 관련 업무를 수행하도록 하고 있다.[47] 이러한 관리감독자는 주로 사업장 내 부서 단위에서의 소속 직원을 직접 지휘·감독하는 '부서의 장'으로서 해당 작업과 관련된 기계·기구 또는 설비의 안전·보건 점검, 자신에게 소속된 근로자의 작업복, 보호구 착용 등 점검, 작업 전 안전미팅 진행 등 작업과 관련하여 종사자와 가장 밀접하게 안전·보건에 관한 업무를 수행한다(동법 제16조제1항, 동법 시행령 제15조).

다) 안전보건총괄책임자

산업안전보건법 제62조(안전보건총괄책임자) ① 도급인은 관계수급인 근로자가 도급인의 사업장에서 작업을 하는 경우에는 그 사업장의 안전보건관리책임자를 도급인의 근로자와 관계수급인 근로자의 산업재해를 예방하기 위한 업무를 총괄하여 관리하는 안전보건총괄책임자로 지정하여야 한다. 이 경우 안전보건관리책임자를 두지 아니하여도 되는 사업장에서는 그 사업장에서 사업을 총괄하여 관리하는 사람을 안전보건총괄책임자로 지정하여야 한다.

---

47) 양성필, p.55.

② 제1항에 따라 안전보건총괄책임자를 지정한 경우에는 「건설기술 진흥법」 제64조제1
항제1호에 따른 안전총괄책임자를 둔 것으로 본다.
③ 제1항에 따라 안전보건총괄책임자를 지정하여야 하는 사업의 종류와 사업장의 상
시근로자 수, 안전보건총괄책임자의 직무·권한, 그 밖에 필요한 사항은 대통령령으로
정한다.

산업안전보건법 시행령 제53조(안전보건총괄책임자의 직무 등) ① 안전보건총괄책임
자의 직무는 다음 각 호와 같다.
1. 법 제36조에 따른 위험성평가의 실시에 관한 사항
2. 법 제51조 및 제54조에 따른 작업의 중지
3. 법 제64조에 따른 도급 시 산업재해 예방조치
4. 법 제72조제1항에 따른 산업안전보건관리비의 관계수급인 간의 사용에 관한 협의·
   조정 및 그 집행의 감독
5. 안전인증대상기계 등과 자율안전확인대상기계 등의 사용 여부 확인
② 안전보건총괄책임자에 대한 지원에 관하여는 제14조제2항을 준용한다. 이 경우 "안
전보건관리책임자"는 "안전보건총괄책임자"로, "법 제15조제1항"은 "제1항"으로 본다.
③ 사업주는 안전보건총괄책임자를 선임했을 때에는 그 선임 사실 및 제1항 각 호의
직무의 수행내용을 증명할 수 있는 서류를 갖추어 두어야 한다.

안전보건총괄책임자는 도급인의 사업장에서 관계수급인 근로
자가 작업을 하는 경우, 도급인의 근로자와 관계수급인 근로자의
산업재해를 예방하기 위한 업무를 총괄하여 관리하도록 도급인
에 의해 지정된 그 사업장의 안전보건관리책임자를 말한다. 도급
인이 안전보건관리책임자를 두지 아니하여도 되는 사업장인 경
우에도 도급인의 사업장에서 관계수급인 근로자가 작업을 하는
경우에는 그 사업장에서 사업을 총괄하여 관리하는 사람을 안전

보건총괄책임자로 지정하여야 한다(산업안전보건법 제62조 제1항).

안전보건총괄책임자는 산업안전보건법 제64조에 따른 도급 시 산업재해 예방조치, 동법 제72조제1항에 따른 산업안전보건관리비의 관계수급인 간의 사용에 관한 협의·조정 및 그 집행의 감독 등의 직무를 수행한다(동법 시행령 제53조제1항). 산업안전보건법상 사업주는 안전보건총괄책임자가 동법 시행령 제53조제1항에 따른 업무를 원활하게 수행할 수 있도록 권한·시설·장비·예산, 그 밖에 필요한 지원을 해야 한다(동법 시행령 제53조제2항, 제14조제2항).

나. 시행령 제4조제5호가목: 업무 수행에 필요한 권한과 예산 부여

산업안전보건법은 산업재해 예방을 위하여 안전보건관리책임자, 관리감독자 및 안전보건총괄책임자를 두도록 하고 있으며, 동법 시행령은 사업주에게 안전보건관리책임자와 안전보건총괄책임자가 업무를 원활하게 수행할 수 있도록 권한·시설·장비·예산, 그 밖에 필요한 지원을 해야 한다고 규정하고 있다.

중대재해처벌법 시행령 제4조제5호가목은 "안전보건관리책임자등에게 해당 업무 수행에 필요한 권한과 예산을 줄 것"을 개인사업주 및 ^(법인 또는 기관의) 경영책임자등의 의무로 규정하고 있다. 따라서 개인사업주와 경영책임자등은 안전보건관리책임자등에게 안전보건관리책임자등이 산업안전보건법령에 따른 각자의 업무를 수행함에 필요한 직무상 권한을 부여하고, 또한 산업안전보건법령에 따른 각자의 업무를 수행함에 필요한 예산을 편성하여 안전보건관리책임자등에게 이를 집행할 권한을 부여해야 할 것이다.

다. 시행령 제4조제5호나목: 평가기준의 수립 및 기준에 따른 평가 · 관리

중대재해처벌법 시행령 제4조제5호나목은 개인사업주 및 ^(법인 또는 기관의) 경영책임자등의 조치의무로 "안전보건관리책임자등이 해당 업무를 충실하게 수행하는지를 평가하는 기준을 마련하고, 그 기준에 따라 반기 1회 이상 평가 · 관리할 것"을 규정하고 있다.

가) 안전보건관리책임자등이 해당 업무를 충실하게 수행하는지를 평가하는 기준을 마련할 것

안전보건관리책임자등이 해당 업무를 '충실하게 수행하는지를 평가하는 기준'이란 안전보건관리책임자등이 산업안전보건법령이 규정하는 의무를 충실하게 수행하는가를 평가하는 기준을 의미한다. 따라서 개인사업주 및 ^(법인 또는 기관의) 경영책임자등은 인사고과 등의 방식으로 안전보건관리책임자등의 업무 수행을 평가함에 있어 산업안전보건법령상 의무의 준수 여부를 평가 항목에 포함해야 한다. 이 경우 관련 평가 기준을 가능한 한 구체적이고 세부적으로 마련함으로써 산업안전보건법령상 의무의 준수 여부에 대한 실질적인 평가가 이루어질 수 있도록 하여야 할 것이다.[48]

나) 그 기준에 따라 반기 1회 이상 평가 · 관리할 것

안전보건관리책임자등의 업무 수행에 대한 평가 및 관리는 (산업안전보건법령상 의무의 준수 여부를 평가 항목에 포함한) 평가 기준에 따라 반기 1회 이상 실시되어야 한다.

6) 시행령 제4조제6호: 산업안전보건법상 안전관리자, 보건관리자등의 배치

시행령 제4조(안전보건관리체계의 구축 및 이행 조치) 법 제4조제1항제1호에 따른 조치의 구체적인 사항은 다음 각 호와 같다.

6. 「산업안전보건법」 제17조부터 제19조까지 및 제22조에 따라 정해진 수 이상의 안전관리자, 보건관리자, 안전보건관리담당자 및 산업보건의를 배치할 것. 다만, 다른 법령에서 해당 인력의 배치에 대해 달리 정하고 있는 경우에는 그에 따르고, 배치해야 할 인력이 다른 업무를 겸직하는 경우에는 고용노동부장관이 정하여 고시하는 기준에 따라 안전 · 보건에 관한 업무 수행시간을 보장해야 한다.

가. 개관

중대재해처벌법 시행령 제4조제6호 본문은 개인사업주 및 (법

---

48) 고용노동부(2021), p.74.

^{인 또는 기관의} 경영책임자등의 조치의무로 '산업안전보건법 제17조부터 제19조까지 및 제22조에 따라 정해진 수 이상의 안전관리자, 보건관리자, 안전보건관리담당자 및 산업보건의를 배치할 것'을 규정하고 있다. 다만, 같은 호 단서는 "다른 법령에서 해당 인력의 배치에 대해 달리 정하고 있는 경우에는 그에 따르고, 배치해야 할 인력이 다른 업무를 겸직하는 경우에는 고용노동부장관이 정하여 고시하는 기준에 따라 안전·보건에 관한 업무 수행 시간을 보장해야 한다."라고 규정하여 다른 법령과 중대재해처벌법의 조화를 꾀하고 있다.

나. 산업안전보건법상 안전보건전문인력의 배치 기준

개인사업주 및 ^(법인 또는 기관의) 경영책임자등은 산업안전보건법 제17조부터 제19조까지 및 제22조에 따라 정해진 수 이상의 안전관리자, 보건관리자, 안전보건관리담당자 및 산업보건의를 배치하여야 한다. 산업안전보건법 제17조부터 제19조까지 및 제22조에 따른 안전관리자등의 배치의무는 사업주의 법령상 의무인데 비하여, 중대재해처벌법 제4조제1호 및 동법 시행령 제4조제7호에 따른 안전관리자등의 배치의무는 개인사업주 및 경영책임자등의 의무라는 점에서 사업주가 법인 또는 기관인 경우에는 관련 의무의 직접적인 수범자가 다르다.

가) 안전관리자

안전관리자는 안전에 관한 기술적인 사항에 관하여 사업주 또는 안전보건관리책임자를 보좌하고 관리감독자에게 지도·조언하는 업무를 수행하는 사람으로, 상시 근로자 50명 이상 사업장 또는 공사금액 80억 원(2022년 7월 1일부터는 60억 원 이상, 2023년 7월 1일부터는 공사금액 50억 원) 이상인 건설공사부터 안전관리자를 두어야 한다. 배치하여야 하는 안전관리자의 수는 사업의 종류와 사업장의 상시 근로자의 수에 따라 다르다.

안전관리자의 업무는 건설업을 제외한 상시 근로자 300명 미만인 사업장의 경우 안전관리전문기관에 위탁할 수 있다.

산업안전보건법 제17조(안전관리자) ① 사업주는 사업장에 제15조제1항 각 호의 사항 중 안전에 관한 기술적인 사항에 관하여 사업주 또는 안전보건관리책임자를 보좌하고 관리감독자에게 지도·조언하는 업무를 수행하는 사람(이하 "안전관리자"라 한다)을 두어야 한다.
② 안전관리자를 두어야 하는 사업의 종류와 사업장의 상시근로자 수, 안전관리자의 수·자격·업무·권한·선임방법, 그 밖에 필요한 사항은 대통령령으로 정한다.
③ 대통령령으로 정하는 사업의 종류 및 사업장의 상시근로자 수에 해당하는 사업장의 사업주는 안전관리자에게 그 업무만을 전담하도록 하여야 한다. 〈신설 2021. 5. 18.〉
④ 고용노동부장관은 산업재해 예방을 위하여 필요한 경우로서 고용노동부령으로 정하는 사유에 해당하는 경우에는 사업주에게 안전관리자를 제2항에 따라 대통령령으로 정하는 수 이상으로 늘리거나 교체할 것을 명할 수 있다. 〈개정 2021. 5. 18.〉

⑤ 대통령령으로 정하는 사업의 종류 및 사업장의 상시근로자 수에 해당하는 사업장의 사업주는 제21조에 따라 지정받은 안전관리 업무를 전문적으로 수행하는 기관(이하 "안전관리전문기관"이라 한다)에 안전관리자의 업무를 위탁할 수 있다. 〈개정 2021. 5. 18.〉

산업안전보건법 시행령 제16조(안전관리자의 선임 등) ① 법 제17조제1항에 따라 안전관리자를 두어야 하는 사업의 종류와 사업장의 상시근로자 수, 안전관리자의 수 및 선임방법은 별표 3과 같다.

② 법 제17조제3항에서 "대통령령으로 정하는 사업의 종류 및 사업장의 상시근로자 수에 해당하는 사업장"이란 제1항에 따른 사업 중 상시근로자 300명 이상을 사용하는 사업장[건설업의 경우에는 공사금액이 120억원(「건설산업기본법 시행령」 별표 1의 종합공사를 시공하는 업종의 건설업종란 제1호에 따른 토목공사업의 경우에는 150억원) 이상인 사업장]을 말한다. 〈개정 2021. 11. 19.〉
1. 같은 시·군·구(자치구를 말한다) 지역에 소재하는 경우
2. 사업장 간의 경계를 기준으로 15킬로미터 이내에 소재하는 경우

③ 제1항 및 제2항을 적용할 경우 제52조(안전보건총괄책임자 지정 대상사업)에 따른 사업으로서 도급인의 사업장에서 이루어지는 도급사업의 공사금액 또는 관계수급인의 상시근로자는 각각 해당 사업의 공사금액 또는 상시근로자로 본다. 다만, 별표 3의 기준에 해당하는 도급사업의 공사금액 또는 관계수급인의 상시근로자의 경우에는 그렇지 않다.

④ 제1항에도 불구하고 같은 사업주가 경영하는 둘 이상의 사업장이 다음 각 호의 어느 하나에 해당하는 경우에는 그 둘 이상의 사업장에 1명의 안전관리자를 공동으로 둘 수 있다. 이 경우 해당 사업장의 상시근로자 수의 합계는 300명 이내[건설업의 경우에는 공사금액의 합계가 120억원(「건설산업기본법 시행령」 별표 1의 종합공사를 시공하는 업종의 건설업종란 제1호에 따른 토목공사업의 경우에는 150억원) 이내]이어야 한다.

⑤ 제1항부터 제3항까지의 규정에도 불구하고 도급인의 사업장에서 이루어지는 도급사업에서 도급인이 고용노동부령으로 정하는 바에 따라 그 사업의 관계수급인 근로자에 대한 안전관리를 전담하는 안전관리자를 선임한 경우에는 그 사업의 관계수급인은 해당 도급사업에 대한 안전관리자를 선임하지 않을 수 있다.

⑥ 사업주는 안전관리자를 선임하거나 법 제17조제5항에 따라 안전관리자의 업무를 안전관리전문기관에 위탁한 경우에는 고용노동부령으로 정하는 바에 따라 선임하거나 위탁한 날부터 14일 이내에 고용노동부장관에게 그 사실을 증명할 수 있는 서류를 제출해야 한다. 법 제17조제4항에 따라 안전관리자를 늘리거나 교체한 경우에도 또한 같다. 〈개정 2021. 11. 19.〉

나) 보건관리자

보건관리자는 보건에 관한 기술적인 사항에 관하여 사업주 또는 안전보건관리책임자를 보좌하고 관리감독자에게 지도·조언하는 업무를 수행하는 사람으로, 상시 근로자 50명 이상 사업장 또는 공사금액 800억 원 이상인 건설업 사업장부터 보건관리자를 두어야 한다. 배치하여야 하는 보건관리자의 수는 사업의 종류와 사업장의 상시 근로자의 수에 따라 다르다.

보건관리자의 업무는 건설업을 제외한 상시근로자 300명 미만인 사업장의 경우 보건관리전문기관에 위탁할 수 있다.

산업안전보건법 제18조(보건관리자) ① 사업주는 사업장에 제15조제1항 각 호의 사항 중 보건에 관한 기술적인 사항에 관하여 사업주 또는 안전보건관리책임자를 보좌하고 관리감독자에게 지도·조언하는 업무를 수행하는 사람(이하 "보건관리자"라 한다)을 두어야 한다.
② 보건관리자를 두어야 하는 사업의 종류와 사업장의 상시근로자 수, 보건관리자의 수·자격·업무·권한·선임방법, 그 밖에 필요한 사항은 대통령령으로 정한다.
③ 대통령령으로 정하는 사업의 종류 및 사업장의 상시근로자 수에 해당하는 사업장의 사업주는 보건관리자에게 그 업무만을 전담하도록 하여야 한다. 〈신설 2021. 5. 18.〉
④ 고용노동부장관은 산업재해 예방을 위하여 필요한 경우로서 고용노동부령으로 정하는 사유에 해당하는 경우에는 사업주에게 보건관리자를 제2항에 따라 대통령령으로 정하는 수 이상으로 늘리거나 교체할 것을 명할 수 있다. 〈개정 2021. 5. 18.〉
⑤ 대통령령으로 정하는 사업의 종류 및 사업장의 상시근로자 수에 해당하는 사업장의 사업주는 제21조에 따라 지정받은 보건관리 업무를 전문적으로 수행하는 기관(이하 "보건관리전문기관"이라 한다)에 보건관리자의 업무를 위탁할 수 있다. 〈개정 2021. 5. 18.〉

산업안전보건법 시행령 제20조(보건관리자의 선임 등) ① 법 제18조제1항에 따라 보건관리자를 두어야 하는 사업의 종류와 사업장의 상시근로자 수, 보건관리자의 수 및 선임방법은 별표 5와 같다.

② 법 제18조제3항에서 "대통령령으로 정하는 사업의 종류 및 사업장의 상시근로자 수에 해당하는 사업장"이란 상시근로자 300명 이상을 사용하는 사업장을 말한다. 〈개정 2021. 11. 19.〉

③ 보건관리자의 선임 등에 관하여는 제16조제3항부터 제6항까지의 규정을 준용한다. 이 경우 "별표 3"은 "별표 5"로, "안전관리자"는 "보건관리자"로, "안전관리"는 "보건관리"로, "법 제17조제5항"은 "법 제18조제5항"으로, "안전관리전문기관"은 "보건관리전문기관"으로 본다. 〈개정 2021. 11. 19.〉

다) 안전보건관리담당자

안전보건관리담당자는 안전 및 보건에 관하여 사업주를 보좌하고 관리감독자에게 지도·조언하는 업무를 수행하는 사람이다. 제조업, 임업, 하수·폐수 및 분뇨 처리업, 폐기물 수집, 운반, 처리 및 원료재생업, 환경정화 및 복원업에 해당하는 사업의 경우 상시 근로자가 20명 이상 50명 미만인 사업장에 1명 이상의 안전보건관리담당자를 선임해야 한다. 다만, 안전관리자 또는 보건관리자가 있거나 이를 두어야 하는 경우에는 그러하지 아니하다.

안전보건관리담당자를 두어야 하는 사업장의 경우에는 상시 근로자 수에 관계없이 안전관리전문기관 또는 보건관리전문기관에 업무를 위탁할 수 있다.

산업안전보건법 제19조(안전보건관리담당자) ① 사업주는 사업장에 안전 및 보건에 관하여 사업주를 보좌하고 관리감독자에게 지도 · 조언하는 업무를 수행하는 사람(이하 "안전보건관리담당자"라 한다)을 두어야 한다. 다만, 안전관리자 또는 보건관리자가 있거나 이를 두어야 하는 경우에는 그러하지 아니하다.

② 안전보건관리담당자를 두어야 하는 사업의 종류와 사업장의 상시근로자 수, 안전보건관리담당자의 수 · 자격 · 업무 · 권한 · 선임방법, 그 밖에 필요한 사항은 대통령령으로 정한다.

③ 고용노동부장관은 산업재해 예방을 위하여 필요한 경우로서 고용노동부령으로 정하는 사유에 해당하는 경우에는 사업주에게 안전보건관리담당자를 제2항에 따라 대통령령으로 정하는 수 이상으로 늘리거나 교체할 것을 명할 수 있다.

④ 대통령령으로 정하는 사업의 종류 및 사업장의 상시근로자 수에 해당하는 사업장의 사업주는 안전관리전문기관 또는 보건관리전문기관에 안전보건관리담당자의 업무를 위탁할 수 있다.

산업안전보건법 시행령 제24조(안전보건관리담당자의 선임 등) ① 다음 각 호의 어느 하나에 해당하는 사업의 사업주는 법 제19조제1항에 따라 상시근로자 20명 이상 50명 미만인 사업장에 안전보건관리담당자를 1명 이상 선임해야 한다.

1. 제조업
2. 임업
3. 하수, 폐수 및 분뇨 처리업
4. 폐기물 수집, 운반, 처리 및 원료 재생업
5. 환경 정화 및 복원업

② 안전보건관리담당자는 해당 사업장 소속 근로자로서 다음 각 호의 어느 하나에 해당하는 요건을 갖추어야 한다.

1. 제17조에 따른 안전관리자의 자격을 갖추었을 것
2. 제21조에 따른 보건관리자의 자격을 갖추었을 것
3. 고용노동부장관이 정하여 고시하는 안전보건교육을 이수했을 것

③ 안전보건관리담당자는 제25조 각 호에 따른 업무에 지장이 없는 범위에서 다른 업무를 겸할 수 있다.

④ 사업주는 제1항에 따라 안전보건관리담당자를 선임한 경우에는 그 선임 사실 및 제25조 각 호에 따른 업무를 수행했음을 증명할 수 있는 서류를 갖추어 두어야 한다.

라) 산업보건의

산업보건의는 근로자의 건강관리나 그 밖에 보건관리자의 업무를 지도하는 사람으로 상시 근로자 수가 50명 이상으로 보건관리자를 두어야 하는 사업장에 해당하는 경우 산업보건의를 두어야 한다. 다만, 의사를 보건관리자로 선임하였거나, 보건관리전문기관에 보건관리자의 업무를 위탁한 경우(건설업을 제외한 상시근로자 수 300명 미만인 사업장만 가능함)는 산업보건의를 별도로 두지 않을 수 있다.

산업보건의는 외부에서 위촉할 수 있으며 이 경우 근로자 2천명당 1명의 산업보건의를 위촉하여야 한다.[49]

산업안전보건법 제22조(산업보건의) ① 사업주는 근로자의 건강관리나 그 밖에 보건관리자의 업무를 지도하기 위하여 사업장에 산업보건의를 두어야 한다. 다만, 「의료법」 제2조에 따른 의사를 보건관리자로 둔 경우에는 그러하지 아니하다.
② 제1항에 따른 산업보건의(이하 "산업보건의"라 한다)를 두어야 하는 사업의 종류와 사업장의 상시근로자 수 및 산업보건의의 자격·직무·권한·선임방법, 그 밖에 필요한 사항은 대통령령으로 정한다.

산업안전보건법 시행령 제29조(산업보건의의 선임 등) ① 법 제22조제1항에 따라 산업보건의를 두어야 하는 사업의 종류와 사업장은 제20조 및 별표 5에 따라 보건관리자를 두어야 하는 사업으로서 상시근로자 수가 50명 이상인 사업장으로 한다. 다만, 다음 각 호의 어느 하나에 해당하는 경우는 그렇지 않다. 〈개정 2021. 11. 19.〉
1. 의사를 보건관리자로 선임한 경우
2. 법 제18조제5항에 따라 보건관리전문기관에 보건관리자의 업무를 위탁한 경우
② 산업보건의는 외부에서 위촉할 수 있다.

---

49) 산업보건의 관리규정(고용노동부예규 제161호) 참고.

③ 사업주는 제1항 또는 제2항에 따라 산업보건의를 선임하거나 위촉했을 때에는 고용노동부령으로 정하는 바에 따라 선임하거나 위촉한 날부터 14일 이내에 고용노동부장관에게 그 사실을 증명할 수 있는 서류를 제출해야 한다.

④ 제2항에 따라 위촉된 산업보건의가 담당할 사업장 수 및 근로자 수, 그 밖에 필요한 사항은 고용노동부장관이 정한다.

다. 다른 법령에서 해당 인력의 배치에 대해 달리 정하고 있는 경우

기업활동 규제완화에 관한 특별조치법에서 안전관리자 또는 보건관리자의 배치의무를 면제하거나 안전관리자 또는 보건관리자를 채용한 것으로 간주하는 요건을 충족한 경우에는 중대재해처벌법 시행령 제4조제6호 단서에 따라 같은 호 본문의 규정이 적용되지 않는다.

구분	주요 내용
기업의 자율고용	산업보건의 채용의무 완화(기업규모, 유사자격을 가진 자의 채용 등 조건 없음)
공동채용	동일 산업단지 등에서 사업을 하는 3명 이하의 사업장의 사업주(상시 사용하는 근로자의 수의 합은 300명 이내)는 안전관리자, 보건관리자를 공동으로 채용할 수 있음
안전관리자의 겸직허용	(1) 아래 제시된 안전관리자 중 하나를 2명 이상 채용하여야 하는 경우 그 중 1명만 채용해도 나머지 사람과 산업안전보건법 상 안전관리자 1명도 채용한 것으로 간주 1. 「고압가스 안전관리법」 제15조에 따라 고압가스제조자, 고압가스저장자 또는 고압가스판매자가 선임하여야 하는 안전관리자 2. 「액화석유가스의 안전관리 및 사업법」 제34조에 따라 액화석유가스 충전사업자, 액화석유가스 집단공급사업자 또는 액화석유가스 판매사업자가 선임하여야 하는 안전관리자

구분	주요 내용
	3. 「도시가스사업법」 제29조에 따라 도시가스사업자가 선임하여야 하는 안전관리자 4. 「위험물 안전관리법」 제15조에 따라 제조소 등의 관계인이 선임하여야 하는 위험물안전관리자
	(2) 아래 제시된 안전관리자를 채용하여야 하는 경우 주된 영업분야 등에서 그 중 1명을 채용하면 산업안전보건법 상 안전관리자 1명도 채용한 것으로 간주
안전관리자의 겸직허용	1. 「고압가스 안전관리법」 제15조에 따라 사업자등(고압가스제조자, 고압가스저장자 및 고압가스판매자는 제외한다)과 특정고압가스 사용신고자가 선임하여야 하는 안전관리자 2. 「액화석유가스의 안전관리 및 사업법」 제34조에 따라 액화석유가스 사업자등(액화석유가스 충전사업자, 액화석유가스 집단공급사업자 및 액화석유가스 판매사업자는 제외한다)과 액화석유가스 특정사용자가 선임하여야 하는 안전관리자 3. 「도시가스사업법」 제29조에 따라 특정가스사용시설의 사용자가 선임하여야 하는 안전관리자 4. 「화재예방, 소방시설 설치·유지 및 안전관리에 관한 법률」 제20조에 따라 특정소방대상물의 관계인이 선임하여야 하는 소방안전관리자 5. 「위험물 안전관리법」 제15조에 따라 제조소 등의 관계인이 선임하여야 하는 위험물안전관리자 6. 「유해화학물질 관리법」 제25조제1항에 따라 임명하여야 하는 유독물관리자 7. 「광산안전법」 제13조에 따라 광업권자 또는 조광권자가 선임하여야 하는 광산안전관리직원 8. 「총포·도검·화약류 등의 안전관리에 관한 법률」 제27조에 따라 화약류제조업자 또는 화약류판매업자·화약류저장소설치자 및 화약류사용자가 선임하여야 하는 화약류제조보안책임자 및 화약류관리보안책임자 9. 「전기안전관리법」 제22조에 따라 전기사업자 및 자가용전기설비의 소유자 또는 점유자가 선임하여야 하는 전기안전관리자 10. 「에너지이용 합리화법」 제40조에 따라 검사대상기기설치자가 선임하여야 하는 검사대상기기관리자
보건관리자의 겸직허용 .	아래 제시된 자를 2명 이상 채용하여야 하는 경우 그 중 1명만 채용해도 나머지 사람도 채용한 것으로 봄 3. 「산업안전보건법」 제18조에 따라 사업주가 두어야 하는 보건관리자
중소기업자등에 대한 의무고용 완화	(1) 산업안전보건법상 안전관리자 1명을 채용한 경우 채용 의무가 있는 아래 제시된 안전관리자 1명도 채용한 것으로 간주 1. 「고압가스 안전관리법」 제15조에 따라 사업자등(고압가스제조자, 고압가스저장자 및 고압가스판매자는 제외한다)과 특정고압가스 사용신고자가 선임하여야 하는 안전관리자

구분	주요 내용
	2. 「액화석유가스의 안전관리 및 사업법」 제34조에 따라 액화석유가스 사업자등(액화석유가스 충전사업자, 액화석유가스 집단공급사업자 및 액화석유가스 판매사업자는 제외한다)과 액화석유가스 특정사용자가 선임하여야 하는 안전관리자 3. 「도시가스사업법」 제29조에 따라 특정가스사용시설의 사용자가 선임하여야 하는 안전관리자 4. 「유해화학물질 관리법」 제25조제1항에 따라 임명하여야 하는 유독물 관리자
중소기업자등에 대한 의무고용 완화	(2) 액화석유가스 저장소의 설치허가를 받은 사업 등 기업규제완화법 시행령 제13조제2항에 따른 사업 또는 사업장의 중소기업자가 제시된 안전관리자를 채용하는 경우 그 중 1명만 채용해도 나머지 사람과 산업안전보건법상 안전관리자 1명도 채용한 것으로 간주 1. 「고압가스 안전관리법」 제15조에 따라 사업자등과 특정고압가스 사용신고자가 선임하여야 하는 안전관리자 2. 「액화석유가스의 안전관리 및 사업법」 제34조에 따라 액화석유가스 사업자등과 액화석유가스 특정사용자가 선임하여야 하는 안전관리자 3. 「도시가스사업법」 제29조에 따라 도시가스사업자 및 특정가스사용시설의 사용자가 선임하여야 하는 안전관리자 4. 「위험물 안전관리법」 제15조에 따라 제조소 등의 관계인이 선임하여야 하는 위험물안전관리자 5. 「유해화학물질 관리법」 제25조제1항에 따라 임명하여야 하는 유독물 관리자 (3) 제시된 안전관리자 중 1명만 채용해도 채용된 자에게 아래 안전관리자에 해당하는 자격이 있다면 자격에 해당하는 사람 모두 채용한 것으로 간주 1. 「산업안전보건법」 제17조에 따라 사업주가 두어야 하는 안전관리자 2. 「전기안전관리법」 제22조에 따라 전기사업자 및 자가용전기설비의 소유자 또는 점유자가 선임하여야 하는 전기안전관리자 3. 「고압가스 안전관리법」 제15조에 따라 사업자등과 특정고압가스 사용신고자가 선임하여야 하는 안전관리자 4. 「액화석유가스의 안전관리 및 사업법」 제34조에 따라 액화석유가스 사업자등과 액화석유가스 특정사용자가 선임하여야 하는 안전관리자 5. 「도시가스사업법」 제29조에 따라 도시가스사업자 및 특정가스사용시설의 사용자가 선임하여야 하는 안전관리자 6. 「위험물 안전관리법」 제15조에 따라 제조소 등의 관계인이 선임하여야 하는 위험물안전관리자

라. 겸직 시 안전 · 보건에 관한 업무 수행시간을 보장

산업안전보건법 제17조제3항은 '대통령령으로 정하는 사업의 종류 및 사업장의 상시근로자 수에 해당하는 사업장의 사업주는 안전관리자에게 그 업무만을 전담하도록 하여야 한다'고 규정하는데, 여기서 '대통령령으로 정하는 사업의 종류 및 사업장의 상시근로자 수에 해당하는 사업장'은 상시 근로자 300명 이상을 사용하는 사업장[50]을 말한다(시행령 제16조제2항). 따라서 상시 근로자 300명 미만을 사용하는 사업장 또는 건설업의 공사금액 120억원 미만인 사업장(토목공사업의 경우에는 150억원 미만 사업장)의 경우에는 안전관리자가 다른 업무와의 겸직이 가능하다.

한편, 산업안전보건법 제18조제3항은 '대통령령으로 정하는 사업의 종류 및 사업장의 상시근로자 수에 해당하는 사업장'의 사업주는 보건관리자에게 그 업무만을 전담하도록 하여야 한다고 규정하고, 동법 시행령 제20조제2항은 '대통령령으로 정하는 사업의 종류 및 사업장의 상시 근로자 수에 해당하는 사업장'을 상시 근로자 300명 이상을 사용하는 사업장을 말한다고 규정한다. 그러므로 상시 근로자 300명 미만을 사용하는 사업장의 경우에는 안전관리자가 다른 업무와의 겸직이 가능하다.

---

50) 건설업의 경우에는 공사금액이 120억원(「건설산업기본법 시행령」 별표 1의 종합공사를 시공하는 업종의 건설업종란 제1호에 따른 토목공사업의 경우에는 150억원) 이상인 사업장.

안전보건관리담당자는 산업안전보건법 시행령 제25조 각 호에 따른 업무에 지장이 없는 범위에서 다른 업무를 겸할 수 있다 _(시행령 제24조제3항).

중대재해처벌법 시행령 제4조제6호 단서는 안전관리자, 보건관리자 및 안전보건관리담당자가 다른 업무를 겸직하는 경우에는 고용노동부장관이 정하여 고시하는 기준에 따라 안전·보건에 관한 업무 수행시간을 보장해야 한다고 규정한다.

■ 안전·보건에 관한 업무 수행시간의 기준 고시[51]

제1조(목적) 이 고시는「중대재해 처벌 등에 관한 법률」(이하 "중대재해처벌법"이라 한다) 제4조 및 같은 법 시행령 제4조제6호단서후단에 따라 「산업안전보건법 시행령」 제16조제2항, 제20조제2항 및 제24조제3항에 따라 겸직하는 안전관리자, 보건관리자 및 안전보건관리담당자의 안전·보건에 관한 업무 수행시간의 기준을 정함을 목적으로 한다.

제2조(원칙) 중대재해처벌법에 따른 개인사업주 또는 경영책임자등은 안전관리자, 보건관리자 및 안전보건관리담당자가 안전·보건에 관한 업무(「산업안전보건법」 제17조, 제18조 및 제19조에 따라 정해진 수행업무를 말한다)를 겸직하는 경우 안전·보건에 관한 업무 수행에 지장이 없도록 하여야 한다.

제3조(업무 수행시간의 기준) ① 안전관리자, 보건관리자 및 안전보건관리담당자 각각의 안전·보건에 관한 업무 수행을 위한 최소시간은 연간 585시간 이상이 되도록 하여야 한다.
② 재해위험이 높은 업종(「고용보험 및 산업재해보상보험의 보험료징수 등에 관한 법률」

---

51) 고용노동부고시 제2022-14호.

제14조제3항 및 같은 법 시행규칙 제12조에 따라 분류되어 해당 사업장이 가입된 산업재해보상보험 상 세부업종을 말한다)에 속하는 사업장의 경우 제1항에도 불구하고 사업장의 안전관리자, 보건관리자 및 안전보건관리담당자 각각의 안전·보건에 관한 업무 수행의 최소시간은 702시간 이상으로 한다. 재해위험이 높은 업종은 별표 1과 같다.

③ 제1항 및 제2항에도 불구하고 사업장의 상시근로자 수(「산업안전보건법 시행령」 별표 3 및 별표 5의 "사업장의 상시근로자의 수"와 동일한 방법으로 산출한다)가 100명 이상인 경우에는 사업장의 안전관리자, 보건관리자 및 안전보건관리담당자 각각의 안전·보건에 관한 업무 수행의 최소시간에 100명 이상 200명 미만인 사업장의 경우에는 100시간을, 200명 이상 300명 미만인 사업장의 경우에는 200시간을 추가하여야 한다.

7) 시행령 제4조제7호: 종사자의 의견 청취 절차

시행령 제4조(안전보건관리체계의 구축 및 이행 조치) 법 제4조제1항제1호에 따른 조치의 구체적인 사항은 다음 각 호와 같다.

7. 사업 또는 사업장의 안전·보건에 관한 사항에 대해 종사자의 의견을 듣는 절차를 마련하고, 그 절차에 따라 의견을 들어 재해 예방에 필요하다고 인정하는 경우에는 그에 대한 개선방안을 마련하여 이행하는지를 반기 1회 이상 점검한 후 필요한 조치를 할 것. 다만, 「산업안전보건법」 제24조에 따른 산업안전보건위원회 및 같은 법 제64조·제75조에 따른 안전 및 보건에 관한 협의체에서 사업 또는 사업장의 안전·보건에 관하여 논의하거나 심의·의결한 경우에는 해당 종사자의 의견을 들은 것으로 본다.

가. 종사자의 의견 청취 절차 도입

개인사업주 또는 경영책임자등은 사업 또는 사업장의 안전·보건에 관한 사항에 대해 종사자의 의견을 듣는 절차를 마련해야 한다.

이러한 절차는 종사자라면 누구나 자유롭게 유해·위험요인 등을 포함하여 안전·보건에 관한 의견을 개진할 수 있도록 하되, 종사자의 의견을 듣는 절차는 사업 또는 사업장의 규모, 특성에 따라 달리 정할 수 있으며, 다양한 방법을 중첩적으로 활용하는 것도 가능할 것이다.[52] 사내 온라인 시스템이나 건의함을 마련하여 활용할 수도 있고, 사업장 단위 혹은 팀 단위로 주기적인 회의나 간담회 등에서 의견을 개진하도록 하는 등 의견 수렴 절차는 다양하게 마련할 수 있을 것이다.[53]

나. 종사자의 의견 청취 및 이에 따른 개선방안 강구

가) 의견의 청취

개인사업주 또는 경영책임자등은 마련된 절차에 따라 종사자 의견을 청취해야 한다. 다만, 산업안전보건법이 규정하고 있는 산업안전보건위원회(제24조), 안전보건협의체(제64조), 건설업의 노사협의체(제75조)에서 사업 또는 사업장의 안전·보건에 관하여 논의하거나 심의·의결한 경우에는 해당 종사자의 의견을 들은 것으로 본다.

산업안전보건법 제24조의 산업안전보건위원회는 사업장에

---

52) 고용노동부(2021), p.82.
53) Ibid.

서 근로자의 위험 또는 건강장해를 예방하기 위한 계획 및 대책 등 산업안전·보건에 관한 중요한 사항에 대하여 노사가 함께 심의·의결하기 위한 기구로서 산업재해 예방에 대하여 근로자의 이행 및 협력을 구하는 한편, 근로자의 의견을 반영하는 역할을 수행한다. 사업장의 안전 및 보건에 관한 중요 사항을 심의·의결하기 위하여 사업장에 근로자위원과 사용자위원이 같은 수로 구성·운영하여야 하며, 정기회의는 분기마다 산업안전보건위원회의 위원장이 소집하며, 임시회의는 위원장이 필요하다고 인정할 때에 소집한다.

산업안전보건법 제64조의 도급인의 안전 및 보건에 관한 협의체는 도급인이 자신의 사업장에서 관계수급인 근로자가 작업을 하는 경우에 도급인과 수급인을 구성원으로 하여 운영하는 회의체이다. 협의체는 매월 1회 이상 정기적으로 회의를 개최하여야 하며, 작업 시작 시간·작업 또는 작업장 간 연락방법, 재해 발생 위험 시 대피방법, 위험성 평가 실시, 사업주와 수급인 또는 수급인 상호 간의 연락 방법 및 작업공정의 조정을 협의하여야 한다^(동법 제79조).

산업안전보건법 제75조의 건설공사의 안전 및 보건에 관한 협의체는 공사금액이 120억 원^(토목공사업은 150억 원) 이상인 건설공사 도급인이 해당 건설공사 현장에 근로자위원과 사용자위원을 같은 수로 구성·운영하는 노사협의체를 말한다. 정기회의는 2개

월마다 노사협의체의 위원장이 소집하며, 임시회의는 위원장이
필요하다고 인정할 때에 소집하며, 심의·의결 사항은 산업안전
보건위원회 심의·의결 사항과 동일하다.

나) 개선방안 도출 및 이행

개인사업주 또는 경영책임자등은 종사자 의견이 재해 예방에
필요하다고 인정하는 경우에는 그에 대한 개선방안을 마련하여 이
행하는지를 반기 1회 이상 점검한 후 필요한 조치를 하여야 한다.

8) 시행령제4조제8호: 매뉴얼의 마련 및 준수와 점검

시행령 제4조(안전보건관리체계의 구축 및 이행 조치) 법 제4조제1항제1호에 따른 조
치의 구체적인 사항은 다음 각 호와 같다.
8. 사업 또는 사업장에 중대산업재해가 발생하거나 발생할 급박한 위험이 있을 경우를
   대비하여 다음 각 목의 조치에 관한 매뉴얼을 마련하고, 해당 매뉴얼에 따라 조치하
   는지를 반기 1회 이상 점검할 것
   가. 작업 중지, 근로자 대피, 위험요인 제거 등 대응조치
   나. 중대산업재해를 입은 사람에 대한 구호조치
   다. 추가 피해방지를 위한 조치

개인사업주 또는 경영책임자등은 중대산업재해가 발생하거나
발생할 급박한 위험이 있을 경우를 대비하여 ① 작업 중지, 근로
자 대피, 위험요인 제거 등 대응조치, ② 중대산업재해를 입은 사
람에 대한 구호조치 및 ③ 추가 피해방지를 위한 조치에 관한 매

뉴얼을 마련하고, 해당 매뉴얼에 따라 조치하는지를 반기 1회 이상 점검하여야 한다.

9) 시행령 제4조제9호: 도급 등의 경우 종사자의 안전 및 보건 확보 조치

> **시행령 제4조(안전보건관리체계의 구축 및 이행 조치)** 법 제4조제1항제1호에 따른 조치의 구체적인 사항은 다음 각 호와 같다.
>
> 9. 제3자에게 업무의 도급, 용역, 위탁 등을 하는 경우에는 종사자의 안전 · 보건을 확보하기 위해 다음 각 목의 기준과 절차를 마련하고, 그 기준과 절차에 따라 도급, 용역, 위탁 등이 이루어지는지를 반기 1회 이상 점검할 것
>
>   가. 도급, 용역, 위탁 등을 받는 자의 산업재해 예방을 위한 조치 능력과 기술에 관한 평가기준 · 절차
>
>   나. 도급, 용역, 위탁 등을 받는 자의 안전 · 보건을 위한 관리비용에 관한 기준
>
>   다. 건설업 및 조선업의 경우 도급, 용역, 위탁 등을 받는 자의 안전 · 보건을 위한 공사기간 또는 건조기간에 관한 기준

개인사업주 또는 경영책임자등이 도급, 용역, 위탁 등을 하는 경우에 ① 도급, 용역, 위탁 등을 받는 자의 산업재해 예방을 위한 조치 능력과 기술에 관한 평가기준 · 절차, ② 도급, 용역, 위탁 등을 받는 자의 안전 · 보건을 위한 관리비용에 관한 기준, ③ 건설업 및 조선업의 경우 도급, 용역, 위탁 등을 받는 자의 안전 · 보건을 위한 공사기간 또는 건조기간에 관한 기준과 절차를 마련하고, 마련한 기준과 절차에 따라 도급, 용역, 위탁 등이 이

루어지는지를 반기 1회 이상 점검하여야 한다.

이러한 의무는 도급 등에 관한 계약이 체결된 이후 수급인이 도급계약 등에 따른 업무를 수행하는 단계에서 준수해야 하는 의무가 아니라, 도급 등에 관한 계약을 체결하는 단계에서 확보해야 하는 의무라는 점에서 중대재해처벌법 제5조의 도급, 용역, 위탁 등 관계에서의 안전 및 보건 확보의무와 구별된다.

상설하면, 중대재해처벌법 시행령 제4조제9호는 사업주가 제3자에게 업무를 도급, 용역, 위탁하는 단계, 즉 사업주가 도급계약 등의 상대방을 선정하고 계약을 체결하는 과정에서 상대방의 산업재해 예방을 위한 조치 능력과 기술, 계약금액에 반영될 안전·보건을 위한 관리비용 및 건설업 및 조선업의 경우 안전·보건을 위한 공사기간 또는 건조기간 등에 관한 기준과 절차를 마련하고, 반기 1회 이상 이러한 기준과 절차의 준수 여부를 점검하라는 취지이다.

반면, 중대재해처벌법 제5조는 도급계약이 체결된 이후 수급인 등이 실제로 도급받은 업무를 수행하는 단계에서, 도급인(사업주)이 실질적으로 지배·운영·관리하는 시설, 장비, 장소 등에 관하여 마치 도급인 스스로 해당 시설, 장비, 장소를 사용하여 직접 사업을 하는 경우와 동일하게 해당 시설, 장비, 장소와 관련하여 동법 제4조에서 규정한 안전·보건 확보의무를 이행하라는 취지이다.

4. 제4조제1항제2호: 재해 발생 시 재발방지 대책의 수립 및 이행 조치

제4조(사업주와 경영책임자등의 안전 및 보건 확보의무) ① 사업주 또는 경영책임자등은 사업주나 법인 또는 기관이 실질적으로 지배·운영·관리하는 사업 또는 사업장에서 종사자의 안전·보건상 유해 또는 위험을 방지하기 위하여 그 사업 또는 사업장의 특성 및 규모 등을 고려하여 다음 각 호에 따른 조치를 하여야 한다.
2. 재해 발생 시 재발방지 대책의 수립 및 그 이행에 관한 조치

개인사업주 또는 경영책임자등은 재해 발생 시 사업 또는 사업장의 특성 및 규모 등을 고려하여 재발방지 대책을 수립하고 이행될 수 있도록 하여야 한다.

여기서 재해는 반드시 중대산업재해만을 의미하는 것은 아니다.[54] 재해 발생 시 재발방지 대책 수립은 이미 발생한 재해에 관한 사후 조치를 전제로 하는 것으로서, 발생한 재해에 대한 조사와 결과 분석, 현장 담당자 및 전문가의 의견 수렴 등을 통해 유해·위험요인과 발생 원인을 파악하고, 동일·유사한 재해가 발생하지 않도록 파악된 유해·위험요인별 제거·대체 및 통제 방안을 검토하여 종합적인 개선 대책을 수립하는 일련의 조치를 말

---

54) 고용노동부(2021), p.94.

한다.[55] 한편, 개인사업주 또는 경영책임자등은 이렇게 수립한 개선 대책을 실제로 이행하여야 한다.

5. 제4조제1항제3호: 관계 법령에 따른 개선, 시정명령의 이행

제4조(사업주와 경영책임자등의 안전 및 보건 확보의무) ① 사업주 또는 경영책임자등은 사업이나 법인 또는 기관이 실질적으로 지배·운영·관리하는 사업 또는 사업장에서 종사자의 안전·보건상 유해 또는 위험을 방지하기 위하여 그 사업 또는 사업장의 특성 및 규모 등을 고려하여 다음 각 호에 따른 조치를 하여야 한다.
3. 중앙행정기관·지방자치단체가 관계 법령에 따라 개선, 시정 등을 명한 사항의 이행에 관한 조치

개인사업주 또는 경영책임자등은 중앙행정기관, 지방자치단체가 종사자의 안전·보건상 유해 또는 위험을 방지하기 위해 관계 법령상의 개선 또는 시정을 명하였다면 이를 이행하여야 한다. 중앙행정기관, 지방자치단체가 개선 또는 시정을 명한 사항이 이행되지 않은 경우 이로 인하여 중대산업재해가 발생하였다면 중대재해처벌법 제6조에 따른 처벌 대상이 될 수 있다.[56] 여기

---

55) Ibid, 95.
56) Ibid, 96.

서 개선 또는 시정명령은 문언상 강학상 행정행위에 해당하는 처분을 의미하는 것으로 새겨야 할 것이므로, 비권력적 행정작용인 행정지도는 이에 포함되지 않는다. 한편, 안전 및 보건 확보와 관계가 없는 처분도 중대재해처벌법 제4조제1항제3호의 '개선, 시정 등을 명한 사항'으로 보기 어려울 것이다.

한편, 개인사업주의 경우에는 관계 법령상의 개선 또는 시정명령의 수규자와 중대재해법 제4조제1항제3호의 수범자가 '사업주'로 동일할 것이나, 법인 또는 기관의 경우 관계 법령상의 개선 또는 시정명령의 수범자는 해당 법인 또는 기관인 반면 중대재해법 제4조제1항제3호의 수범자는 '경영책임자등'이 되므로 양자가 상이하게 될 것이다. 따라서, 관계 법령상의 개선 또는 시정명령 미이행을 이유로 해당 법령에 따른 과태료 등의 제재는 당해 법인에게 부과되는 반면, 동 의무 미이행으로 인해 중대산업재해가 발생한 경우에는 '경영책임자등' 및 양벌규정에 따라 해당 법인 또는 기관이 형사처벌의 대상이 된다. 한편, 관련 법령에 따른 과태료와 중대재해처벌법 위반에 대한 형사벌은 제재의 대상이 되는 행위가 상이하므로 양자는 병과될 수 있다.

6. 제4조제1항제4호: 안전·보건 관계 법령상 의무이행을 위한 관리상의 조치

제4조(사업주와 경영책임자등의 안전 및 보건 확보의무) ① 사업주 또는 경영책임자등은 사업주나 법인 또는 기관이 실질적으로 지배·운영·관리하는 사업 또는 사업장에서 종사자의 안전·보건상 유해 또는 위험을 방지하기 위하여 그 사업 또는 사업장의 특성 및 규모 등을 고려하여 다음 각 호에 따른 조치를 하여야 한다.
4. 안전·보건 관계 법령에 따른 의무이행에 필요한 관리상의 조치
② 제1항제1호·제4호의 조치에 관한 구체적인 사항은 대통령령으로 정한다.

개인사업주 또는 경영책임자등은 '안전·보건 관계 법령'에 따른 의무이행에 필요한 관리상 조치를 하여야 한다. 안전·보건 관계 법령은 대부분 사업주(영업주)를 수범자로 하여 일정한 의무를 부과하고 있다. 따라서, 개인사업주의 경우 이러한 안전·보건 관계 법령상 의무의 이행은 개인사업주 본인의 공법상 의무에 해당할 것이다.

반면, 법인 또는 기관의 경우에는 안전·보건 관계 법령상 의무의 수규자는 해당 법인 또는 기관이므로 사업주가 법인 또는 기관인 경우 중대재해처벌법 제4조제1항제4호는 경영책임자등으로 하여금 자신이 대표하고 사업을 총괄하는 법인 또는 기관이 안전·보건 관계 법령상 의무를 이행하는데 필요한 '관리상의 조치'를 하라는 것을 의무의 내용으로 한다.

1) 안전 · 보건 관계 법령

> 시행령 제5조(안전 · 보건 관계 법령에 따른 의무이행에 필요한 관리상의 조치) ① 법
> 제4조제1항제4호에서 "안전 · 보건 관계 법령"이란 해당 사업 또는 사업장에 적용되는
> 것으로서 종사자의 안전 · 보건을 확보하는 데 관련되는 법령을 말한다.

중대재해처벌법 제4조제1항제4호에서 "안전 · 보건 관계 법령"이란 해당 사업 또는 사업장에 적용되는 것으로서 종사자의 안전 · 보건을 확보하는 데 관련되는 법령을 말한다.

〈**안전 · 보건 관계 법령의 예시**〉(고용노동부, 2021)

법령명	관련 조문
산업안전보건법	노무를 제공하는 사람의 안전 및 보건의 유지 · 증진을 목적으로 하는 법으로 산업안전보건법, 법 시행령 및 시행규칙과 산업안전보건기준에 관한 규칙, 유해 · 위험작업의 취업 제한에 관한 규칙을 모두 포함
광산안전법	법률 제정 목적에 광산근로자에 대한 위해를 포함하며, 광업권자 또는 조광권자의 의무(법 제5조), 안전교육의 실시(법 제7조), 안전규정의 제정 및 준수(법 제11조) 등에서 광산근로자에 대한 위해 방지를 위한 내용 규율
원자력안전법	발주자의 안전조치 의무로 방사선작업종사자가 과도한 방사선에 노출되지 아니하도록 안전한 작업환경을 제공하여야 한다는 의무 부과(법 제59조의2), 방사선 장해방지조치(법 제91조) 등
항공안전법	산업안전보건법의 일부 의무 적용이 제외된 안전보건관계법령(산업안전보건법 시행령 별표1)
선박안전법	산업안전보건법의 일부 의무 적용이 제외된 안전보건관계법령(산업안전보건법 시행령 별표1)
연구실 안전환경 조성에 관한 법률	법률 제정 목적에 연구활동종사자의 건강과 생명 보호를 포함하며, 종사자의 안전을 위하여 연구실책임자의 지정(법 제9조), 안전점검(법 제14조) 및 정밀 안전진단의 실시(법 제15조), 교육 · 훈련(제20조) 및 건강검진(제21조) 등의 사항을 규정
폐기물관리법	폐기물관리법의 보호 조항(법 제14조의5)에 따라 시행규칙 제16조의3으로 정해진 보호장구의 지급, 운전자 포함 3명1조의 작업 등의 안전기준 등

법령명	관련 조문
생활물류서비스 산업 발전법	생활물류서비스 종사자의 보호 조항(법 제36조)은 "생활물류서비스종사자의 안전을 확보할 수 있도록" 노력해야 한다고 명시
선원법	선원에게 보호장구와 방호장치 등을 제공하여야 하는 등 선원의 안전·보건 확보를 위한 선박소유자의 의무(법 제82조), 의사의 승무(법 제84조) 등 규정을 포함
생활주변방사선 안전관리법	원료물질 또는 공정부산물의 취급·관리 시 관련 종사자의 건강을 위해 시설 및 종사자의 피폭량 등에 대한 조사 등 준수사항(법 제14조), 결함 가공제품에 대한 조치(법 제16조) 등을 규정

2) 법령상 의무 이행에 대한 점검 및 이행에 필요한 조치

시행령 제5조(안전·보건 관계 법령에 따른 의무이행에 필요한 관리상의 조치) ② 법 제4조제1항제4호에 따른 조치에 관한 구체적인 사항은 다음 각 호와 같다.

1. 안전·보건 관계 법령에 따른 의무를 이행했는지를 반기 1회 이상 점검(해당 안전·보건 관계 법령에 따라 중앙행정기관의 장이 지정한 기관 등에 위탁하여 점검하는 경우를 포함한다. 이하 이 호에서 같다)하고, 직접 점검하지 않은 경우에는 점검이 끝난 후 지체없이 점검 결과를 보고받을 것

2. 제1호에 따른 점검 또는 보고 결과 안전·보건 관계 법령에 따른 의무가 이행되지 않은 사실이 확인되는 경우에는 인력을 배치하거나 예산을 추가로 편성·집행하도록 하는 등 해당 의무 이행에 필요한 조치를 할 것

가. 법령상 의무 이행점검 등에 관한 조치

개인사업주 또는 경영책임자등은 안전·보건 관계 법령에 따른 의무를 이행했는지를 반기 1회 이상 점검(해당 안전·보건 관계 법령에 따라 중앙행정기관의 장이 지정한 기관 등에 위탁하여 점검하는 경우를 포함)하고, 직접 점검하지 않은 경우에는 점검이 끝난 후 지체없이 점검 결과를 보고받아야 한다(시행령 제5조제2항제1호). 여기서 안전·보건 관계 법령

에 따라 중앙행정기관의 장이 지정한 기관의 예로는 산업안전보건법의 경우 안전관리전문기관(제17조), 보건관리전문기관(제18조), 안전보건진단기관(제47조), 건설재해예방전문기관(제73조) 등이 있으며, 점검을 위탁할 수 있는 사항은 안전·보건 관계 법령에 따라 해당 기관의 업무로 규정된 사항으로 제한된다.[57] 이러한 법령상 의무 이행 여부에 대한 '점검'의 위탁은 안전 및 보건 '업무' 자체의 위탁과는 위탁의 대상이 구별되므로, 산업안전보건법에서 안전·보건업무 위탁이 허용되지 않는 상시근로자 300명 이상의 사업장의 경우에도 법령상 의무 이행의 '점검'을 위탁하는 것은 허용된다.[58]

한편, 이 조항에 따른 점검 등의 의무는 개인사업주 또는 경영책임자등을 수범자로 하는 것이므로 관련 점검 및 보고가 형식적으로 이루어지는 부실 점검의 경우나 개인사업주 또는 경영책임자등이 점검의 지시를 하였으나 점검 또는 보고가 이루어지지 않은 경우에는 의무가 이행된 것으로 볼 수 없고 이 경우 불이행에 따른 최종적인 책임은 개인사업주 또는 경영책임자등에게 귀속된다.[59]

---

57) 고용노동부(2021), p. 102.
58) Ibid.
59) Ibid.

나. 법령상 의무 이행에 필요한 조치

개인사업주 또는 경영책임자등은 안전·보건 관계 법령에 따른 의무의 이행에 관한 점검 또는 보고 결과 안전·보건 관계 법령에 따른 의무가 이행되지 않은 사실이 확인되는 경우에는 인력을 배치하거나 예산을 추가로 편성·집행하도록 하는 등 해당 의무 이행에 필요한 조치를 할 의무가 있다(시행령 제5조제2항제2호).

개인사업주 또는 경영책임자등은 사업을 대표하고 총괄하는 권한과 책임이 있는 자로서 안전·보건 관계 법령상 의무의 이행에 필요한 인력과 예산 등에 관한 결정권을 가지므로, 관계 법령에 따라 '사업주'에게 부과되는 법령상 의무 외에 해당 사업장의 개인사업주 또는 경영책임자등에게 그러한 법령상 의무의 이행에 필요한 조치를 할 의무를 부과한 취지로 볼 수 있다.

3) 법령에 따른 안전·보건에 관한 교육

시행령 제5조(안전·보건 관계 법령에 따른 의무이행에 필요한 관리상의 조치) ② 법 제4조제1항제4호에 따른 조치에 관한 구체적인 사항은 다음 각 호와 같다.

3. 안전·보건 관계 법령에 따라 의무적으로 실시해야 하는 유해·위험한 작업에 관한 안전·보건에 관한 교육이 실시되었는지를 반기 1회 이상 점검하고, 직접 점검하지 않은 경우에는 점검이 끝난 후 지체없이 점검 결과를 보고받을 것

4. 제3호에 따른 점검 또는 보고 결과 실시되지 않은 교육에 대해서는 지체없이 그 이행의 지시, 예산의 확보 등 교육 실시에 필요한 조치를 할 것

가. 법령상 안전 · 보건 교육의 실시에 대한 점검 등에 관한 조치

개인사업주 또는 경영책임자등은 안전 · 보건 관계 법령에 따라 의무적으로 실시해야 하는 유해 · 위험한 작업에 관한 안전 · 보건에 관한 교육이 실시되었는지를 반기 1회 이상 점검하고, 직접 점검하지 않은 경우에는 점검이 끝난 후 지체없이 점검 결과를 보고받아야 한다(시행령 제5조제2항제3호). 점검의 대상에는 안전 · 보건 관계 법령에 따른 교육 중 유해 · 위험한 작업에 관한 교육은 모두 포함된다. 따라서 산업안전보건법의 유해 · 위험 작업에 따른 교육 외에도 항공안전법상 위험물취급에 관한 교육(항공안전법 제72조), 선박안전법상 위험물 안전운송 교육(선박안전법 제41조의2) 등은 점검 대상 안전 · 보건 교육에 포함된다.

나. 법령상 안전 · 보건 교육의 실시에 필요한 조치

개인사업주 또는 경영책임자등은 안전 · 보건 관계 법령에 따라 의무적으로 실시해야 하는 유해 · 위험한 작업에 관한 안전 · 보건에 관한 교육의 실시에 관한 점검 또는 보고 결과 실시되지 않은 교육에 대해서는 지체없이 그 이행의 지시, 예산의 확보 등 교육 실시에 필요한 조치를 하여야 한다(시행령 제5조제2항제4호).

도급, 용역, 위탁 등 관계에서의 안전 및 보건 확보의무

제5조(도급, 용역, 위탁 등 관계에서의 안전 및 보건 확보의무) 사업주 또는 경영책임
자등은 사업주나 법인 또는 기관이 제3자에게 도급, 용역, 위탁 등을 행한 경우에는 제
3자의 종사자에게 중대산업재해가 발생하지 아니하도록 제4조의 조치를 하여야 한다.
다만, 사업주나 법인 또는 기관이 그 시설, 장비, 장소 등에 대하여 실질적으로 지배·
운영·관리하는 책임이 있는 경우에 한정한다.

1. 적용범위

중대재해처벌법 제5조 본문은 "사업주 또는 경영책임자등은
사업주나 법인 또는 기관이 제3자에게 도급, 용역, 위탁 등을 행
한 경우에는 제3자의 종사자에게 중대산업재해가 발생하지 아니
하도록 제4조의 조치를 하여야 한다."라고 규정하고, 동조 단서
는 "다만, 사업주나 법인 또는 기관이 그 시설, 장비, 장소 등에
대하여 실질적으로 지배·운영·관리하는 책임이 있는 경우에
한정한다."라고 규정하고 있다.

중대재해처벌법 제5조 본문과 단서를 종합하여 보면, ① 개인
사업주나 법인 또는 기관(이하 편의상 "도급인 등"이라고 한다)이 제3자에게
도급, 용역, 위탁 등(이하 편의상 "도급 등"이라고 한다)을 행한 경우, ② 그러
한 개인사업주나 법인 또는 기관의 경영책임자등은 ③ 도급인 등

에게 도급 등을 받은 제3자(이하 편의상 "수급인 등"이라고 한다)가 사업을 수행하는데 사용하는 시설, 장비, 장소 등에 대하여 실질적으로 지배·운영·관리하는 책임이 있는 경우 ④ 수급인 등의 종사자에게 중대산업재해가 발생하지 아니하도록 ⑤ 도급인 등에게 실질적으로 지배·운영·관리하는 책임이 있는 시설, 장비, 장소 등에 관하여 중대재해처벌법 제4조에서 규정한 조치를 하여야 한다는 취지로 이해하는 것이 합리적이라고 생각한다.

이와 관련하여 산업안전보건법 제10조제2항은 "고용노동부장관은 도급인의 사업장(도급인이 제공하거나 지정한 경우로서 도급인이 지배·관리하는 대통령령으로 정하는 장소를 포함한다. 이하 같다) 중 대통령령으로 정하는 사업장에서 관계수급인 근로자가 작업을 하는 경우에 도급인의 산업재해발생건수등에 관계수급인의 산업재해발생건수등을 포함하여 제1항에 따라 공표하여야 한다."라고 규정하고, 동법 제5장 제2절 도급인의 안전조치 및 보건조치(제62조부터 제66조까지)에서 관계수급인 근로자가 '도급인의 사업장'에서 작업을 하는 경우에 있어 도급인이 준수해야 하는 각종 의무를 규정하고 있다.

산업안전보건법 제10조(산업재해발생건수 등의 공표)
② 고용노동부장관은 도급인의 사업장(도급인이 제공하거나 지정한 경우로서 도급인이 지배·관리하는 대통령령으로 정하는 장소를 포함한다. 이하 같다) 중 대통령령으로 정하는 사업장에서 관계수급인 근로자가 작업을 하는 경우에 도급인의 산업재해발생건수 등에 관계수급인의 산업재해발생건수 등을 포함하여 제1항에 따라 공표하여야 한다.

산업안전보건법 시행령 제11조(도급인이 지배·관리하는 장소) 법 제10조제2항에서 "대통령령으로 정하는 장소"란 다음 각 호의 어느 하나에 해당하는 장소를 말한다.

1. 토사(土砂)·구축물·인공구조물 등이 붕괴될 우려가 있는 장소
2. 기계·기구 등이 넘어지거나 무너질 우려가 있는 장소
3. 안전난간의 설치가 필요한 장소
4. 비계(飛階) 또는 거푸집을 설치하거나 해체하는 장소
5. 건설용 리프트를 운행하는 장소
6. 지반(地盤)을 굴착하거나 발파작업을 하는 장소
7. 엘리베이터홀 등 근로자가 추락할 위험이 있는 장소
8. 석면이 붙어 있는 물질을 파쇄하거나 해체하는 작업을 하는 장소
9. 공중 전선에 가까운 장소로서 시설물의 설치·해체·점검 및 수리 등의 작업을 할 때 감전의 위험이 있는 장소
10. 물체가 떨어지거나 날아올 위험이 있는 장소
11. 프레스 또는 전단기(剪斷機)를 사용하여 작업을 하는 장소
12. 차량계(車輛系) 하역운반기계 또는 차량계 건설기계를 사용하여 작업하는 장소
13. 전기 기계·기구를 사용하여 감전의 위험이 있는 작업을 하는 장소
14. 「철도산업발전기본법」 제3조제4호에 따른 철도차량(「도시철도법」에 따른 도시철도 차량을 포함한다)에 의한 충돌 또는 협착의 위험이 있는 작업을 하는 장소
15. 그 밖에 화재·폭발 등 사고발생 위험이 높은 장소로서 고용노동부령으로 정하는 장소

이러한 산업안전보건법상 도급인의 안전조치 및 보건조치 관련 규정의 취지를 고려할 때, 중대재해처벌법 제5조 단서의 '사업주나 법인 또는 기관이 그 시설, 장비, 장소 등에 대하여 실질적으로 지배·운영·관리하는 책임이 있는 경우'란 수급인 등의 종사자가 ① 도급인 등의 사업장 또는 도급인 등이 제공하거나 지

정한 경우로서 도급인 등이 지배·관리하는 장소에서 노무를 제공하거나, ② 도급인 등이 제공하거나 지정한 경우로서 도급인 등이 지배·관리하는 시설 또는 장비를 사용하여 노무를 제공하는 경우를 의미하는 것으로 해석하는 것이 합리적이라고 생각한다. 구체적으로는 도급인 등^(개인사업주 또는 법인·기관)이 수급인 등의 종사자가 사용하는 시설, 장비, 장소에 대한 소유권, 임차권 기타 사실상의 지배력을 가지고 있어 위험에 대한 제어 능력이 있다고 볼 수 있는 경우가 이에 해당할 것이다.[60]

2. 도급, 용역, 위탁 등 관계에서의 안전 및 보건 확보의무의 내용

개인사업주나 법인 또는 기관이 제3자에게 도급, 용역, 위탁 등을 한 경우, 개인사업주나 법인 또는 기관이 그 시설, 장비, 장소 등에 대하여 실질적으로 지배·운영·관리하는 책임이 있다면, 개인사업주 또는 경영책임자등은 그러한 제3자, 즉 수급인 등의 종사자에게 중대산업재해가 발생하지 아니하도록 개인사업주나 법인 또는 기관에게 실질적으로 지배·운영·관리하는 책임이 있는 시설, 장비, 장소 등에 관하여 중대재해처벌법 제4조

---

(60) 고용노동부(2021), p. 109.

에 따른 안전·보건 확보의무를 부담한다. 따라서, 개인사업주나 법인 또는 기관의 경영책임자등이 중대재해처벌법 제4조에 따라 안전보건관리체계를 구축하고 이행하는 등의 조치를 함에 있어 개인사업주나 법인 또는 기관이 실질적으로 지배·운영·관리하는 책임이 있는 시설, 장비, 장소에 관하여 개인사업주나 법인 또는 기관 스스로 사업을 수행하는 경우와 동일하게 중대재해처벌법 제4조에 따른 조치를 하여야 한다.

유의할 점은 중대재해처벌법 제5조가 도급인 등에게 요구하는 것은 도급인 등이 실질적으로 지배·운영·관리하는 책임이 있는 '시설, 장비, 장소 등'에 관한 안전·보건 확보의무를 이행하라는 것이지, 수급인 등의 구체적인 사업운영에 개입할 의무를 부과하는 것은 아니다. 따라서, 도급인 등이 중대재해처벌법 제5조에 따른 의무이행의 명목으로 안전보건과 무관한 작업내용·작업방법 등에 관하여 수급인 등의 종사자에게 업무수행에 대해 구체적인 지시·감독을 하는 경우 근로자파견의 징표에 해당할 수 있다.[61] 다만, 도급인 등이 산업안전보건법령상의 안전 및 보건에 관한 조치사항을 위반한 수급인 등의 종사자에게 현존하는 위험의 제거를 위하여 위반 사항에 대한 시정을 요구하거나, 긴급상황이나 위험상황 등에서 산업재해 발생을 방지하기 위해 일시

---

61) 고용노동부(2022), p.45.

적으로 업무상 지시를 하는 것은 허용된다고 보아야 할 것이다.[62]

1) 재해예방에 필요한 인력 및 예산 등 안전보건관리체계의 구축 및 그 이행에 관한 조치

개인사업주나 경영책임자등은 개인사업주나 법인 또는 기관에게 실질적으로 지배·운영·관리할 책임이 있는 시설, 장비, 장소 등과 관련하여 재해예방에 필요한 인력 및 예산 등 안전보건관리체계의 구축 및 그 이행에 관한 조치를 하여야 한다(제5조, 제 4조제1항제1호).

2) 재해 발생 시 재발방지 대책의 수립 및 그 이행에 관한 조치

개인사업주나 경영책임자등은 개인사업주나 법인 또는 기관이 실질적으로 지배·운영·관리할 책임이 있는 시설, 장비, 장소 등과 관련한 재해 발생 시 재발방지 대책의 수립 및 그 이행에 관한 조치를 하여야 한다(제5조, 제4조제1항제2호).

3) 중앙행정기관·지방자치단체가 관계 법령에 따라 개선, 시정 등을 명한 사항의 이행에 관한 조치

개인사업주나 경영책임자등은 개인사업주나 법인 또는 기관

---

62) Ibid.

이 실질적으로 지배 · 운영 · 관리할 책임이 있는 시설, 장비, 장소 등에 관하여 중앙행정기관 · 지방자치단체가 관계 법령에 따라 개선, 시정 등을 명한 사항의 이행에 관한 조치를 하여야 한다(제5조, 제4조제1항제3호).

4) 안전 · 보건 관계 법령에 따른 의무이행에 필요한 관리상의 조치

개인사업주나 경영책임자등은 개인사업주나 법인 또는 기관에게 실질적으로 지배 · 운영 · 관리할 책임이 있는 시설, 장비, 장소 등에 관하여 안전 · 보건 관계 법령에 따른 의무이행에 필요한 관리상의 조치를 하여야 한다(제5조, 제4조제1항제4호).

중대산업재해 사업주와 경영책임자등의 처벌

1. 서론

> **제6조(중대산업재해 사업주와 경영책임자등의 처벌)** ① 제4조 또는 제5조를 위반하여 제2조제2호가목의 중대산업재해에 이르게 한 사업주 또는 경영책임자등은 1년 이상의 징역 또는 10억원 이하의 벌금에 처한다. 이 경우 징역과 벌금을 병과할 수 있다.
> ② 제4조 또는 제5조를 위반하여 제2조제2호나목 또는 다목의 중대산업재해에 이르게 한 사업주 또는 경영책임자등은 7년 이하의 징역 또는 1억원 이하의 벌금에 처한다.

　중대재해처벌법 제6조는 ① ^(행위의 주체) 개인사업주 또는 경영책임자등이 ② ^(행위의 양태) 동법 제4조 또는 제5조의 안전 · 보건 확보의무를 위반하여 ③ ^(결과의 발생) 중대산업재해에 이르게 한 경우 개인사업주 또는 경영책임자등을 처벌하는 규정을 두고 있다. 법정형은 중대재해처벌법 제2조제2호가목의 중대산업재해에 이르게 한 경우^(산업재해치사)에는 1년 이상의 징역 또는 10억원 이하의 벌금^(징역과 벌금을 병과할 수 있음)에 처하고^(제6조제1항), 동법 제2조제2호나목 또는 다목의 중대산업재해에 이르게 한 경우^(산업재해치상)에는 7년 이하의 징역 또는 1억원 이하의 벌금^(징역과 벌금을 병과할 수 없음)에 처한다^(제6조제2항).

　한편, 형법 제8조는 "본법 총칙은 타법령에 정한 죄에 적용한다."고 규정하고 있으므로 중대재해처벌등에관한법률위반^{(산업재해} ^{치사)} 및 중대재해처벌등에관한법률위반^(산업재해치상)에 관해서는 형법 총칙의 규정이 적용된다.

형법 제8조(총칙의 적용) 본법 총칙은 타법령에 정한 죄에 적용한다. 단, 그 법령에 특별한 규정이 있는 때에는 예외로 한다.

형법 제2조(국내범) 본법은 대한민국영역내에서 죄를 범한 내국인과 외국인에게 적용한다.

형법 제3조(내국인의 국외범) 본법은 대한민국영역외에서 죄를 범한 내국인에게 적용한다.

형법 제5조(외국인의 국외범) 본법은 대한민국영역외에서 다음에 기재한 죄를 범한 외국인에게 적용한다.
1. 내란의 죄
2. 외환의 죄
3. 국기에 관한 죄
4. 통화에 관한 죄
5. 유가증권, 우표와 인지에 관한 죄
6. 문서에 관한 죄중 제225조 내지 제230조
7. 인장에 관한 죄중 제238조

형법 제6조(대한민국과 대한민국국민에 대한 국외범) 본법은 대한민국 영역 외에서 대한민국 또는 대한민국국민에 대하여 전조에 기재한 이외의 죄를 범한 외국인에게 적용한다. 단 행위지의 법률에 의하여 범죄를 구성하지 아니하거나 소추 또는 형의 집행을 면제할 경우에는 예외로 한다.

형법 제13조(고의) 죄의 성립요소인 사실을 인식하지 못한 행위는 벌하지 아니한다. 다만, 법률에 특별한 규정이 있는 경우에는 예외로 한다.

형법 제14조(과실) 정상적으로 기울여야 할 주의(注意)를 게을리하여 죄의 성립요소인 사실을 인식하지 못한 행위는 법률에 특별한 규정이 있는 경우에만 처벌한다.

형법 제16조(법률의 착오) 자기의 행위가 법령에 의하여 죄가 되지 아니하는 것으로 오인한 행위는 그 오인에 정당한 이유가 있는 때에 한하여 벌하지 아니한다.

형법 제17조(인과관계) 어떤 행위라도 죄의 요소되는 위험발생에 연결되지 아니한 때에는 그 결과로 인하여 벌하지 아니한다.

중대산업재해에 관한 형사처벌을 규정하는 동법 제6조를 해석함에 있어서는 다음과 같은 특수성을 고려할 필요가 있다.[63]

1) 산업재해 관련 처벌 범위의 확대

중대재해처벌법 제6조의 수범자는 개인사업주 또는 법인 등의 경영책임자등인 반면, 산업안전보건법상 일반적인 수범자는 사업주(개인 혹은 법인)이되, 양벌규정(동법 제173조)에 따라 법인의 대표자, 법인 또는 개인의 대리인, 사용인, 종업원도 행위자로서 형사책임을 부담한다.[64] 중대재해처벌법과 산업안전보건법의 수범자

---

63) 이 부분은 권창영 외(2022), 중대재해처벌법 온주, 제6조[김희수 집필부분]을 주로 참고하였다.
64) 대법원 1995. 5. 26. 선고 95도230 판결 등 참조.

가 상이하기는 하나, 법문상으로만 보면 중대재해처벌법에서 말하는 경영책임자등이 산업안전보건법상 형사책임으로부터 완전히 배제되어 있는 것이 아님을 알 수 있다. 그런데 산업안전보건법의 구체적 내용을 보면, 동법에서 규정하고 있는 구체적인 안전·보건조치의무가 일정 규모 이상 법인사업주의 경영책임자등에게 직접 부과되고 있다고 보기 어려운 면이 있어 법인사업주의 경영책임자등을 동법상 안전·보건조치의무를 위반한 행위자로 인정하기 어려웠다. 또한, 법인사업주의 경영책임자등에게 산업재해 발생의 원인이 된 산업안전보건법상 안전·보건조치의무 위반행위의 고의를 인정하기도 어려웠다. 그 결과 산업안전보건법상 안전·보건조치의무 위반이 인정되는 산업재해가 발생한 경우에도 공장장, 현장소장 등 안전관리책임자 수준에서 산업안전보건법위반죄가 인정되어 왔다.

이러한 상황을 고려하여 피해 결과가 중한 중대산업재해 발생을 예방하기 위해서는 실질적인 처벌 범위를 확대하는 것이 필요하다는 입법 의도 아래 중대재해처벌법은 법인 또는 기관의 경영책임자등을 '직접적 수범자'로 법정하고 산업안전보건법상 안전·보건조치의무와는 별도의 안전·보건확보의무^(동법 제4조, 제5조)를 경영책임자등에게 부과하고, 이러한 의무 위반으로 인하여 중대산업재해가 발생할 경우 경영책임자등을 처벌하는 형식을 취하였다.

2) 법정형의 상향

중대재해처벌법 제6조는 산업안전보건법위반죄나 업무상과 실치사상죄에 비해 그 법정형을 매우 높였다. 산업안전보건법상 안전·보건조치의무를 위반하여 근로자를 사망에 이르게 한 경우에는 7년 이하의 징역이나 1억 원 이하의 벌금에 처하게 되고 _(동법 제167조제1항), 업무상과실치사죄는 5년 이하의 금고 또는 2천만 원 이하의 벌금에 처하게 되어 있다. 그런데 중대재해처벌법 제6 조제1항은 개인사업주나 경영책임자등이 안전·보건확보의무에 위반하여 종사자를 사망에 이르게 한 경우 1년 이상의 징역 또는 10억 원 이하의 벌금에 처하도록 하고, 징역형과 벌금형을 병과 할 수도 있다고 규정하고 있다. 중대산업재해 예방, 종사자의 생 명과 신체 보호라는 입법목적 달성을 위해 강력한 형사처벌 규정 을 마련한 것이다. 이러한 입법은 종래 산업안전보건법위반죄 사 건에서 법원의 양형이 지나치게 가벼웠다는 여론이 반영되었다 고 볼 수 있다.

한편 법정형을 상향하면서 하한만 정하고 상한을 따로 정하 지 않음에 따라_{(다만 형법 제42조 본문에 따른 30년의 상한이 적용된다)[65]} 법원의 양 형 재량이 더욱 확대된 면이 있다. 중대산업재해로 인해 수백 명

---

65) 형법 제42조(징역 또는 금고의 기간) 징역 또는 금고는 무기 또는 유기로 하고 유기는 1개월 이상 30 년 이하로 한다. 단, 유기징역 또는 유기금고에 대하여 형을 가중하는 때에는 50년까지로 한다. 〈개정 2010. 4. 15.〉

이 사망하더라도 일죄로 처벌받게 되는 점을 고려해 보면, 법원의 양형에 상당한 폭을 인정한 것은 합리성이 있다고 생각한다.

3) 중대시민재해 관련 처벌 규정의 마련

중대재해처벌법은 중대재해를 중대산업재해와 중대시민재해로 나누어 중대시민재해와 관련하여 개인사업주나 경영책임자등에게 일정한 의무를 부과하고, 그 위반으로 인해 중대시민재해가 발생한 경우 처벌하는 규정(동법 제10조)을 별도로 규정하고 있다. 중대시민재해 관련 범죄는 산업안전보건법과는 무관한 영역으로, 기존에 업무상과실치사상죄로 규율될 수 있는 부분이었다. 이처럼 중대재해처벌법이 중대시민재해에 대한 별도의 처벌규정을 두고 있다는 점도 중대재해처벌법의 성격을 단순히 산업안전보건법의 특별법이라고 보기 어려운 이유 중 하나이다.

2. 장소적 적용 범위

중대재해처벌법은 실질적 의미의 형법에 해당하므로 동법의 장소적 적용 범위는 형법 총칙의 규정에 따라 판단하여야 한다. 다만, 형법의 장소적 적용 범위와 법인의 경영책임자등의 판단에 관한 준거법의 결정 문제는 구별할 필요가 있다고 생각한다. 법인사업주의 경영책임자가 누구인가의 문제, 즉 해당 법인의 '사

업을 대표하고 사업을 총괄하는 권한과 책임이 있는 사람'이 누구
인가에 관한 판단은 중대재해처벌법이 아니라 해당 법인의 설립
에 관한 준거법에 따라 판단되어야 할 것이기 때문이다.[66]

1) 국내범

중대재해처벌법은 대한민국 영역 내에서 동법 위반의 '죄를 범
한' 내국인과 외국인에게 적용한다(형법 제2조). 형법 제2조에서 '죄를
범한'이라는 문언의 의미와 관련하여서는 ① 구성요건적 행위가
행하여진 곳을 범죄지로 보는 행위설, ② 구성요건적 결과가 발생
한 곳을 범죄지로 보는 결과설 및 ③ 양자를 모두 범죄지로 보는
편재설(遍在說) 등의 대립이 있는데, 판례는 편재설을 취한다.[67] 대
륙법계에 속하는 국가들은 일반적으로 편재설에 따라 구성요건적
행위가 행하여진 장소, 결과가 발생한 장소 및 인과과정에 영향을
미치는 장소 모두를 각각 범죄지로 보고, 각각의 요소와 관련되어
있는 모든 국가가 각각 자국의 형법을 적용한다.[68] 따라서, 대한민
국 영역 내에서 동법 위반의 죄를 범한 경우(즉, 대한민국 영역 내에서 동법 제
4조 또는 제5조를 위반하거나, 대한민국 영역 내에서 중대산업재해가 발생한 경우)에는 **경영**

---

66) 국제사법 제16조(법인 및 단체) 법인 또는 단체는 그 설립의 준거법에 의한다. 다만, 외국에서 설립된
  법인 또는 단체가 대한민국에 주된 사무소가 있거나 대한민국에서 주된 사업을 하는 경우에는 대한민
  국 법에 의한다.
67) 대법원 2000. 4. 21. 선고 99도3403 판결.
68) 김성돈, 형법총론, p113.

책임자등의 국적은 동법 위반죄의 성립에 영향이 없다.

한편, 형법 제2조와 직접적인 관계는 없지만 중대재해처벌법 제2조제2호는 중대산업재해의 개념을 정의하면서 피해자의 국적을 대한민국 국민으로 제한하고 있지 않으므로 중대산업재해로 사상(死傷)에 이른 사람이 외국인인 경우에도 당연히 중대재해처벌법 위반죄가 성립할 수 있다.

2) 내국인의 국외범

중대재해처벌법은 대한민국 영역 외에서 동법 위반의 죄를 범한 '내국인'에게 적용한다(형법 제3조). 예컨대, 내국인인 개인사업주 또는 '내국인'인 법인 또는 기관의 경영책임자등이 대한민국 영역 외에서 동법 제4조 또는 제5조를 위반하여 대한민국 영역 외에서 중대산업재해를 발생시킨 경우에도 중대재해처벌법 위반죄가 성립할 수 있다. 이 경우에도 피해자의 국적은 범죄 성립에 영향을 주지 않는다.

3) 외국인의 국외범

형법 제5조는 제1호에서 제7호까지의 규정에서 처벌의 대상이 되는 외국인의 국외범을 열거하고 있는바, 중대재해처벌법 위반의 죄는 이에 해당하지 않으므로 대한민국 영역 외에서 동법 위반의 죄를 범한 외국인인 개인사업주 또는 경영책임자등을 중대재해처벌법 위반으로 처벌할 수 없다.

4) 대한민국과 대한민국 국민에 대한 국외범

중대재해처벌법은 대한민국 영역 외에서 대한민국 국민에 대하여 중대재해처벌법 위반의 죄를 범한 외국인인 개인사업주 또는 경영책임자등에게도 적용한다(형법 제6조). 다만, 형법 제6조 단서는 행위지의 법률에 의하여 범죄를 구성하지 아니하거나 소추 또는 형의 집행을 면제할 경우에는 예외로 한다고 규정하고 있다. 그러므로 개인사업주 또는 경영책임자등이 행위지(동법 제4조 또는 제5조의 위반한 장소 또는 중대산업재해가 발생한 장소)의 법률에 의해 처벌되지 않는 경우에는 중대재해처벌법이 적용되지 않는다.

3. 행위의 주체

중대재해처벌등에관한법률위반(산업재해치사) 및 중대재해처벌등에관한법률위반(산업재해치상)은 사업주가 개인인 경우에는 그 '개인사업주', 사업주가 법인 또는 기관인 경우에는 그 '경영책임자등'을 행위의 주체로 한다는 점에서 신분범(身分犯)의 성격을 갖는다.

주식회사에 대표이사와 최고안전책임자(Chief Security Officer, CSO)가 있는 경우 중대재해처벌법 제6조 위반죄의 주체가 누가 되는지가 논란이 되고 있는바, 중대재해처벌법 제2조제9호가목은 경영책임자등으로 '사업을 대표하고 사업을 총괄하는 권한과 책임이 있는 사람 또는 이에 준하여 안전보건에 관한 업무를 담당하는 사람'이라고 정하고 있으므로, 대표이사는 전단에, 안전보건최고책임자는 후단에 해당할 여지가 있고, 이에 따라 양자 모두 중대재해처벌법 제4조, 제5조의 의무부담 주체 겸 제6조의 행위 주체로 해석할 수 있다.[69] 그런데 대표이사에 준할 정도의 안전 · 보건에 관하여 조직, 인력, 예산에 대한 권한과 책임이 없는 사람은 설령 CSO라는 직책을 부여받고 있더라도 후단에 해당할 수 없으므로, 그러한 경우는 대표이사가 주체가 된다고 보아야 할 것이다. 나아가 CSO가 후단에 해당하는 자인가는 회사 내 조직도나 권한 분장 내역 등에 얽매여 형식적으로 판단할 것이 아니라 구체적인 업무집행 내용 등을 종합적으로 고려하여 실질적으로 판단해야 한다.[70]

4. 행위의 태양

중대재해처벌등에관한법률위반^(산업재해치사) 및 중대재해처벌등에관한법률위반^(산업재해치상)은 신분자인 개인사업주 또는 경영책임

---

[69] 권창영 외(2022), 제6조 해설[김희수 집필부분].
69) 권창영 외(2022), 제6조 해설[김희수 집필부분].
70) Ibid.

자등이 중대재해처벌법 제4조 또는 제5조의 안전·보건 확보의
무를 위반한 경우에 성립한다.

중대재해처벌법 제4조와 제5조는 중대산업재해 예방을 위해
개인사업주 또는 경영책임자등에게 작위의 안전·보건확보의무
를 부과하고 있으므로, 그 위반행위는 대부분 부작위로 나타날
것이다.[71]

5. 고의

형법 제13조 본문은 "죄의 성립요소인 사실을 인식하지 못한
행위는 벌하지 아니한다."고 규정하고 있다. 중대재해처벌등에관
한법률위반(산업재해치사) 및 중대재해처벌등에관한법률위반(산업재해치
상)의 구성요건을 ① 중대재해처벌법 제4조 또는 제5조의 안전·
보건 확보의무, ② 중대산업재해의 발생 및 ③ 위 ①과 ② 사이의
인과관계로 대별할 경우, 형법 제13조 본문을 문언 그대로 적용
할 경우 안전·보건 확보의무 위반은 물론 종사자의 사망 등 결
과 발생이나 안전·보건 확보의무 위반과 결과 발생 사이의 인과
관계에 대해서도 고의가 요구된다는 해석이 가능하다.

그러나, 중대재해처벌법 제6조제1항과 제2항은 동법 제4조

---

71) 권창영 외(2022), 제6조 해설[김희수 집필부분].

또는 제5조의 안전·보건 확보의무를 위반하여 '중대산업재해에 이르게 한 경우'에 처벌한다고 규정하고 있는바, 이러한 법문은 고의에 의한 기본범죄에 의해 행위자가 예견하지 않았던 중한 결과가 발생한 경우 그 형이 가중되는 '결과적 가중범'과 유사성을 갖는다.[72] 따라서, 중대재해처벌등에관한법률위반(산업재해치사) 및 중대재해처벌등에관한법률위반(산업재해치상)이 성립하기 위하여 안전·보건 확보의무 위반에 대한 고의 이외에 종사자의 사망 등 결과 발생이나 안전·보건 확보의무 위반과 결과 발생 사이의 인과관계에 대한 고의까지 요구되는 것은 아니라고 생각한다.

참고로, 중대재해처벌등에관한법률위반(산업재해치사) 및 중대재해처벌등에관한법률위반(산업재해치상)을 고의범이 아니라 과실범으로 보아야 한다는 견해가 있는바,[73] 이러한 견해는 주관적 구성요건요소로서 고의는 '모든 객관적 구성요건'을 인식하여야 한다. 그러한 인식이 없는 경우는 고의가 조각되는데, 중대재해처벌등에관한법률위반(산업재해치사) 및 중대재해처벌등에관한법률위반(산업재해치상)을 통상적인 고의범으로 보게 되면 개인사업주나 경영책

---

72) 다만, 중대재해처벌법은 동법 제4조 또는 제5조 위반행위 자체를 처벌하는 규정은 두고 있지 않다는 점에서 중대재해처벌법위반죄를 결과적 가중범으로 볼 수는 없다. 한편, 개인사업주 또는 경영책임자등에게 사망 또는 상해라는 결과에 대한 고의가 있는 경우에는 부작위에 의한 살인죄 내지 상해죄의 성립이 문제되는 경우도 있을 것이다.
73) Ibid.

임자등이 종사자의 사상이라는 결과에 대한 고의^(미필적 고의 포함)까지 갖춘 경우에만 중대재해처벌등에관한법률위반^(산업재해치사) 및 중대재해처벌등에관한법률위반^(산업재해치상)이 성립하게 되어^(즉, 종사자에 대한 살인 혹은 상해의 고의가 없으면 동 조항 위반죄가 성립하지 않게 되어) 입법 의도에도 배치되고 현실에도 맞지 않으므로 중대재해처벌등에관한법률위반^(산업재해치사) 및 중대재해처벌등에관한법률위반^(산업재해치상)의 실질은 과실범으로 보아야 한다는 것이다. 다만, 이러한 견해에서도 중대재해처벌법 제4조 또는 제5조에서 정한 안전ㆍ보건확보의무 위반 행위와 관련하여 개인사업주나 경영책임자등의 미필적 인식은 필요하다고 봄이 타당하다고 한다.[74]

이처럼 중대재해처벌등에관한법률위반^(산업재해치사) 및 중대재해처벌등에관한법률위반^(산업재해치상)의 성립을 위하여 제4조 또는 제5조에서 정한 안전ㆍ보건확보의무 위반 행위에 대한 '미필적 인식'은 필요하다는 입장을 취한다면 중대재해처벌등에관한법률위반^(산업재해치사) 및 중대재해처벌등에관한법률위반^(산업재해치상)을 '결과적 가중범'과 유사하게 안전ㆍ보건 확보의무 위반에 대한 고의 이외에 종사자의 사망 등 결과 발생이나 안전ㆍ보건 확보의무 위반과 결과 발생 사이의 인과관계에 대한 고의까지 요구되는

---

74) 국회 법제사법위원회 법안심사 과정에서도 고의로 의무위반행위를 하되 결과 발생에 대해서는 예견가능성이 있어야 한다는 취지로 논의가 이루어진 부분도 확인이 된다[제383회 국회 법제사법위원회회의록(법안심사제1소위원회) 제4호(2021. 1. 5.), 국회사무처, 2, 3면].

것은 아니라고 이해하는 방식과 실제상 차이는 거의 없을 것으로 생각된다. 따라서, 이러한 견해는 중대재해처벌등에관한법률위반(산업재해치사) 및 중대재해처벌등에관한법률위반(산업재해치상)의 성립을 위해 사망 또는 부상 등의 결과 발생과 인과관계에 대한 고의가 필요한 것은 아니라는 점에서 필자의 이해와 동일하다.

한편, 중대재해처벌법 제4조 또는 제5조의 안전 및 보건 확보의무의 내용에 대한 착오는 사실의 착오가 아니라 법률의 착오에 해당하므로, 그러한 착오에 정당한 이유가 있는 때에 한하여 범죄가 성립하지 않는다(형법 제16조). 따라서 개인사업주 또는 경영책임자등이 안전 및 보건 확보의무 위반이 아니라고 오인한 경우에도 그러한 오인에 정당한 이유가 없는 한 중대재해처벌법위반죄가 성립한다.

6. 행위의 객체

1) 종사자

중대재해처벌등에관한법률위반(산업재해치사) 및 중대재해처벌등에관한법률위반(산업재해치상)은 개인사업주 또는 경영책임자등의 의무위반으로 인해 중대산업재해가 발생한 경우이어야 하고, 중대재해처벌법 제2조제2호는 중대산업재해를 사망자가 1명 이상 발생하거나(가목), 동일한 사고로 6개월 이상 치료가 필요한 부상자가 2명 이상 발생하거나^(나목), 동일한 유해요인으로 급성중독 등 대통령령으로 정하는 직업성 질병자가 1년 이내에 3명 이상 발생^(다목)한 '산업안전보건법 제2조제1호에 따른 산업재해'라고 정의하고 있다.

한편 산업안전보건법 제2조제1호는 '노무를 제공하는 사람'이 업무에 관계되는 건설물·설비·원재료·가스·증기·분진 등에 의하거나 작업 또는 그 밖의 업무로 인하여 사망 또는 부상하거나 질병에 걸리는 것을 산업재해로 규정하고 있다. 그리고 중대재해처벌법 제4조, 제5조는 동법 제2조제7호에서 정의하고 있는 '종사자'에 대한 중대재해발생을 방지하기 위한 의무를 규정하고 있는 형식이다.

이러한 규정들을 종합해 보면, 중대재해처벌등에관한법률위반^(산업재해치사) 및 중대재해처벌등에관한법률위반^(산업재해치상)의 객체는 근로기준법상의 근로자에 한정되지 않고 중대재해처벌법 제2조제7호에서 정한 종사자를 행위의 객체^(대상)로 한다고 보아야 할 것이다.[75] 따라서 개인사업주 또는 경영책임자등의 안전·보건확보의무 위반으로 인하여 사망사고가 발생한 경우에도 사망한 사람이 중대재해처벌법상 종사자에 해당하지 않으면, 중대재해처벌등에관한법률위반^(시민재해치사)의 성립은 별론으로 하고,

---

75) 同旨: 권창영 외(2022), 제6조 해설[김희수 집필부분].

중대재해처벌등에관한법률위반^(산업재해치사)은 성립하지 않는다. 이러한 점에서 중대재해처벌법상 종사자 개념은 중대재해처벌등에관한법률위반^(산업재해치사) 및 중대재해처벌등에관한법률위반^(산업재해치상)의 적용범위를 명확하게 하기 위하여 산업안전보건법 제2조제1호에서 규정하는 '노무를 제공하는 사람'을 구체적으로 정의한 취지라고 보아야 할 것이다.

2) 중대산업재해 정의 규정에 따른 제한

중대산업재해의 정의 조항에 따르면 산업재해로 인해 종사자가 사망하지 않거나^(제2조제2호가목), 6개월 이상 치료를 요하는 부상자가 1명 발생하거나^(제2조제2호나목), 직업성 질병자가 1년 이내 3명 미만 발생한 때는^(제2조제2호다목) 중대산업재해에서 제외되므로, 이 경우는 중대재해처벌등에관한법률위반^(산업재해치사) 또는 중대재해처벌등에관한법률위반^(산업재해치상)이 성립하지 않는다.[76]

3) 소송법적 문제

산업안전보건법 제2조제1호에 따른 산업재해로 인하여 6개월 이상의 치료를 요하는 부상자가 2명 발생하여 중대재해처벌등에관한법률위반^(산업재해치상)으로 기소되었으나, 형사소송 진행 중 부

---

76) 권창영 외(2022), 제6조 해설[김희수 집필부분].

상자 중 1명이 사망한 경우에는 중대재해처벌등에관한법률위반(산업재해치사)이 성립하게 된 경우이므로, 공소장변경 절차가 이루어져야 할 것이다.[77]

하지만 법원에 이러한 사정변경이 알려지지 않아 그대로 소송이 진행되어 중대재해처벌등에관한법률위반(산업재해치상)의 형이 확정된 경우라면, 중대재해처벌등에관한법률위반(산업재해치사)에도 판결 확정의 효력이 미친다고 볼 것이어서 추가기소할 수 없다고 보아야 할 것이다.[78]

7. 결과의 발생

중대재해처벌등에관한법률위반(산업재해치사) 및 중대재해처벌등에관한법률위반(산업재해치상)은 신분자인 개인사업주 또는 경영책임자등이 동법 제4조 또는 제5조에 따른 안전·보건 확보의무를 위반하여 중대산업재해에 이르게 한 경우에 성립한다. 따라서, 중대재해처벌등에관한법률위반(산업재해치사) 및 중대재해처벌등에관한법률위반(산업재해치상)은 산업재해로 인해 종사자의 사망이나 부상, 질병이라는 결과의 발생을 구성요건으로 하는 결과범이다. 이러

---

77) Ibid.
78) Ibid.

한 결과범의 특성상 행위와 결과 사이에 인과관계가 요구된다.

8. 인과관계

1) 문제의 소재

형법 제17조는 "어떤 행위라도 죄의 요소되는 위험발생에 연결되지 아니한 때에는 그 결과로 인하여 벌하지 아니한다."고 규정하고 있다. 따라서 중대재해처벌법위반죄가 성립하기 위해서는 신분자인 개인사업주 또는 경영책임자등의 중대재해처벌법 제4조 또는 제5조의 안전·보건 확보의무 위반행위와 중대산업재해의 발생 사이에 인과관계가 존재하여야 한다. 그런데 일반적인 형벌규정이 금지의무 위반에 대한 처벌을 규정하고 있는 것과 달리 중대재해처벌법 제6조는 일종의 작위의무인 동법 제4조 또는 제5조의 안전·보건 확보의무 위반으로 인하여 중대산업재해라는 결과가 발생한 경우를 처벌하고 있다. 즉, 일반적인 작위범의 경우 행위자의 행위와 결과 발생 사이의 인과관계의 존부를 검토하는 것과 달리 중대재해처벌법위반죄의 경우에는 신분자인 개인사업주 또는 경영책임자등이 안전·보건 확보의무라는 '작위의무'를 이행하지 않는 '부작위'와 중대산업재해라는 결과의 발생 사이의 인과관계의 존부를 판단해야 한다는 점에서 질적으로 차이가 있다.

2) 부작위범의 인과관계 문제

작위의무인 '안전·보건 확보의무'의 해태라는 부작위는 존재론적으로는 무(無)이므로 이러한 부작위와 '중대산업재해의 발생'이라는 결과 사이에 현실적·자연적 인과관계를 긍정할 수는 없다. 따라서 규범적 관점에서 규범이 요구하는 의무를 이행하였다면 결과가 발생하지 않았을 것이라는 '작위와 결과의 부발생(不發生) 사이의 가설적 인과관계' 또는 '유사인과성'의 문제로 부작위범의 인과관계를 접근하는 이론이 지지를 받고 있다.[79] 즉, 절대적 제약관계(conditio sine qua non) 공식을 전용하여 '법적으로 요구되는 작위행위가 있었다면 구성요건적 결과가 발생하지 않았을 것'이라고 판단되면 그 부작위가 결과에 대한 원인이 된다고 보는 것이다.[80]

즉, 작위범에서 인과관계의 판단은 구성요건에 해당하는 작위행위(A)와 구체적으로 발생한 결과(B) 사이의 관계가 문제되므로 결국 작위범의 인과관계는 물리적으로 존재하는 A와 B 사이의 인과적 관련을 검토하는 것인 반면, 부작위범의 경우에는 물리적으로 존재하지 않는 부작위행위(not A)와 구체적으로 발생한 결과

---

79) 윤종행, "부작위의 인과성", 「법학연구」제13권제3호, 연세대학교 법학연구소, 2003, p. 160.

80) 다만, 이러한 유사인과성 개념을 활용하여 부작위범의 인과관계를 인정하는 접근에 대하여는 작위범에서 결과 귀속을 인정하기 위해서는 개연성만으로는 불충분하고 확실성이 요구된다면, 확실성을 필요로 하는 작위와 개연성으로만 충족되는 부작위가 동가치적이라고 할 수 있는가라는 반론이 있다(Ibid).

⒝ 사이의 관계를 파악해야 하는데 이러한 판단의 용이성을 위해 행위가 있는 것으로 가정하여⒜ A와 B의 부발생(not B) 사이의 관계를 파악하는 것이다. 부작위(not A)가 아니라 작위⒜를 가정한다는 점에서 부작위범의 인과관계는 본질적으로 규범적인 평가가 될 수밖에 없다.[81]

한편, 종래 대법원에서(부진정) 부작위범의 성립요건으로서 인과관계를 명시적으로 판단한 사건은 찾아보기 어려웠는데, 최근 세월호 사건에서 대법원은 선장에게 '부작위에 의한 살인죄'의 성립을 긍정했다. "선박침몰 등과 같은 조난사고로 승객이나 다른 승무원들이 스스로 생명에 대한 위협에 대처할 수 없는 급박한 상황이 발생한 경우에는 선박의 운항을 지배하고 있는 선장이나 갑판 또는 선내에서 구체적인 구조행위를 지배하고 있는 선원들은 적극적인 구호활동을 통해 보호능력이 없는 승객이나 다른 승무원의 사망 결과를 방지하여야 할 작위의무가 있다. 그러므로 법익침해의 태양과 정도 등에 따라 요구되는 개별적·구체적인 구호의무를 이행함으로써 사망의 결과를 쉽게 방지할 수 있음에도 그에 이르는 사태의 핵심적 경과를 그대로 방관하여 사망의 결과를 초래하였다면, 부작위는 작위에 의한 살인행위와 동등한 형법적 가치를 가지고, 작위의무를 이행하였다면 결과가 발생하지 않

---

81) 김정현, "부작위범의 인과관계", 「형사법연구」제30권제2호, 한국형사법학회, 2018, p.217-270.

앉을 것이라는 관계가 인정될 경우에는 작위를 하지 않은 부작위
와 사망의 결과 사이에 인과관계가 있다."고 판시한 바 있다.[82]

3) 중대재해처벌법위반죄의 특수성

대부분의 형사법은 금지의무를 위반한 작위를 처벌함을 내용
으로 한다. 예외적으로 작위의무를 위반하는 부작위의 처벌을 내
용으로 하는 진정부작위범은 대부분 결과 발생을 요건으로 하지
않는 거동범이므로 인과관계의 문제가 생기지 않는다. 종래 부작
위범의 인과관계의 문제는 부작위의 방식으로 작위범인 결과범
을 범한 부진정부작위범과 관련하여 문제되었다. 그런데, 존재론
적으로 무(無)인 부작위와 결과의 발생 사이에 현실적·자연적 인
과관계를 긍정하는 것은 무리가 있으므로, 규범적 관점에서 규범
이 요구하는 의무를 이행하였다면 결과가 발생하지 않았을 것이
라는 '작위와 결과의 부발생(不發生) 사이의 가설적 인과관계'를 평
가하는 방식으로 부작위와 결과 발생 사이의 규범적 인과관계를
판단하는 방식이 주로 활용되었다. 최근 대법원도 '작위의무를
이행하였다면 결과가 발생하지 않았을 것이라는 관계가 인정될
경우에는 작위를 하지 않은 부작위와 사망의 결과 사이에 인과관
계가 있다'라는 판시를 통하여 이러한 입장을 취하였다. 한편, 부

---

82) 대법원 2015. 11. 12. 선고 2015도6809 전원합의체 판결.

진정부작위범의 경우 이러한 가정적 판단을 통한 가벌성의 확대를 제한하기 위한 다양한 이론이 제시되어 왔다.

그런데, 중대재해처벌법위반죄의 경우에는 이러한 종래의 논의를 그대로 적용하기 어려운 측면이 있다. 먼저 중대재해처벌법위반죄는 동법 제4조 또는 제5조에 법정(法定)된 작위의무(안전·보건 확보의무)의 위반을 행위의 태양으로 한다는 점에서 부작위에 의한 작위범, 즉 부진정부작위범이 아니라 진정부작위범에 가깝다. 그런데, 일반적인 진정부작위범이 거동범임에 비하여 중대재해처벌법위반죄는 작위의무의 위반으로 인하여 '중대산업재해'라는 결과가 발생한 경우에 가벌성이 발생하는 결과범이라는 점에서 안전·보건 확보의무 위반과 중대산업재해 발생 사이의 인과관계가 요구된다. 나아가, 중대재해처벌법 제4조와 제5조 및 이들의 위임을 받아 마련된 동법 시행령 제4조 및 제5조에서 규정하는 안전·보건 확보의무는 그 내용이 매우 다양하고 포괄적인바, 이러한 '안전·보건 확보의무가 이행되었다면 중대산업재해가 발생하지 않았을 것이다'라는 가정적 판단으로 안전·보건 확보의무 위반행위와 중대산업재해의 발생 사이의 인과관계를 판단하는 것은 평가자에 따라 그 결론이 달라질 가능성이 있으며, 이는 형사사법에서 특히 강하게 요구되는 '법적 안정성'을 해할 우려가 있다.

생각건대, 중대재해처벌법위반죄에서의 인과관계는 본질적으로 안전·보건 확보의무의 위반으로 중대산업재해가 발생하였는가에 관한 규범적 평가일 수밖에 없다. 따라서 어떠한 기준으로 이러한 규범적 평가를 수행해야 하는지가 문제의 핵심이라고 할 것이다. 중대재해처벌법위반죄의 성립을 위하여 중대산업재해라는 결과 발생에 대해서는 '고의'가 필요하지 않다는 입장을 취할 경우 중대재해처벌법위반죄는 결과 발생에 관해서는 과실범과 유사한 성격이 있다. 이러한 점에 착안해 보면 과실범 이론에서 의무위반과 당해 결과가 이러한 의무위반에 의거하고 있다는 '의무위반관련성'을 기준으로 안전·보건 확보의무의 위반과 중대산업재해 발생 사이의 '규범적' 인과관계를 판단하는 방법도 실익이 있을 것으로 생각한다.

이러한 관점에서 보면, 재해근로자의 사상(死傷)에 개인사업주나 경영책임자등의 안전·보건 확보의무 위반행위 외에 다른 요인이 개입하였다거나, 해당 산업재해 외에 다른 요인이 개입하였다고 하여 인과관계가 당연히 단절되는 것은 아니다. 다만, 개인사업주나 경영책임자등의 안전·보건 확보의무 위반행위가 인정되는 경우에도 개인사업주나 경영책임자등이 예측할 수 없는 근로자의 '이례적인 행동'으로 산업재해 사고가 발생한 경우에는 인과관계를 인정하기 어려울 것이다.[83] 결과적 가중범의 성격을 갖

---

83) 산업안전보건법 제167조 위반죄에 관하여 동일한 취지의 설명으로 대검찰청, p.434.

는 산업안전보건법 제167조제1항과 관련하여 근로자의 사망에 대해 사업주에게 책임을 묻기 위해서는 사업주의 예견가능성 내지 지배가능성이 긍정되어야 하는데,[84] 이러한 해석은 결과적 가중범과 유사한 규범구조를 갖는 중대재해처벌법 제6조에 따른 범죄의 경우에도 동일하게 적용되어야 할 것이다. 또한, 재해근로자의 사상이 산업재해와 무관하거나 개인사업주나 경영책임자등의 안전·보건 확보의무 위반행위와 관련이 없다고 인정될 경우에는 인과관계의 존재가 인정되기 어렵다.[85] 한편, 중대재해처벌법은 미수범 처벌규정이 없으므로 개인사업주나 경영책임자등의 안전·보건 확보의무 위반행위와 재해근로자의 사상 사이에 인과관계가 부정될 경우에는 개인사업주나 경영책임자등은 처벌되지 않는다.

9. 공범

중대재해처벌법 제6조 위반죄는 '개인사업주' 또는 '경영책임자등'이라는 신분을 요하는 신분범이고, 이러한 신분이 범죄구성요건을 이루므로 진정신분범이다. 이처럼 신분이 있어야 성립되

---

84) Ibid.

85) 산업안전보건법 제167조 위반죄에 관하여 동일한 취지의 설명으로 이정훈, p.44 참조.

는 범죄에 신분이 없는 사람이 가담한 경우에는 그 신분 없는 사람에게도 공동정범^(형법 제30조), 교사범^(형법 제31조), 종범^(형법 제32조)의 규정이 적용된다^(형법 제33조 본문). 따라서 개인사업주 또는 경영책임자등이 아닌 자도 공범 규정에 따라 중대재해처벌등에관한법률위반^(산업재해치사) 또는 중대재해처벌등에관한법률위반^(산업재해치상)으로 처벌받을 수 있다.

10. 미수범

중대재해처벌법은 미수범 처벌규정을 두고 있지 않으므로 개인사업주 또는 경영책임자등이 안전·보건 확보의무를 위반하더라도 중대산업재해라는 결과가 발생하지 않으면 개인사업주 또는 경영책임자등은 처벌되지 않는다. 따라서, 중대산업재해라는 '결과'가 발생한 때에서야 비로소 가벌성이 긍정되므로, 중대재해처벌법위반죄에 관해서는 '실행의 착수'라는 개념은 큰 의미가 없다. 다만, 중대재해처벌법 제6조제3항의 적용과 관련해 '실행의 착수' 시기가 문제 될 수 있다.

11. 죄수

1) 피해자가 여러 명인 경우

형법상 업무상과실치사상죄의 경우 하나의 과실행위로 여러 명을 사망에 이르게 한 경우에는 수 개의 업무상과실치사상죄의 상상적 경합이 된다. 사람의 생명은 전속적 법익이고, 동일한 구성요건 사이라는 이유로 상상적 경합을 부정해야 할 이유는 없기 때문이다.[86]

그런데, 중대재해처벌법 제6조는 동 조항에 따른 범죄의 구성요건을 사업주 또는 경영책임자등이 동법 제4조 또는 제5조를 위반하여 동법 제2조제2호가목(제6조제1항) 또는 제2조제2호나목 또는 다목(제6조제2항)의 '중대산업재해'에 이르게 한 경우라고 규정하고 있고, 동법 제2조제2호가목은 '사망자가 1명 이상 발생', 같은 호 나목은 '동일한 사고로 6개월 이상 치료가 필요한 부상자가 2명 이상 발생', 같은 호 다목은 '동일한 유해요인으로 급성중독 등 대통령령으로 정하는 직업성 질병자가 1년 이내에 3명 이상 발생'이라고 규정하고 있다. 따라서, 중대재해처벌법 제6조에 따른 범죄는 그 구성요건 자체에서 피해자가 1명 이상, 즉 수인(數人)이 피해를 입은 경우를 하나의 범죄구성요건으로 규정하고

---

86) 이재상 외, 형법각론, p.75.

있다고 보아야 한다. 그러므로 하나의 제4조 또는 제5조를 위반 행위로 여러 명을 사망에 이르게 한 경우에도 하나의 중대재해처벌법 제6조제1항 위반의 죄가 성립하고, 여러 명을 부상 또는 질병에 이르게 한 경우에도 하나의 중대재해처벌법 제6조제2항 위반의 죄가 성립한다고 해석해야 할 것이다. 즉, 피해자의 수마다 하나의 죄가 성립하는 것이 아니라 하나의 중대산업재해에 하나의 죄가 성립하는 것으로 해석하는 것이 법문에 부합하는 해석이라고 생각한다. 다만, 피해자의 수는 양형의 단계에서 고려되어야 할 것이다.

2) 중대재해처벌등에관한법률위반^(산업재해치사)과 중대재해처벌등에관한법률위반^(산업재해치상)

하나의 중대재해처벌법 제4조 또는 제5조의 위반행위로 중대재해처벌등에관한법률위반^(산업재해치사)과 중대재해처벌등에관한법률위반^(산업재해치상)을 범한 경우^(예컨대, 동일한 사고로 1명이 사망하고, 2명이 6개월 이상 치료가 필요한 부상을 당한 경우)에는 두 죄가 각각 성립한다. 다만 이들은 상상적 경합의 관계에 있다고 보아야 할 것이다.

다만, 앞에서 검토한 바와 같이 중대재해처벌등에관한법률위반^(산업재해치상)이 성립하기 위해서는 동일한 사고로 6개월 이상 치료가 필요한 부상자가 2명 이상 발생하거나^(제2조제2호나목) 또는 동일한 유해요인으로 급성중독 등 대통령령으로 정하는 직업성 질병자가 1년 이내에 3명 이상 발생해야 하므로^(제2조제2호다목), 예컨대 동일한 사고로 1명이 사망하고 1명이 6개월 이상 치료가 필요한 부상을 당한 경우에는 중대재해처벌등에관한법률위반^(산업재해치사)만 성립한다.

3) 중대재해처벌등에관한법률위반^(시민재해치사상)과의 관계

앞에서 살펴본 바와 같이 중대재해처벌법 제2조제3호 단서는 "다만, 중대산업재해에 해당하는 재해는 제외한다."라고 규정하여 중대산업재해에 해당하는 재해는 중대시민재해의 개념에서 제외하고 있다. 위 단서 규정에 따라 중대시민재해는 중대산업재해와의 관계에서 보충적 지위에 있다고 할 것이므로 중대시민재해와 관련된 처벌규정^(제10조, 제11조)은 중대산업재해와 관련된 처벌규정^(제6조, 제7조)에 대하여 보충관계에 있다고 생각한다.

따라서, 중대산업재해와 관련된 처벌규정^(제6조, 제7조)과 중대시민재해와 관련된 처벌규정^(제10조, 제11조)은 법조경합^(法條競合)의 관계에 있다고 보아야 할 것이다.

다만, 동일한 재해로 중대재해처벌법상 종사자와 그 외의 사람이 동시에 사상^(死傷)에 이른 경우에는 종사자 이외의 사람에게 발생한 사상의 결과는 중대산업재해에 해당하지 않기 때문에 중대재해처벌등에관한법률위반^(산업재해치사상)과 중대재해처벌등에관한법률위반^(시민재해치사상)이 동시에 성립하되, 양 죄는 상상적 경합의 관계가 될 것이다.

4) 산업안전보건법 위반죄와의 관계

앞에서 살펴본 바와 같이 사업주가 법인인 경우 중대재해처벌법의 수규자가 법인의 경영책임자등인 반면, 산업안전보건법의 수규자는 사업주인 법인이므로 중대재해처벌법 위반과 산업안전보건법 위반이 직접 경합하는 경우는 생각하기 어렵다. 다만, 산업안전보건법의 양벌규정의 역적용으로 법인 사업주의 대표이사가 처벌을 받는 경우에는 중대재해처벌법 위반죄와의 경합이 문제 될 수 있을 것인바, 이 경우 대표이사의 산업안전보건법 위반행위와 중대재해처벌법상 안전·보건 확보의무 위반행위는 그 의무의 내용이 상이하다는 점에서 두 법의 위반행위를 하나의 행위로 평가하기는 어려울 것으로 생각한다. 따라서 양 죄는 실체적 경합에 해당한다고 보아야 할 것이다. 이와 달리 두 죄모두 근로자(종사자)의 생명이라는 동일한 보호법익을 보호하고 있고, 의무 위반행위인 구성요건적 행위가 동일하다고 보기는 어렵지만 각각이 피해자의 사망이라는 결과 발생으로 향해 있는 일련의 행위라는 점에서 규범적으로 하나의 행위(경과)라고 평가할 수있어 보이므로 상상적 경합 관계로 봄이 타당해 보인다는 견해가

---

87) 권창영 외(2022), 제6조 해설[김희수 집필부분] 참조.

있다.[87] 두 견해의 차이는 하나의 죄에 대한 확정판결의 기판력이 다른 죄에 미치는지 여부와 관련하여 중요한 차이가 있는바, 필자는 기판력이 미치지 않아야 한다는 입장인 반면 상상적 경합으로 보는 견해는 기판력이 미친다고 보는 것이 합리적이라는 입장에서 차이가 있다.

한편, 개인사업주의 경우에는 중대재해처벌법과 산업안전보건법의 수규자가 동일하므로 중대재해처벌법 위반죄와 산업안전보건법 위반죄의 경합이 빈번하게 문제 될 수 있을 것이다. 물론, 이러한 경합 문제를 따지기에 앞서 중대재해처벌법과 산업안전보건법이 법조경합의 관계에 해당하는가를 먼저 판단해야 할 것인바, 중대재해처벌법과 산업안전보건법은 그 보호법익에 차이가 없다는 점에서 두 죄가 법조경합에 해당하는 것으로 해석될 여지도 있을 것이다. 그러나, 사업주가 법인이나 기관이 아니라 개인이라는 우연적 사정에 따라 중대재해처벌법과 산업안전보건법의 관계가 달라진다고 해석하는 것은 매우 어색하다는 점에서 두 죄를 법조경합으로 보기는 어렵다고 생각한다. 따라서 두 죄의 관계는 행위의 수에 따라 상상적 경합 또는 실체적 경합으로 보아야 할 것이다.

그런데 중대재해처벌법 위반죄와 산업안전보건법 위반죄는 모두 부작위범의 성격을 갖기 때문에 존재론적으로 무(無)에 해당하는 부작위의 '수'를 어떻게 셀 것인가에 따라 그 죄수가 달라지게 될 것이다. 부작위범의 경우 실행행위의 동일성은 부작위행위 그 자체의 동일성이 아니라 부작위범에서 요구되는 행위의 가설적 동일성이 문제 될 것이다.[88] 따라서 하나의 부작위범을 완성하는 자연적 행위가 '동시에' 다른 부작위범도 구성한다는 평가가 가능한 경우에만 실행행위의 동일성이 인정될 수 있을 것이다.[89] 대법원 판결 중에는 형법의 업무상과실치사죄와 산업안전보건법의 위험방지조치의무위반죄를 상상적 경합으로 판단한 사례가 있다.[90] 반면, 이러한 실행행위의 동일성이 긍정되지 않으면 실체적 경합으로 처리해야 할 것이다.

5) 업무상과실치사상죄와의 관계

중대재해처벌등에관한법률위반(산업재해치사상)과 업무상과실치사상죄의 관계에 대해 보면, 중대재해처벌법에 따라 부과된 안전·보건확보의무가 업무상과실치사상죄에서의 주의의무를 구성할 수 있으므로 하나의 의무위반행위로 인하여 동일한 법익을 침해한 수죄로 보아 두 죄가 각각 성립하되, 상상적 경합 관계에

---

88) 윤동호, "부작위범의 죄수 및 경합-대법원 1993. 12. 24. 선고 92도3334 판결-", 「법조」통권722호, 법조협회, 2017, p.651.
89) Ibid, 652.
90) 대법원 1991. 12. 10. 선고 91도2642 판결.

있다고 보아야 한다는 견해가 있다.[91]

사견으로는 고의범인 중대재해처벌등에관한법률위반^{(산업재해치} ^{사상)}이 성립할 경우 과실범인 업무상과실치사상죄는 중대재해처 벌등에관한법률위반^(산업재해치사상)에 흡수되어 중대재해처벌등에관 한법률위반^(산업재해치사상)만이 성립하는 것으로 보는 것이 합리적이 라고 생각한다.

12. 형의 가중

> **제6조(중대산업재해 사업주와 경영책임자등의 처벌)**
> ③ 제1항 또는 제2항의 죄로 형을 선고받고 그 형이 확정된 후 5년 이내에 다시 제1항 또는 제2항의 죄를 저지른 자는 각 항에서 정한 형의 2분의 1까지 가중한다.

1) 재범^(再犯) 가중

중대재해처벌등에관한법률위반^(산업재해치사) 및 중대재해처벌등 에관한법률위반^(산업재해치상)의 형을 선고받고 그 형이 확정된 후 5 년 이내에 다시 중대재해처벌등에관한법률위반^(산업재해치사) 및 중 대재해처벌등에관한법률위반^(산업재해치상)을 저지른 자는 중대재해 처벌법 제6조제1항 또는 제2항에서 정한 형의 2분의 1까지 가중

---

91) 권창영 외(2022), 제6조 해설[김희수 집필부분] 참조.

한다(제6조제3항). 이는 일정한 기간 내에 중대재해처벌등에관한법률위반(산업재해치사) 및 중대재해처벌등에관한법률위반(산업재해치상)의 재범(再犯)을 저지른 개인사업주 또는 경영책임자등을 가중처벌하는 취지이다.

중대재해처벌법 제6조제3항은 피해 결과가 큰 중대재해범죄의 재범 예방을 위해 법정형을 높인 특별 구성요건을 창설한 것으로,[92] 형법 제35조제1항이 정한 누범 가중의 요건과는 구별된다. 따라서 동 규정에서 정한 요건에 해당함과 동시에 누범 가중의 요건을 갖춘 경우에는 양 규정이 모두 적용되게 될 것이다.

이러한 재범 가중은 상습범과 유사하게 '행위자책임'에 형벌 가중의 본질이 있다고 생각된다. 따라서, 경영책임자등이 초범을 범한 당시의 사업주와 재범을 범한 당시의 사업주가 상이하더라도 중대재해처벌법 제6조제3항이 적용되어야 할 것으로 생각한다. 한편, 재범의 판단 시점은 해당 범죄의 성립 시기인 사망, 부상 또는 직업성 질병이 발생한 날로 보아야 할 것이다.

가. 전범(前犯)의 요건

중대재해처벌법 제6조제3항은 형법상 누범 가중 요건과 달리 전범의 요건으로 중대재해처벌법 제6조제1항 혹은 제2항 위반죄

---

92) 권창영 외(2022), 제6조 해설[김희수 집필부분].

로 금고 이상의 형을 선고받을 것을 요구하고 있지 않다. 따라서 전범의 형이 벌금형인 경우에도 동 규정이 적용될 수 있다.

형의 선고가 이루어지나 그 집행이 유예되는 집행유예 확정판결도 전범의 요건을 충족한다. 다만 집행유예의 선고를 받은 후 그 선고의 실효 또는 취소됨 없이 유예기간을 경과한 때에는 형의 선고는 효력을 잃게 되는데(형법 제65조), 이러한 경우에도 전범의 요건을 충족하는지 문제 될 것이다. 형법 제65조에 따라 형의 선고가 효력을 잃게 되었다고 하더라도 형의 선고의 법률적 효과가 없어진다는 것일 뿐, 형의 선고가 있었다는 기왕의 사실 자체까지 없어지는 것은 아니므로,[93] 전범의 요건인 '형을 선고받고'에 해당한다고 보아야 할 것이다. 반면, 형의 선고를 유예하는 선고유예 판결이 이루어진 경우(형법 제59조제1항)에는 전범의 요건을 충족한다고 보기 어렵다.[94]

한편, 중대재해처벌법 제6조제1항 또는 제2항 죄를 범한 경우이어야 하므로, 중대재해처벌법 제10조제1항 또는 제2항 죄로 처벌받은 경우는 해당이 없다.

---

93) 대법원 2003. 12. 26. 선고 2003도3768 판결 등.
94) 권창영 외(2022), 제6조 해설[김희수 집필부분].

나. 후범(後犯)의 요건

전범 확정 후 5년 이내에 죄를 저질러야 하므로, 전범에 대한 형사재판이 항소심이나 대법원 계속 중으로 확정되지 않은 상태에서 후범을 범한 경우에는 동조 적용이 없다.[95] 5년이라는 기간의 기산점은 동 규정이 확정된 '후'로 되어 있는 점을 고려할 때 판결 확정일 다음 날이라고 보아야 할 것이다.

후범에 해당하는 죄를 범한 시기의 기준도 문제 될 것인바, 실행의 착수 시기를 기준으로 하여야 한다는 견해와 사상(死傷)의 결과 발생 시기를 기준으로 하여야 한다는 견해가 가능할 것인바, 형법상 누범 가중 조항의 경우에는 실행의 착수 시기를 기준으로 한다. 다만, 고용노동부는 후자의 견해를 취하고 있다.[96]

후범 관련 개인사업주 또는 경영책임자등의 안전 · 보건확보의무 위반이 전범 관련 안전 · 보건확보의무 위반과 그 내용이 서로 다르더라도 동 규정 적용에 문제는 없다. 다만 전범과 후범 관련 중대산업재해가 동일한 법인에서 발생한 경우라고 하더라도, 전범의 피고인이었던 경영책임자등과 후범의 피고인인 경영책임자등이 동일하지 않은 경우, 명문의 규정 내용 및 형사법의 대원칙인 책임주의 원칙상 후범의 경영책임자등을 동 조항으로 처벌

---

95) Ibid.
96) 고용노동부(2021), p.113.

할 수는 없을 것이다.[97] 반대로, 중대재해처벌법은 법인이 아닌 경영책임자등 개인을 처벌하는 것이므로 경영책임자등이 전범과 후범 당시 소속 법인이 달라진 경우에도 원칙적으로 재범 가중의 적용을 받는다고 할 것이다.[98]

다. 형의 가중

형법 제35조제2항의 누범 가중이 "형의 장기(長期)의 2배까지 가중한다."고 규정하는 것에 비하여 중대재해처벌법 제6조제3항은 "각 항에서 정한 형의 2분의 1까지 가중한다."고 규정하고 있으므로, 형의 장기(長期)는 물론 형의 단기(短期)도 가중되는 것으로 해석해야 할 것이며, 징역형은 물론 벌금형도 가중되는 것으로 해석해야 할 것이다.

〈중대재해처벌법 제6조제3항에 의한 재범 가중〉

	기본	가중
제6조제1항 위반죄	1년 이상의 징역 또는 10억원 이하의 벌금	1년 6개월 이상의 징역 또는 15억원 이하의 벌금
제6조제2항 위반죄	7년 이하의 징역 또는 1억원 이하의 벌금	10년 6개월 이하의 징역 또는 1억 5천만원 이하의 벌금

---

97) 권창영 외(2022), 제6조 해설[김희수 집필부분].
98) Ibid.

2) 누범 가중

> **형법 제35조(누범)** ① 금고(禁錮) 이상의 형을 선고받아 그 집행이 종료되거나 면제된 후 3년 내에 금고 이상에 해당하는 죄를 지은 사람은 누범(累犯)으로 처벌한다.
> ② 누범의 형은 그 죄에 대하여 정한 형의 장기(長期)의 2배까지 가중한다.

형법 제35조는 금고(禁錮) 이상의 형을 선고받아 그 집행이 종료되거나 면제된 후 3년 내에 금고 이상에 해당하는 죄를 지은 경우에 장기(長期)의 2배까지 가중하는 규정을 두고 있다. 그러므로 개인사업주 또는 경영책임자등이 금고(禁錮) 이상의 형을 선고받아 그 집행이 종료되거나 면제된 후 3년 내에 중대재해처벌등에관한법률위반(산업재해치사) 및 중대재해처벌등에관한법률위반(산업재해치상)을 범한 경우에는 그 죄에 대하여 정한 형의 장기(長期)의 2배까지 가중한다.

〈누범 가중〉

	기본	가중
제6조제1항 위반죄	1년 이상의 징역 또는 10억원 이하의 벌금	1년 이상의 징역 또는 10억원 이하의 벌금
제6조제2항 위반죄	7년 이하의 징역 또는 1억원 이하의 벌금	14년 이하의 징역 또는 1억원 이하의 벌금

중대산업재해의 양벌규정

> **제7조(중대산업재해의 양벌규정)** 법인 또는 기관의 경영책임자등이 그 법인 또는 기관의 업무에 관하여 제6조에 해당하는 위반행위를 하면 그 행위자를 벌하는 외에 그 법인 또는 기관에 다음 각 호의 구분에 따른 벌금형을 과(科)한다. 다만, 법인 또는 기관이 그 위반행위를 방지하기 위하여 해당 업무에 관하여 상당한 주의와 감독을 게을리하지 아니한 경우에는 그러하지 아니하다.
> 1. 제6조제1항의 경우: 50억원 이하의 벌금
> 2. 제6조제2항의 경우: 10억원 이하의 벌금

1. 서론

법인은 그 기관인 자연인을 통하여 행위를 하게 되는 것이기 때문에, 자연인이 법인의 기관으로서 범죄행위를 한 경우에도 행위자인 자연인이 범죄행위에 대한 형사책임을 지는 것이고, 다만 법률이 목적을 달성하기 위하여 특별히 규정하고 있는 경우에만 행위자를 벌하는 외에 법률효과가 귀속되는 법인에 대하여도 벌금형을 과할 수 있을 뿐이다.[99] 중대재해처벌법 제7조는 이러한 법리에 따라 경영책임자등이 동법 제4조 또는 제5조에서 정한

---

99) 대법원 1994. 2. 8. 선고 93도1483 판결 등.

안전·보건확보의무를 위반하여 중대산업재해가 발생하여 동법 제6조에 따라 경영책임자등이 처벌되는 경우 행위자인 경영책임자등이 속한 법인 또는 기관에게도 형사책임을 묻기 위해 마련한 특별규정이다.[100]

한편, 중대산업재해의 양벌규정은 법인 또는 기관의 경영책임자등이 중대재해처벌법 제6조에 해당하는 위반행위를 한 경우에만 적용되므로 동 조항의 '그 행위자를 벌하는 외에'라는 문구에서 '그 행위자'는 경영책임자등만을 의미하는 것으로 해석된다. 따라서, 산업안전보건법 등의 경우처럼 소위 '양벌규정의 역적용'의 방식으로 경영책임자등에 해당하지 않는 대리인, 종업원 등을 처벌하는 경우[101]는 생각하기 어렵다. 물론, 구체적인 사실관계에 따라 대리인이나 종업원 등을 공범으로 처벌하는 것은 가능할 것이다.

2. 양벌규정 적용의 대상: '법인 또는 기관'

근래 다양한 법률의 양벌규정에서 법인만을 수범자로 한정하지 않고, 법인 아닌 단체를 수범자로 예정하는 경우가 있다. 그

---

100) 권창영 외(2022), 제7조 해설[김희수 집필부분].
101) 정진우, p.405.

유형은 매우 다양한바, '법인·단체'라고 하여 병렬적으로 규정하는 형식^(노동조합 및 노동관계조정법 제94조), 법인 외에 "법인이 아닌 사단 또는 재단으로서 대표자 또는 관리인이 있는 것을 포함한다."라고 하여 명시적으로 법인격 없는 사단·재단을 수범자로 삼는 형식^(보험업법 제208조제1항), 정당·회사를 예시하면서 '그 밖의 법인·단체'라고 규정하는 형식^(공직선거법 제260조), 아무런 예시 없이 '법인이나 그 밖의 단체'라고 규정하는 형식^(부정수표단속법 제3조제1항), '법인^(단체를 포함한다)'이라고 표현하는 방식^(자본시장과 금융투자업에 관한 법률 제448조) 등이다. 이는 사회적으로 법인과 마찬가지로 활동하는 법인격 없는 단체를 법인과 동일시할 필요성을 반영한 것이다.[102]

한편, 중대재해처벌법 제7조는 '법인' 또는 '기관'이 벌금형 처벌의 대상이 된다고 규정하고 있다. 따라서 개인사업주의 경우에는 양벌규정이 적용되지 않는다.

1) 법인

법인(法人)은 그 실질이 사단이건 재단이건 법인격을 갖춘 것이면 된다. 또한, 영리법인에 한정되지 않고 비영리법인도 포함된다. 다만, 공법인 중에서 국가는 형벌권의 주체로서 양벌규정에

---

102) Ibid.

의한 국가 형벌권 행사의 객체가 될 수는 없다.[103]

한편, 판례는 공법인인 지방자치단체가 양벌규정에 따라 처벌되는지와 관련하여 행위자가 수행한 업무가 기관위임사무인지, 자치사무인지에 따라 달리 보고 있다. 즉, 국가가 본래 그의 사무의 일부를 지방자치단체 장에게 위임하여 그 사무를 처리하게 하는 기관위임사무의 경우에는 지방자치단체는 국가기관의 일부로 볼 수 있기에 양벌규정에 의한 처벌대상이 아니지만, 지방자치단체가 그 고유의 자치사무를 처리하는 경우에는 지방자치단체는 국가기관의 일부가 아니라 국가기관과는 별도의 독립한 공법인이므로, 양벌규정에 의한 처벌대상이 되는 법인에 해당한다고 보고 있다.[104]

국가나 지방자치단체 이외의 공법인은 당연히 양벌규정이 적용된다.

2) 기관

'기관'의 경우 중대재해처벌법은 '기관'에 대한 명확한 정의규정을 두고 있지 않아 해석상 어려움이 있다. 사견으로는 중대재해처벌법 제7조의 '기관'은 법인격 없는 공공기관을 의미하는 것

---

103) 주석 형법 [총칙 1], 한국사법행정학회(제3판), 2020, 119면(조의연 집필부분).
104) 대법원 2005. 11. 10. 선고 2004도2657 판결, 대법원 2009. 6. 11. 선고 2008도6530 판결 등 참조.

으로 해석하는 것이 통상의 언어관용에 부합한다고 생각한다.[105]
그런데, 법인격 없는 기관에게 벌금형을 과하는 것은 결국에는 그러한 공공기관을 설치한 국가나 지방자치단체에 벌금을 과하는 결과가 될 것이다. 따라서 지방자치단체 기타 공법인이 설치한 법인격 없는 기관에게는 양벌규정을 적용하여 그러한 기관을 설치한 공법인에게 벌금을 과하는 것은 특별히 문제되지 않을 것이나(예컨대 지방공기업법상 지방직영기업), 국가가 설치한 법인격 없는 기관의 경우 그러한 기관에 벌금을 과하는 것은 결국 그러한 기관을 설치한 국가에 벌금을 과하는 결과가 된다는 점에서 양벌규정을 적용할 수 있는지 의문이 있다.

한편, 중대재해처벌법 제7조의 '기관'이 법인격 없는 단체를 포괄하는 개념으로 사용되었다고 보는 견해가 있으나, 앞에서 설명한 바와 같이 이러한 해석에 찬성하지 않는다. 앞서 언급한 다양한 법률의 양벌규정에서의 용어 사용례와 공공기관운영법의 용어 사용례에 비추어 볼 때 '기관'이라는 말을 비법인 단체 일반을 의미하는 것으로 해석하는 것은 적어도 형사법의 해석으로는 허용되기 어렵다고 생각한다. 나아가 이는 양벌규정의 수범자를 해석하는 문제로 그 행위자(경영책임자등)와 연관지어 이해할 필요가

---

105) 참고로 공공기관운영법은 '국가·지방자치단체 아닌 법인·단체 또는 기관'을 '기관'이라고 통칭하여 사용하고 있다(동법 제4조제1항).

있고, 실제로 경영책임자등에 관한 정의조항인 동법 제2조제9호
나목이 '중앙행정기관' 및 '공공기관'이라는 용어를 사용하고 있는
점을 고려할 때 동법 제7조의 '기관'은 동법 제2조제9호나목에서
정한 '공공기관'을 전제로 입법된 규정으로 이해된다. 다만 그중
법인격을 가진 경우는 수범자로서 '법인'에 해당하여 처벌될 것이
므로, 실제로는 법인격을 가지지 못한 공공기관의 경우에만 실질
적인 의미가 있다고 할 것이다.

3) 법인격 없는 단체

전술한 바와 같이 비법인 단체가 영위하는 사업 또는 사업장
의 경우에는 그러한 비법인 단체 자체를 중대재해처벌법상 사업
주로 보아야 할 것이다. 그런데, 이러한 비법인 단체 자체를 '개
인사업주'로 보기는 어려울 것이므로, 비법인 단체가 영위하는
사업 또는 사업장의 경우 그러한 단체의 경영책임자등이 중대재
해처벌법의 수규자가 될 것이다. 따라서, 비법인 단체의 경영책
임자등이 중대재해처벌등에관한법률위반(산업재해치사) 및 중대재해
처벌등에관한법률위반(산업재해치상)을 범한 경우 중대재해처벌법 제
7조에 근거하여 비법인 단체에게 벌금형을 과할 수 있는지 문제
될 것이다.

비법인 단체의 형법상 취급에 관하여 종래 판례는 "자동차운
수사업법 제72조제5호는 같은 법 제58조의 규정에 의한 허가를

받지 아니하고 자가용자동차를 유상으로 운송용에 제공하거나 임대한 자를 처벌한다고 규정하고, 같은 법 제74조는 이른바 양벌규정으로서 '법인의 대표자나 법인 또는 개인의 대리인, 사용인 기타의 종업원이 그 법인 또는 개인의 업무와 관련하여 같은 법 제72조의 위반행위를 한 때에는 행위자를 벌하는 외에 그 법인 또는 개인에 대하여도 각 해당 조항의 벌금형에 처한다'고 규정하고 있을 뿐이고 법인격 없는 사단에 대하여서도 위 양벌규정을 적용할 것인가에 관하여는 아무런 명문의 규정을 두고 있지 아니하므로, 죄형법정주의의 원칙상 법인격 없는 사단에 대하여는 같은 법 제74조에 의하여 처벌할 수 없고, 나아가 법인격 없는 사단에 고용된 사람이 유상운송행위를 하였다 하여 법인격 없는 사단의 구성원 개개인이 위 법 제74조 소정의 '개인'의 지위에 있다하여 처벌할 수도 없다."는 입장이다(대법원 1995. 7. 28. 선고 94도3325 판결). 따라서 중대재해처벌법에 '법인격 없는 단체'를 처벌한다는 명시적인 입법이 없는 이상 비법인 단체를 처벌하는 것은 허용되지 않을 것으로 생각한다. 앞서 본 다양한 형태의 입법례에서 알 수 있듯이 법인격 없는 단체까지 양벌규정의 수범자로 하기 위해서는 비법인 단체를 포괄하는 형식으로 규정을 개정하는 것이 필요하다.[106]

---

106) 권창영 외(2022), 제7조 해설[김희수 집필부분].

3. 적용 요건

1) 행위자

중대재해처벌법 제2조제9호에서 정한 '경영책임자등'이 동법 제6조에 따라 처벌되는 경우에 양벌규정의 적용이 있다. 반면 동법 제6조의 또 다른 행위 주체인 개인사업주의 경우에는 동법 제6조에 따라 처벌되므로 동법 제7조에 따른 양벌규정이 적용될 필요성이 없다. 즉, 개인사업주의 대리인 기타 사용인의 행위로 개인사업자가 양벌규정에 의한 죄책을 지는 경우는 없다.

경영책임자등이 법인 또는 기관의 업무에 관하여 행위한 경우에만 동조가 적용된다. 종래 법원은 양벌규정의 업무관련성이 인정되기 위해서는 객관적 행위 요건과 주관적 의사 요건을 요구하였고,[107] 종업원의 행위가 업무와 관계 없이 개인적으로 행해진 경우 양벌규정을 적용할 수 없다고 판단하여 왔다.[108] 다만 중대재해처벌법 제6조에서 정한 위반행위는 중대재해처벌법이 경영책임자등의 의무로 법정한 안전·보건 확보의무를 위반하는 것이므로 경영책임자등의 중대재해처벌등에관한법률위반(산업재해치사)이 성립하는 이상 양벌규정의 적용 단계에서 경영책임자등의

---

107) 대법원 2006. 6. 15. 선고 2004도1639 판결 등.
108) 대법원 1997. 2. 14. 선고 96도2699 판결 등.

의무위반행위의 업무 관련성이 다시 문제가 될 가능성은 없을 것으로 생각된다.[109]

2) 위반행위

경영책임자등이 중대재해처벌법 제6조에 해당하는, 즉 중대재해처벌등에관한법률위반^(산업재해치사상)을 구성하는 위반행위를 하여야 한다. 따라서 경영책임자등이 중대재해처벌법 동법 제4조 또는 제5조에서 정한 안전·보건확보의무 위반행위를 하였으나 중대산업재해가 발생하지 않은 경우에는 양벌규정이 적용될 여지가 없다.[110]

3) 상당한 주의·감독의 결여

중대재해처벌법 제7조 단서는 "다만, 법인 또는 기관이 그 위반행위를 방지하기 위하여 해당 업무에 관하여 상당한 주의와 감독을 게을리하지 아니한 경우에는 그러하지 아니하다."라고 규정하여 양벌규정에 관한 면책 규정을 두고 있다.

면책 규정의 적용과 관련하여, 현실적으로 경영책임자등이 위반행위를 한 경우로서 법인이 해당 업무에 관하여 상당한 주의와

---

109) 同旨: 권창영 외(2022), 제7조 해설[김희수 집필부분].
110) 同旨: 권창영 외(2022), 제7조 해설[김희수 집필부분].

감독을 게을리하지 않았다고 볼 수 있는 경우를 상정하기 어렵고, 경영책임자등을 감독하는 기관으로는 이사회 정도를 들 수 있으므로 경영책임자등이 이사회의 주의·감독에도 불구하고 위반행위에 나간 것으로 인정되는 경우를 예상할 수 있다는 논의가 있다.[111] 법인은 기관을 통하여 행위하므로 법인이 대표자를 선임한 이상 그의 행위로 인한 법률효과는 법인에게 귀속되어야 하고, 법인 대표자의 범죄행위에 대하여는 법인 자신이 책임을 져야 한다. 법인 대표자의 법규위반행위에 대한 법인의 책임은 법인 자신의 법규위반행위로 평가될 수 있는 행위에 대한 법인의 직접책임으로서, 대표자의 고의에 의한 위반행위에 대하여는 법인 자신의 고의에 의한 책임을, 대표자의 과실에 의한 위반행위에 대하여는 법인 자신의 과실에 의한 책임을 지는 것이라는 판례 법리[112]에 비추어 대표이사가 중대재해처벌법 제6조 위반죄로 처벌되는 경우에는 면책을 인정할 여지는 원칙적으로 없어 보인다.[113]

4. 처벌

법인 또는 기관의 경영책임자등이 중대재해처벌법 제6조제1

---

111) 이정훈(2021), p.74.

112) 대법원 2010. 9. 30. 선고 2009도3876 판결.

113) 권창영 외(2022), 제7조 해설[김희수 집필부분].

항으로 처벌되는 경우에는 법인 또는 기관에 50억 원 이하의 벌금이^(동법 제7조제1호), 동법 제6조제2항으로 처벌되는 경우에는 법인 또는 기관에 10억 원 이하의 벌금이 각 과해진다^(동법 제7조제2호).

양벌규정 적용 시 공소시효와 관련하여, 사업주에 대한 벌금형을 기준으로 사업주에 공소시효를 판단해야 한다는 견해를 생각할 수 있으나, 사업주에 대한 공소시효는 종업원에 대한 벌칙규정의 법정형을 기준으로 결정하는 것이 타당하다는 견해가 있다.[114] 이러한 견해에 따르면 경영책임자등의 중대재해처벌법 제6조 위반죄의 법정형을 기준으로 법인이나 기관의 동 조항 위반죄의 공소시효를 판단하게 될 것이다.[115]

5. 양벌규정의 죄수 문제

앞에서 검토한 경영책임자등의 죄수 문제와는 조금 다른 관점에서 법인 사업주의 경우에는 ① 경영책임자등의 중대재해처벌법 위반으로 인하여 법인에게 부과되는 벌금과 ② 산업안전보건법상 양벌규정에 따라 법인에게 부과되는 벌금 사이의 죄수가 문제될 수 있을 것이다.

---

114) 주석 형법 [총칙 1], 한국사법행정학회(제3판), 2020, pp. 123-124[조의연 집필부분].
115) 권창영 외(2022), 제7조 해설[김희수 집필부분].

양벌규정의 법적 성격을 법인이 실제 행위자의 행위에 대하여 대위책임을 지는 것이 아니라 감독의무 위반에 관한 법인의 자기책임으로 볼 경우, 중대재해처벌법에 관한 감독의무 위반과 산업안전보건법에 관한 감독의무 위반은 별개의 행위로 보는 것이 합리적이라고 생각한다. 따라서, 경영책임자등의 중대재해처벌법 위반으로 인하여 법인에게 부과되는 벌금과 산업안전보건법상 양벌규정에 따라 법인에게 부과되는 벌금은 실체적 경합의 관계에 있다고 생각한다.

안전보건교육의 수강

1. 안전보건교육의 실시 등

제8조(안전보건교육의 수강) ① 중대산업재해가 발생한 법인 또는 기관의 경영책임자 등은 대통령령으로 정하는 바에 따라 안전보건교육을 이수하여야 한다.

시행령 제6조(안전보건교육의 실시 등) ① 법 제8조제1항에 따른 안전보건교육(이하 "안전보건교육"이라 한다)은 총 20시간의 범위에서 고용노동부장관이 정하는 바에 따라 이수해야 한다.
② 안전보건교육에는 다음 각 호의 사항이 포함되어야 한다.
1. 안전보건관리체계의 구축 등 안전 · 보건에 관한 경영 방안
2. 중대산업재해의 원인 분석과 재발 방지 방안
③ 고용노동부장관은 「한국산업안전보건공단법」에 따른 한국산업안전보건공단이나 「산업안전보건법」 제33조에 따라 등록된 안전보건교육기관(이하 "안전보건교육기관 등"이라 한다)에 안전보건교육을 의뢰하여 실시할 수 있다.
④ 고용노동부장관은 분기별로 중대산업재해가 발생한 법인 또는 기관을 대상으로 안전보건교육을 이수해야 할 교육대상자를 확정하고 안전보건교육 실시일 30일 전까지 다음 각 호의 사항을 해당 교육대상자에게 통보해야 한다.
1. 안전보건교육을 실시하는 안전보건교육기관등
2. 교육일정
3. 그 밖에 안전보건교육의 실시에 필요한 사항
⑤ 제4항에 따른 통보를 받은 교육대상자는 해당 교육일정에 참여할 수 없는 정당한 사유가 있는 경우에는 안전보건교육 실시일 7일 전까지 고용노동부장관에게 안전보건 교육의 연기를 한 번만 요청할 수 있다.
⑥ 고용노동부장관은 제5항에 따른 연기 요청을 받은 날부터 3일 이내에 연기 가능 여부를 교육대상자에게 통보해야 한다.
⑦ 안전보건교육을 연기하는 경우 교육일정 등의 통보에 관하여는 제4항을 준용한다.

⑧ 안전보건교육에 드는 비용은 안전보건교육기관등에서 수강하는 교육대상자가 부담한다.

⑨ 안전보건교육기관등은 안전보건교육을 실시한 경우에는 지체없이 안전보건교육 이수자 명단을 고용노동부장관에게 통보해야 한다.

⑩ 안전보건교육을 이수한 교육대상자는 필요한 경우 안전보건교육이수확인서를 발급해 줄 것을 고용노동부장관에게 요청할 수 있다.

⑪ 제10항에 따른 요청을 받은 고용노동부장관은 고용노동부장관이 정하는 바에 따라 안전보건교육이수확인서를 지체없이 내주어야 한다.

1) 안전보건교육의 대상

중대재해처벌법상 중대산업재해가 발생한 법인 또는 기관의 경영책임자등은 대통령령으로 정하는 바에 따라 안전보건교육을 이수하여야 한다(동법 제8조제1항). 따라서 개인사업주는 안전보건교육의 이수 대상에 해당하지 않는다.

한편, 중대산업재해가 경영책임자등의 동법 제4조 및 제5조에 따른 안전 및 보건 확보의무 위반에 기인하여 발생한 것인지는 안전보건교육 이수 의무의 요건이 아니다. 따라서 법인 또는 기관에 중대산업재해가 발생한 경우에는 경영책임자등의 안전 및 보건 확보의무 위반 여부와 관계없이 법인 또는 기관의 경영책임자등은 안전보건교육을 이수하여야 한다.

2) 교육 시간

경영책임자등은 총 20시간의 범위에서 고용노동부장관이 정하는 바에 따라 안전보건교육을 이수해야 한다(시행령 제6조제1항).

3) 교육의 내용과 방법

안전보건교육에는 ① 안전보건관리체계의 구축 등 안전·보건에 관한 경영 방안과 ② 중대산업재해의 원인 분석과 재발 방지 방안에 관한 내용이 포함되어야 한다(시행령 제6조제2항). 고용노동부장관은 한국산업안전보건공단법에 따른 한국산업안전보건공단이나 산업안전보건법 제33조에 따라 등록된 안전보건교육기관(이하 "안전보건교육기관등"이라고 한다)에 안전보건교육을 의뢰하여 실시할 수 있다(시행령 제6조제3항). 안전보건교육기관등은 안전보건교육을 실시한 경우 지체없이 안전보건교육 이수자 명단을 고용노동부장관에게 통보하여야 한다(시행령 제6조제9항).

4) 교육의 절차

고용노동부장관은 분기별로 중대산업재해가 발생한 법인 또는 기관을 대상으로 안전보건교육을 이수해야 할 교육대상자를 확정하고 안전보건교육 실시일 30일 전까지 ① 안전보건교육을 실시하는 안전보건교육기관등, ② 교육일정, ③ 그 밖에 안전보건교육의 실시에 필요한 사항을 해당 교육대상자에게 통보해야 한다(시행령 제6조제4항). 통보를 받은 교육대상자는 1회에 한하여 해당 교육일정에 참여할 수 없는 정당한 사유가 있는 경우에는 안전보건교육 실시일 7일 전까지 고용노동부장관에게 안전보건교육의 연기를 요청할 수 있다(시행령 제6조제5항). 고용노동부장관은 연기 요청을 받은 날부터 3일 이내에 연기 가능 여부를 교육대상자에게 통보해야 한다(시행령 제6조제6항).

고용노동부장관은 안전보건교육을 연기하는 경우 연기된 안전보건교육 실시일 30일 전까지 ① 안전보건교육을 실시하는 안전보건교육기관등, ② 교육일정, ③ 그 밖에 안전보건교육의 실시에 필요한 사항을 해당 교육대상자에게 통보해야 한다(시행령 제6조제7항, 제4항).

5) 비용의 부담

안전보건교육에 드는 비용은 안전보건교육기관등에서 수강하는 교육대상자가 부담한다(시행령 제6조제8항).

6) 이수확인서의 발급

안전보건교육을 이수한 교육대상자는 필요한 경우 안전보건교육이수확인서를 발급해 줄 것을 고용노동부장관에게 요청할 수 있다(시행령 제6조제10항). 이러한 요청을 받은 고용노동부장관은 고용노동부장관이 정하는 바에 따라 안전보건교육이수확인서를 지체없이 내주어야 한다(시행령 제6조제11항).

2. 안전보건교육 미이수에 대한 과태료 부과

제8조(안전보건교육의 수강)
② 제1항의 안전보건교육을 정당한 사유 없이 이행하지 아니한 경우에는 5천만원 이하의 과태료를 부과한다.
③ 제2항에 따른 과태료는 대통령령으로 정하는 바에 따라 고용노동부장관이 부과·징수한다.

제7조(과태료의 부과기준) 법 제8조제2항에 따른 과태료의 부과기준은 별표 4와 같다.

중대재해처벌법 제8조제1항을 위반하여 경영책임자등이 안전보건교육을 정당한 사유 없이 이행하지 않은 경우 5천만원 이하의 과태료를 부과한다(동법 제8조제2항). 과태료는 대통령령으로 정하는 바에 따라 고용노동부장관이 부과·징수한다(동법 제8조제3항). 과태료의 부과기준은 중대재해처벌법 시행령 별표 4에 따른다(동법 시행령 제7조).

■ **중대재해 처벌 등에 관한 법률 시행령** [별표 4]

과태료의 부과기준(제7조 관련)

1. 일반기준
가. 위반행위의 횟수에 따른 과태료의 가중된 부과기준은 최근 1년간 같은 위반행위로 과태료 부과처분을 받은 경우에 적용한다. 이 경우 기간의 계산은 위반행위에 대해 과태료 부과처분을 받은 날과 그 처분 후 다시 같은 위반행위를 하여 적발된 날을 기준으로 한다.

나. 가목에 따라 가중된 부과처분을 하는 경우 가중처분의 적용 차수는 그 위반행위 전 부과처분 차수(가목에 따른 기간 내에 과태료 부과처분이 둘 이상 있었던 경우에는 높은 차수를 말한다)의 다음 차수로 한다.

다. 부과권자는 다음의 어느 하나에 해당하는 경우에는 제3호의 개별기준에 따른 과태료(제2호에 따라 과태료 감경기준이 적용되는 사업 또는 사업장의 경우에는 같은 호에 따른 감경기준에 따라 산출한 금액을 말한다)의 2분의 1 범위에서 그 금액을 줄여 부과할 수 있다. 다만, 과태료를 체납하고 있는 위반행위자에 대해서는 그렇지 않다.

1) 위반행위자가 자연재해 · 화재 등으로 재산에 현저한 손실을 입었거나 사업여건의 악화로 사업이 중대한 위기에 처하는 등의 사정이 있는 경우

2) 위반행위가 사소한 부주의나 오류로 인한 것으로 인정되는 경우

3) 위반행위자가 법 위반상태를 시정하거나 해소하기 위해 노력한 것이 인정되는 경우

4) 그 밖에 위반행위의 정도, 위반행위의 동기와 그 결과 등을 고려하여 과태료 금액을 줄일 필요가 있다고 인정되는 경우

2. 사업 · 사업장의 규모나 공사 규모에 따른 과태료 감경기준

상시근로자 수가 50명 미만인 사업 또는 사업장이거나 공사금액이 50억원 미만인 건설공사의 사업 또는 사업장인 경우에는 제3호의 개별기준에도 불구하고 그 과태료의 2분의 1 범위에서 감경할 수 있다.

3. 개별기준

위반행위	근거 법조문	과태료		
		1차 위반	2차 위반	3차 이상 위반
법 제8조제1항을 위반하여 경영책임자등이 안전보건교육을 정당한 사유없이 이행하지 않은 경우	법 제8조제2항	1천만원	3천만원	5천만원

3. 補論: 과태료 제도 일반

1) 과태료의 의의와 종류

과태료란 국가 또는 지방자치단체의 기관, 그 밖의 법령 또는 자치법규에 따라 행정권한을 가지고 있거나 위임 또는 위탁받은 공공단체 등이 법령을 위반한 국민에게 '과태료'라는 이름으로 부과하는 제재(制裁)를 의미한다. 현행법상 과태료는 상한액이 1억원에 달하는 경우[116]도 있을 정도로 국민들의 경제활동에 있어서는 형벌과 비교하더라도 그 중요성이 결코 낮지 않고 그 종류와 성질도 다양하다. 한편, 과태료는 이를 부과하는 목적에 따라 ① 사법(私法)상의 의무위반에 대한 제재로서의 과태료, ② 소송법상의 의무위반에 대한 제재로서의 과태료 및 ③ 행정법상의 의무위반에 대한 제재로서의 과태료로 구분된다.

이러한 과태료 제도는 종전부터 행정상 의무이행 확보수단으로 개별 법률에서 매우 광범위하게 활용되어 왔으나, 성립요건이나 부과 및 재판절차 등이 통일되어 있지 않아 법 적용의 통일성에 문제가 있었고, 집행 실적도 저조하여 의무이행 확보수단으로서의 실효성에 문제가 있다는 지적이 있었다. 이에 따라 과태료

---

116) 공정거래법 제69조의2(과태료) ① 사업자 또는 사업자단체가 다음 각 호의 어느 하나에 해당하는 경우에는 1억원 이하, 회사 또는 사업자단체의 임원 또는 종업원, 그 밖의 이해관계인이 다음 각 호의 어느 하나에 해당하는 경우에는 1천만원 이하의 과태료를 부과한다.

의 부과 · 징수 절차를 일원화하고, 과태료 재판과 집행 절차를 개선하는 등 과태료 제도의 시행 과정에서 드러난 미비점을 개선 · 보완함으로써 과태료가 의무이행 확보수단으로서의 기능을 제고하려는 목적으로 2007. 12. 21. 법률 제8725호로 과태료 제도에 관한 단일법인 질서위반행위규제법이 제정되었다.

2) 과태료의 법적 성격: 쟁송법상 처분성 여부

행정청의 과태료 부과도 강학상의 '행정행위'에 해당하고, 구체적 사실에 관한 법집행으로서의 공권력(公權力)의 행사라는 점에서는 행정소송법상 '처분'의 개념에 포섭될 것이다.[117] 그러나 행정청의 과태료 부과처분을 행정소송으로 다툴 수는 없다.[118] 질서위반행위규제법도 제20조제2항에서 행정청의 과태료 부과에 불복하는 당사자의 이의제기가 있는 경우에는 행정청의 과태료 부과처분은 그 효력을 상실한다는 명문의 규정을 두고 있다. 따라서 행정청이 일차적으로 과태료를 부과하고 당사자의 이의가 있으면 법원이 이차적으로 과태료를 부과하도록 규정되어 있는 경우, 법원은 행정청의 과태료 부과처분에 대하여 그 당부를 심사

---

117) 행정소송법 제2조(정의) ① 이 법에서 사용하는 용어의 정의는 다음과 같다.
　　1. "처분등"이라 함은 행정청이 행하는 구체적 사실에 관한 법집행으로서의 공권력의 행사 또는 그 거부와 그 밖에 이에 준하는 행정작용(이하 "處分"이라 한다) 및 행정심판에 대한 재결을 말한다.
118) 대법원 2000. 9. 22. 선고 2000두5722 판결 등.

하여 원고의 청구를 인용하거나 기각하는 재판(항고소송)을 하는 것이 아니라, 행정청의 부과처분과 관계없이(이러한 부과처분은 당사자의 이의제기로 실효됨) 직권으로 과태료 부과요건의 충족 여부를 심사한다. 그리고 그 요건이 충족되었으면 법원이 직접 과태료를 부과하고, 과태료 부과요건이 충족되지 않으면 과태료를 부과하지 않는 것이다(비송사건). 그러므로 행정청이 1차 부과처분을 하고 상대방이 이의제기를 하여 법원이 재판하는 방식에서 '행정청의 1차 과태료 부과처분'은 행정소송의 대상이 되는 행정처분으로 볼 수 없다.[119]

3) 질서위반행위규제법
가. 입법의 경위

과거의 통설 및 판례는 행정질서벌은 형식적으로 형벌이 아니므로 형법총칙의 적용을 받지 아니하고 따라서 행정질서벌의 성립에는 고의·과실이 필요 없다고 한다. 즉, 행정질서벌은 형법 제8조 본문의 "다른 법령에 정한 죄(罪)"에 해당하지 않는다는 것이다. 이러한 과거의 통설 및 판례는 종래 '행정목적에 대한 간접적 침해의 위험성 있는 행위'만을 과태료의 대상으로 하고, 과태료 액수도 소액이었던 때에는 타당성을 긍정할 수 있었을 것이다. 그러나 '행정목적을 직접 침해하는 행위'에 대하여 과태료를

---

119) 대법원 1993. 11. 23. 선고 93누16833 판결 등.

부과하는 입법이 현저하게 증가하고, 과태료의 액수도 상향된 현재의 상황에서 행정질서벌이라 하여 무조건 형법총칙의 적용을 배제할 경우 '행정형벌의 행정질서벌화'를 통하여 죄형법정주의 및 책임주의 등 형법총칙에 의하여 담보된 법치주의적 안전장치를 우회하는 문제가 발생할 수 있다.

이러한 배경에서 2007. 12. 21. 질서위반행위규제법이 제정되어 2008. 6. 22.부터 시행되었는바, 동법은 행위시법주의 및 신법 우선의 원칙(제3조), 질서위반행위 법정주의(제6조), 고의·과실 필요(제7조), 위법성의 착오(제8조) 등 기존의 비송사건절차법에 비해 책임주의를 강화함으로써, 행정질서벌에 대한 법치주의적 안전장치의 기능을 담당하고 있다. 이외에도 동법은 질서위반행위의 개념, 질서위반행위의 성립, 과태료의 부과·징수 절차, 과태료의 재판 및 집행절차, 의무이행확보수단 등을 규정하고 있다.

한편, 동법의 입안 과정에서는 '행정벌법'이나 '행정질서위반규제법'이라는 명칭도 검토되었으나, 향후 경미범죄의 비범죄화(非犯罪化) 차원에서 벌금형에서 과태료로 전환될 행위에는 행정의무 위반과 관계없는 행위도 있으므로 '행정벌법'이나 '행정질서위반규제법' 보다는 가치중립적인 '질서위반행위규제법'이라는 제명이 채택되었다. 또한, '과태료의 부과 및 징수에 관한 법률'이라는 제명도 고려되었으나 동법이 과태료의 부과·징수 절차에 관한 사항을 규정하는 외에 질서위반행위의 성립요건이나 과태료 처분과 관련된 실체법적 내용도 함께 규정하는 점에서 독일의 질서위반법과 유사하게 질서위반행위규제법으로 명칭이 결정되었다.

나. 주요내용

질서위반행위규제의 주요 내용은 다음과 같다.

1) 행위시법주의, 신법 우선의 원칙 등 일부 형법상의 원칙을 과태료 부과와 재판절차에 적용하고 있다(제3조).

2) 법률에 따르지 아니하고는 어떤 행위도 질서위반행위로 과태료를 부과하지 아니하도록 하여 질서위반행위 법정주의를 선언하고 있다(제6조).

3) 질서위반행위규제법은 과태료의 부과 대상인 질서위반행위에 대하여도 책임주의 원칙을 채택하여 동법 제7조에서 "고의 또는 과실이 없는 질서위반행위는 과태료를 부과하지 아니한다."라고 규정하고, 위반자가 자신의 행위가 위법하지 아니한 것으로 오인하고 행한 질서위반행위는 그 오인에 정당한 이유가 있으면 과태료의 처벌을 면할 수 있도록 '위법성의 착오'를 인정한다(제8조).

4) 2개 이상의 질서위반행위가 경합하는 경우에는 각 질서위반행위에 대하여 정한 과태료를 각각 부과하도록 하여 경합범의 관념은 도입하지 않았으나(제13조제2항), 하나의 행위가 2개 이상의 질서위반행위에 해당하는 경우에는 각 질서위반행위에 대하여 정한 과태료 중 가장 중한 과태료를 부과하도록 함으로써 상상적

경합범의 개념을 도입하였다(제13조제1항).

다. 질서위반행위

질서위반행위규제법 제2조제1호는 질서위반행위를 '법률상의 의무를 위반하여 과태료를 부과하는 행위'라고 폭넓게 정의함으로써 그 적용 범위를 행정상 의무이행 확보에만 한정하지 않고 있다. 따라서 각종 노동관계법률에서 사용자가 행정기관에 대하여 부담하는 공법상 의무뿐만 아니라 근로자등에게 부담하는 사법상 의무를 위반하는 행위에 대하여 과태료의 부과를 규정하는 것도 가능하며, 이러한 경우 후자의 사법상 의무의 위반이 '질서위반행위'에 해당한다. 한편, 질서위반행위규제법 시행에 따라 과태료 사건이라도 사건별로 재판절차의 적용법령이 구별된다. ① 법원이 처음부터 과태료를 부과하는 경우로서 질서위반행위규제법 제2조제1호 단서의 규정에 따라 같은 법 시행령이 정하는 사법상·소송법상 의무위반 행위(상법 제635조 등)에 대하여는 종전과 마찬가지로 비송사건절차법이 일반법으로서 적용되나, ② 종래 과태료 사건의 많은 부분을 차지하였던 행정청이 일차적으로 과태료를 부과하고 이에 대하여 이의제기가 있으면 법원이 과태료를 부과하는 경우에는 행정청 및 법원의 과태료 부과·징수에 대하여 원칙적으로 질서위반행위규제법이 적용되고, 비송사건절차법은 질서위반행위규제법에 저촉되지 않는 범위에서 보충적으로 적용된다.

여기서 질서위반행위규제법 제2조제1호가목에서 대통령령으로 정하는 사법상·소송법상 의무를 위반하여 과태료를 부과하는 행위란 민법, 상법 등 사인 간의 법률관계를 규율하는 법 또는 민사소송법, 가사소송법, 민사집행법 등 분쟁 해결에 관한 절차를 규율하는 법률상의 의무를 위반하여 과태료를 부과하는 행위를 말하고, 같은 호 나목에서 대통령령으로 정하는 법률에 따른 징계사유에 해당하여 과태료를 부과하는 행위란 공증인법·법무사법·변리사법·변호사법 등 기관·단체 등이 질서유지를 목적으로 구성원의 의무 위반에 대하여 제재를 할 수 있도록 규정하는 법률에 따른 징계사유에 해당하여 과태료를 부과하는 행위를 말한다.

라. 과태료 부과 · 징수절차 일원화

종전에는 과태료의 부과·징수절차가 통일되어 있지 않았다. 그러나 질서위반행위규제법은 행정기관이 1차적으로 과태료를 부과·징수하고, 당사자의 이의제기가 있으면 법원에 통보하여, 법원이 질서위반행위규제법상의 과태료 재판 규정에 따라 재판 후 검사가 집행하는 것으로 절차를 일원화하였다. 구체적으로, 질서위반행위규제법 제16조에 따라 행정청이 과태료를 부과하려는 경우 당사자에게 사전통지를 하고 10일 이상의 기간을 정하여 의견을 제출할 기회를 주어야 한다(이른바 "사전절차"). 한편, 질서위반행위규제법 제20조는 질서위반행위규제법 제16조의 사전절차와는 별도로 행정청의 과태료부과처분에 대한 사후적 불복절차를 규정하고 있다. 당사자는 질서위반행위규제법 제20조에 따라 과태료의 부과 통지를 받은 날부터 60일 이내에 해당 행정청에 서면으로 "이의제기"를 할 수 있고, 이의제기가 있는 경우 행정청의 과태료 부과처분은 자동적으로 그 효력을 상실하게 된다.

4. 고용노동부장관의 권한의 위임에 관한 규정의 부존재

중대재해처벌법 제8조 및 동법 시행령 제6조, 제7조는 안전보건교육의 실시와 위반시 과태료를 규정하면서 이에 관한 권한을 고용노동부장관이 행사하는 것으로 규정하고 있다. 이는 산업안전보건법 제165조제1항에서 "이 법에 따른 고용노동부장관의 권한은 대통령령으로 정하는 바에 따라 그 일부를 지방고용노동관서의 장에게 위임할 수 있다."고 규정하는 것과 태도를 달리한다.

행정청의 권한의 '위임'이란 행정청의 권한의 일부를 다른 행정기관에 이양(移讓)하는 것을 의미한다. 구체적으로는 행정청이 그 권한의 일부를 다른 행정기관에 이전하여 수임청의 권한으로 행사하게 하는 것을 말하며, 권한의 위임이 있으면 수임청은 자기의 명의와 책임으로 권한을 행사하고 그 행위의 효과도 수임청에 귀속한다. 이러한 권한의 위임은 법률상 자신의 권한을 다른 행정기관에 이전하여 권한의 법적 귀속을 변경하는 것이므로 반드시 법령의 근거를 요한다.[120]

위임의 법적 근거와 관련하여 개별법령상 권한의 위임에 관한 명시적 규정이 없는 경우(중대재해처벌법이 이러한 경우에 해당한다)에 정부조직법 제6조에 근거하여 권한을 위임할 수 있는가라는 문제가 있다.

> **정부조직법 제6조(권한의 위임 또는 위탁)** ① 행정기관은 법령으로 정하는 바에 따라 그 소관사무의 일부를 보조기관 또는 하급행정기관에 위임하거나 다른 행정기관·지방자치단체 또는 그 기관에 위탁 또는 위임할 수 있다. 이 경우 위임 또는 위탁을 받은 기관은 특히 필요한 경우에는 법령으로 정하는 바에 따라 위임 또는 위탁을 받은 사무의 일부를 보조기관 또는 하급행정기관에 재위임할 수 있다.
> ② 보조기관은 제1항에 따라 위임받은 사항에 대하여는 그 범위에서 행정기관으로서 그 사무를 수행한다.

---

120) 대법원 1995. 11. 28. 선고 94누6475 판결: "행정권한의 위임은 행정관청이 법률에 따라 특정한 권한을 다른 행정관청에 이전하여 수임관청의 권한으로 행사하도록 하는 것이어서 권한의 법적인 귀속을 변경하는 것이므로 법률이 위임을 허용하고 있는 경우에 한하여 인정된다 할 것이고, 이에 반하여 행정권한의 내부위임은 법률이 위임을 허용하고 있지 아니한 경우에도 행정관청의 내부적인 사무처리의 편의를 도모하기 위하여 그의 보조기관 또는 하급행정관청으로 하여금 그의 권한을 사실상 행사하게 하는 것이므로, 권한위임의 경우에는 수임관청이 자기의 이름으로 그 권한행사를 할 수 있지만 내부위임의 경우에는 수임관청은 위임관청의 이름으로만 그 권한을 행사할 수 있을 뿐 자기의 이름으로는 그 권한을 행사할 수 없다."

이에 대해 학설은 ① 정부조직법 제6조는 권한위임의 가능성에 대한 일반적 원칙을 선언함에 그치므로 위임의 직접적인 근거가 될 수 없다는 부정설과, ② 권한위임의 근거가 될 수 있다는 긍정설로 견해가 대립하고 있다. 판례는 긍정설의 입장을 취하고 있다(대법원 1990. 6. 26. 선고 88누12158 판결). 그러나 정부조직법 제6조를 직접 근거규정으로 본다면 행정권한의 위임을 위하여 개별법상 별도의 구체적인 근거규정이 필요 없다는 결론에 도달할 수 있는바, 이는 사실상 권한의 위임을 무제한적으로 인정하게 된다는 현실적 비판이 제기되고 있다.

어찌 되었든, 현행 중대재해처벌법 시행령은 중대재해처벌법 제8조에 의한 고용노동부장관의 권한을 지방고용노동관서의 장 등에게 위임하는 규정을 두고 있지 않으므로, 안전보건교육의 실시와 위반 시 과태료 부과에 관한 권한은 고용노동부장관이 자기의 명의로 행사하여야 한다. 다만, 행정청이 보조기관이나 하급기관에 대하여 소관 사무를 처리하도록 하고 그 업무에 대한 대외적인 행사는 행정청 자신의 이름으로 하도록 하는 경우(소위 '내부위임' 또는 '위임전결')가 있는바, 이러한 '내부위임' 또는 '위임전결'은 실질적인 권한의 이양은 아니므로 위임과 구별된다.

제4장

중대시민재해

제4장 중대시민재해

제1절

사업주와 경영책임자등의 안전 및 보건 확보의무

1. 서설

중대재해처벌법 제9조는 사업주 또는 경영책임자등에게 ① 사업주나 법인 또는 기관이 실질적으로 지배·운영·관리하는 사업 또는 사업장에서 생산·제조·판매·유통 중인 '원료나 제조물'의 설계, 제조, 관리상의 결함으로 인한 그 이용자 또는 그 밖의 사람의 생명, 신체의 안전을 위한 조치의무(제1항), ② 사업주나 법인 또는 기관이 실질적으로 지배·운영·관리하는 '공중이용시설 또는 공중교통수단'의 설계, 설치, 관리상의 결함으로 인한 그 이용자 또는 그 밖의 사람의 생명, 신체의 안전을 위한 조치의무(제2항), ③ 사업주나 법인 또는 기관이 '공중이용시설 또는 공중교통수단'과 관련하여 제3자에게 도급, 용역, 위탁 등을 행한 경우 그 이용자 또는 그 밖의 사람의 생명, 신체의 안전을 위한 조치의무(제3항)를 부과하고 있다.

　　동법 제9조제1항은 사업 또는 사업장에서 생산·제조·판매·유통 중인 원료나 제조물에 관한 안전·보건 확보의무이고, 같은 조 제2항은 사업주나 법인 또는 기관이 실질적으로 지배·운영·관리하는 공중이용시설 또는 공중교통수단에 관한 안전·보건 확보의무이다. 한편, 같은 조 제3항은 공중이용시설 또는 공중교통수단과 관련하여 제3자에게 도급, 용역, 위탁 등을 행한 경우 준수해야 할 안전·보건 확보의무이다.

제9조(사업주와 경영책임자등의 안전 및 보건 확보의무) ① 사업주 또는 경영책임자등은 사업이나 법인 또는 기관이 실질적으로 지배·운영·관리하는 사업 또는 사업장에서 생산·제조·판매·유통 중인 원료나 제조물의 설계, 제조, 관리상의 결함으로 인한 그 이용자 또는 그 밖의 사람의 생명, 신체의 안전을 위하여 다음 각 호에 따른 조치를 하여야 한다.

1. 재해예방에 필요한 인력·예산·점검 등 안전보건관리체계의 구축 및 그 이행에 관한 조치
2. 재해 발생 시 재발방지 대책의 수립 및 그 이행에 관한 조치
3. 중앙행정기관·지방자치단체가 관계 법령에 따라 개선, 시정 등을 명한 사항의 이행에 관한 조치
4. 안전·보건 관계 법령에 따른 의무이행에 필요한 관리상의 조치

④ 제1항제1호·제4호 및 제2항제1호·제4호의 조치에 관한 구체적인 사항은 대통령령으로 정한다.

2. 제9조제1항의 안전 및 보건 확보의무

1) 제9조제1항 각 호외의 부분

제9조(사업주와 경영책임자등의 안전 및 보건 확보의무) ① 사업주 또는 경영책임자등은 사업주나 법인 또는 기관이 실질적으로 지배·운영·관리하는 사업 또는 사업장에서 생산·제조·판매·유통 중인 원료나 제조물의 설계, 제조, 관리상의 결함으로 인한 그 이용자 또는 그 밖의 사람의 생명, 신체의 안전을 위하여 다음 각 호에 따른 조치를 하여야 한다.

개인사업주 또는 경영책임자등은 ① 개인사업주나 법인 또는 기관이 실질적으로 지배·운영·관리하는 사업 또는 사업장에서 ② 생산·제조·판매·유통 중인 원료나 제조물의 ③ 설계, 제조, 관리상의 결함으로 인한 ④ 그 이용자 또는 그 밖의 사람의 생명, 신체의 안전을 위하여 ⑤ 중대재해처벌법 제9조제1항 각 호에 따른 조치를 하여야 한다(동법 제9조제1항).

법문에서는 '사업주'라고 규정하고 있지만, 여기서 사업주는 개인사업주만을 의미한다(동법 제3조 참조).

개인사업주나 법인 또는 기관이 사업 또는 사업장을 실질적으로 지배·운영·관리한다는 것은 특정 사업 또는 사업장의 경영과 관련하여 그 조직, 인력, 예산 등에 대한 결정을 총괄하여 행

사할 권한이 있는 것을 의미한다.[121]

'원료'에 대해서는 중대재해처벌법이 정의규정을 두고 있지 않으므로 일반적 언어관용에 따라 "어떤 물건을 만드는데 들어가는 재료"라는 의미로 해석하면 될 것이다.[122] 한편, '제조물'은 다른 동산이나 부동산의 일부를 구성하는 경우를 포함하여 제조되거나 가공된 동산(動産)을 말한다(동법 제2조제6호). 민법의 규정에 따르면 '토지 및 그 정착물'은 부동산에 해당하나,[123] 제조되거나 가공된 동산이 부동산의 일부를 구성하는 경우, 즉 독립된 물건으로서의 성격을 잃어버린 경우에도 중대재해처벌법상 제조물에 해당한다.

중대재해처벌법 제9조제1항은 '원료나 제조물'의 범위를 제한하고 있지 않으므로 기본적으로 모든 원료와 제조물을 대상으로 한다고 볼 수 있다. 따라서 일반적으로 유해하지 않은 원료나 제조물이라도 결과적으로 중대시민재해를 발생시킬 수 있는 정도의 인체 유해성이 발생할 가능성이 있다면 이를 예방하기 위한 안전·보건 확보의무를 이행해야 한다.[124]

---

121) 고용노동부(2022), p.42.
122) 환경부(2021), p.16.
123) 민법 제99조(부동산, 동산) ① 토지 및 그 정착물은 부동산이다.
　　② 부동산 이외의 물건은 동산이다.
124) 환경부(2021), p.17.

원료나 제조물의 '생산·제조·판매·유통'에서 생산은 자연물에 인력을 가하여 재화를 만들어 내거나 증가시키는 일을 말하고, 제조는 원료를 가공해 제품을 만드는 일을 말하며, 판매는 상품 등을 파는 행위를 말하고, 유통은 상품 등이 생산자·상인·소비자 사이에 거래되는 행위를 말한다. 따라서 원료나 제조물의 '생산·제조·판매·유통'은 원료의 조달, 보관, 가공 및 제조물의 보관, 이동, 판매 기타 사업자의 모든 영업 과정을 의미한다고 보아야 한다. 따라서 이러한 일련의 영업 과정에서 이용되는 원료 및 제조물이 중대재해처벌법 제9조제1항의 적용대상이 된다.[125]

원료나 제조물의 '설계, 제조, 관리상의 결함'에서 결함(缺陷)은 원료나 제조물의 설계, 제조, 관리에 있어 통상적으로 기대할 수 있는 안전성이 결여된 상태를 의미하는 것으로 보아야 할 것이다.

개인사업주 또는 경영책임자등은 사업주나 법인 또는 기관이 실질적으로 지배·운영·관리하는 사업 또는 사업장에서 생산·제조·판매·유통 중인 원료나 제조물의 설계, 제조, 관리상의 결함으로 인한 그 이용자 또는 그 밖의 사람의 생명, 신체의 안전을 위하여 중대재해처벌법 제9조제1항 각 호에 따른 조치를 하여야 한다(동법 제9조제1항).

---

125) 환경부(2021), p.17.

2) 제9조제1항제1호: 재해예방에 필요한 인력·예산·점검 등 안전보건관리체계의 구축 및 그 이행

> **제9조(사업주와 경영책임자등의 안전 및 보건 확보의무)** ① 사업주 또는 경영책임자등은 사업주나 법인 또는 기관이 실질적으로 지배·운영·관리하는 사업 또는 사업장에서 생산·제조·판매·유통 중인 원료나 제조물의 설계, 제조, 관리상의 결함으로 인한 그 이용자 또는 그 밖의 사람의 생명, 신체의 안전을 위하여 다음 각 호에 따른 조치를 하여야 한다.
> 1. 재해예방에 필요한 인력·예산·점검 등 안전보건관리체계의 구축 및 그 이행에 관한 조치
> ④ 제1항제1호·제4호 및 제2항제1호·제4호의 조치에 관한 구체적인 사항은 대통령령으로 정한다.

사업주 또는 경영책임자등은 사업주나 법인 또는 기관이 실질적으로 지배·운영·관리하는 사업 또는 사업장에서 생산·제조·판매·유통 중인 원료나 제조물의 설계, 제조, 관리상의 결함으로 인한 그 이용자 또는 그 밖의 사람의 생명, 신체의 안전을 위하여 재해예방에 필요한 인력·예산·점검 등 안전보건관리체계의 구축 및 그 이행에 관한 조치를 하여야 한다(중대재해처벌법 제9조제1항제1호).

중대재해처벌법 제9조제1항제1호에 따른 조치의 구체적 내용은 동법 시행령 제8조 각 호에서 규정하고 있다.

가. 시행령 제8조제1호

시행령 제8조(원료·제조물 관련 안전보건관리체계의 구축 및 이행 조치) 법 제9조제1
항제1호에 따른 조치의 구체적인 사항은 다음 각 호와 같다.

1. 다음 각 목의 사항을 이행하는 데 필요한 인력을 갖추어 중대시민재해 예방을 위한
   업무를 수행하도록 할 것
   가. 법 제9조제1항제4호의 안전·보건 관계 법령에 따른 안전·보건 관리 업무의
       수행
   나. 유해·위험요인의 점검과 위험징후 발생 시 대응
   다. 그 밖에 원료·제조물 관련 안전·보건 관리를 위해 환경부장관이 정하여 고시
       하는 사항

사업주 또는 경영책임자등은 ① 중대재해처벌법 제9조제1항
제4호의 안전·보건 관계 법령에 따른 안전·보건 관리 업무의
수행(가목), ② 유해·위험요인의 점검과 위험징후 발생 시 대응(나
목), ③ 그 밖에 원료·제조물 관련 안전·보건 관리를 위해 환경
부장관이 정하여 고시하는 사항(다목)을 이행하는 데 필요한 인력
을 갖추어, 이들로 하여금 중대시민재해 예방을 위한 업무를 수
행하도록 해야 한다(시행령 제8조제1호). 시행령 제8조제1호다목에 관
해서는 '원료 및 제조물로 인한 중대시민재해 예방에 필요한 인력
및 예산 편성 지침' 제3조에서 아래와 같이 규정하고 있다.

■ 원료 및 제조물로 인한 중대시민재해 예방에 필요한 인력 및 예산 편성 지침[126]

제3조(인력 확보) 사업주와 경영책임자등은 다음 각 호의 사항을 이행하는 데 필요한 인력을 확보한다.

1. 법 제9조제1항제4호의 안전 · 보건 관계 법령에 따른 안전 · 보건 관리 업무
2. 원료, 제조물의 생산 · 제조시 안전점검, 안전진단, 성능시험, 성능평가, 품질검사, 안전정보 알림, 품질관리체계 운영, 유해 · 위험요인 신고접수 및 처리 등 유해 · 위험요인 점검업무
3. 원료, 제조물의 보관 · 유통시 보관 · 진열 위생관리, 제품표시확인, 부패 · 변질 · 유통기한 관리, 안전정보 알림, 안전운송, 유해 · 위험요인 신고접수 및 처리 등 유해 · 위험요인 점검업무
4. 유해 · 위험요인이 발견 또는 신고 접수된 경우 제2호 또는 제3호에 따른 긴급안전점검을 실시하고 사업주 또는 경영책임자등에게 보고하고, 조치가 필요한 경우 해당 원료 및 제조물의 파기, 수거, 판매중지 또는 관련 시설 등의 정비, 보수, 보강 등 긴급안전조치 및 조치결과통보 업무
5. 법 제9조제1항제4호의 안전 · 보건 관계 법령에 따른 안전보건교육, 직무교육, 관리자교육, 판매자교육, 기술교육, 위생관리교육 등 의무교육

나. 시행령 제8조제2호

시행령 제8조(원료 · 제조물 관련 안전보건관리체계의 구축 및 이행 조치) 법 제9조제1항제1호에 따른 조치의 구체적인 사항은 다음 각 호와 같다.

2. 다음 각 목의 사항을 이행하는 데 필요한 예산을 편성 · 집행할 것
   가. 법 제9조제1항제4호의 안전 · 보건 관계 법령에 따른 인력 · 시설 및 장비 등의 확보 · 유지
   나. 유해 · 위험요인의 점검과 위험징후 발생 시 대응
   다. 그 밖에 원료 · 제조물 관련 안전 · 보건 관리를 위해 환경부장관이 정하여 고시하는 사항

---

126) 환경부고시 제2022-26호, 2022. 1. 27. 제정.

사업주 또는 경영책임자등은 ① 중대재해처벌법 제9조제1항 제4호의 안전·보건 관계 법령에 따른 인력·시설 및 장비 등의 확보·유지^(가목), ② 유해·위험요인의 점검과 위험징후 발생 시 대응^(나목), ③ 그 밖에 원료·제조물 관련 안전·보건 관리를 위해 환경부장관이 정하여 고시하는 사항^(다목)의 사항을 이행하는 데 필요한 예산을 편성하고 이를 집행해야 한다^(시행령 제8조제2호). 시행령 제8조제1호다목에 관해서는 '원료 및 제조물로 인한 중대시민재해 예방에 필요한 인력 및 예산 편성 지침' 제4조에서 아래와 같이 규정하고 있다.

■ **원료 및 제조물로 인한 중대시민재해 예방에 필요한 인력 및 예산 편성 지침**[127]

제4조(예산 편성·집행) 사업주와 경영책임자등은 다음 각 호의 사항을 이행하는 데 필요한 예산을 편성·집행한다.
1. 법 제9조제1항제4호의 안전·보건 관계 법령에 따른 인력·시설 및 장비 등의 확보·유지
2. 유해·위험요인의 점검을 위한 인력·시설 및 장비 등의 확보·유지
3. 유해·위험요인이 발견 또는 신고 접수된 경우 긴급안전점검 및 조치가 필요한 경우 긴급안전조치
4. 법 제9조제1항제4호의 안전·보건 관계 법령에 따른 안전보건교육, 직무교육, 관리자교육, 판매자교육, 기술교육, 위생관리교육 등 의무교육

---

127) 환경부고시 제2022-26호, 2022. 1. 27. 제정.

다. 시행령제8조제3호

시행령 제8조(원료ㆍ제조물 관련 안전보건관리체계의 구축 및 이행 조치) 법 제9조제1
항제1호에 따른 조치의 구체적인 사항은 다음 각 호와 같다.
3. 별표 5에서 정하는 원료 또는 제조물로 인한 중대시민재해를 예방하기 위해 다음
각 목의 조치를 할 것
가. 유해ㆍ위험요인의 주기적인 점검
나. 제보나 위험징후의 감지 등을 통해 발견된 유해ㆍ위험요인을 확인한 결과 중대
시민재해의 발생 우려가 있는 경우의 신고 및 조치
다. 중대시민재해가 발생한 경우의 보고, 신고 및 조치
라. 중대시민재해 원인조사에 따른 개선조치

사업주 또는 경영책임자등은 중대재해처벌법 시행령 [별표 5]
에서 정하는 원료 또는 제조물로 인한 중대시민재해를 예방하기
위하여 ① 유해ㆍ위험요인의 주기적인 점검(가목), ② 제보나 위험
징후의 감지 등을 통해 발견된 유해ㆍ위험요인을 확인한 결과 중
대시민재해의 발생 우려가 있는 경우의 신고 및 조치(나목), ③ 중
대시민재해가 발생한 경우의 보고, 신고 및 조치(다목), ④ 중대시
민재해 원인조사에 따른 개선조치(라목)의 조치를 하여야 한다(시행
령 제8조제3호).

■ **중대재해 처벌 등에 관한 법률 시행령** [별표 5]

제8조제3호에 따른 조치 대상 원료 또는 제조물(제8조제3호 관련)

1. 「고압가스 안전관리법」 제28조제2항제13호의 독성가스
2. 「농약관리법」 제2조제1호, 제1호의2, 제3호 및 제3호의2의 농약, 천연식물보호제, 원제(原劑) 및 농약활용기자재
3. 「마약류 관리에 관한 법률」 제2조제1호의 마약류
4. 「비료관리법」 제2조제2호 및 제3호의 보통비료 및 부산물비료
5. 「생활화학제품 및 살생물제의 안전관리에 관한 법률」 제3조제7호 및 제8호의 살생물물질 및 살생물제품
6. 「식품위생법」 제2조제1호, 제2호, 제4호 및 제5호의 식품, 식품첨가물, 기구 및 용기 · 포장
7. 「약사법」 제2조제4호의 의약품, 같은 조 제7호의 의약외품(醫藥外品) 및 같은 법 제85조제1항의 동물용 의약품 · 의약외품
8. 「원자력안전법」 제2조제5호의 방사성물질
9. 「의료기기법」 제2조제1항의 의료기기
10. 「총포 · 도검 · 화약류 등의 안전관리에 관한 법률」 제2조제3항의 화약류
11. 「화학물질관리법」 제2조제7호의 유해화학물질
12. 그 밖에 제1호부터 제11호까지의 규정에 준하는 것으로서 관계 중앙행정기관의 장이 정하여 고시하는 생명 · 신체에 해로운 원료 또는 제조물

라. 시행령 제8조제4호

시행령 제8조(원료 · 제조물 관련 안전보건관리체계의 구축 및 이행 조치) 법 제9조제1항제1호에 따른 조치의 구체적인 사항은 다음 각 호와 같다.

4. 제3호 각 목의 조치를 포함한 업무처리절차의 마련. 다만, 「소상공인기본법」 제2조에 따른 소상공인의 경우는 제외한다.

사업주 또는 경영책임자등은 중대재해처벌법 시행령 제8조제3호 각 목의 조치, 즉 ① 유해·위험요인의 주기적인 점검^(가목), ② 제보나 위험징후의 감지 등을 통해 발견된 유해·위험요인을 확인한 결과 중대시민재해의 발생 우려가 있는 경우의 신고 및 조치^(나목), ③ 중대시민재해가 발생한 경우의 보고, 신고 및 조치^(다목), ④ 중대시민재해 원인조사에 따른 개선조치^(라목)를 포함한 업무처리절차를 마련하여야 한다^(시행령 제8조제4호 본문). 다만, 「소상공인기본법」 제2조에 따른 소상공인¹²⁸⁾의 경우는 제외한다^(시행령 제8조제4호 단서).

마. 시행령 제8조제5호

> **시행령 제8조(원료·제조물 관련 안전보건관리체계의 구축 및 이행 조치)** 법 제9조제1항제1호에 따른 조치의 구체적인 사항은 다음 각 호와 같다.
> 5. 제1호 및 제2호의 사항을 반기 1회 이상 점검하고, 점검 결과에 따라 인력을 배치하거나 예산을 추가로 편성·집행하도록 하는 등 중대시민재해 예방에 필요한 조치를 할 것.

---

128) 소상공인기본법 제2조(정의) ① 이 법에서 "소상공인"이란 「중소기업기본법」 제2조제2항에 따른 소기업(小企業) 중 다음 각 호의 요건을 모두 갖춘 자를 말한다.
1. 상시 근로자 수가 10명 미만일 것
2. 업종별 상시 근로자 수 등이 대통령령으로 정하는 기준에 해당할 것
소상공인기본법 시행령 제3조(소상공인의 범위 등) ① 「소상공인기본법」(이하 "법"이라 한다) 제2조제1항제2호에서 "대통령령으로 정하는 기준"이란 주된 사업에 종사하는 상시 근로자 수가 업종별로 다음 각 호의 어느 하나에 해당하는 것을 말한다.
1. 광업·제조업·건설업 및 운수업: 10명 미만
2. 제1호 외의 업종: 5명 미만

사업주 또는 경영책임자등은 시행령 제8조제1호 및 제2호의 사항을 반기 1회 이상 점검하고, 점검 결과에 따라 인력을 배치하거나 예산을 추가로 편성 · 집행하도록 하는 등 중대시민재해 예방에 필요한 조치를 하여야 한다(시행령 제8조제5호).

바. 정리

중대재해처벌법 제9조제1항제1호 및 동법 시행령 제8조 각 호에서 규정하는 원료 및 제조물에 관한 안전보건관리체계의 구축 및 그 이행에 관한 조치를 정리하면 다음과 같다.

〈표〉 원료 및 제조물에 관한 안전보건관리체계의 구축 및 이행에 관한 조치

안전보건관리체계의 구성요소	구체적인 이행 조치	점검 및 개선
필요한 인력의 확보	① 안전 · 보건 관계 법령에 따른 안전 · 보건 관리 업무의 수행 ② 유해 · 위험요인의 점검과 위험징후 발생 시 대응 ③ 그 밖에 원료 · 제조물 관련 안전 · 보건 관리를 위해 환경부장관이 정하여 고시하는 사항	반기 1회 이상 점검하고, 점검 결과에 따라 인력을 배치하는 등 중대시민재해 예방에 필요한 조치를 할 것
필요한 예산의 편성 · 집행	① 안전 · 보건 관계 법령에 따른 인력 · 시설 및 장비 등의 확보 · 유지 ② 유해 · 위험요인의 점검과 위험징후 발생 시 대응 ③ 그 밖에 원료 · 제조물 관련 안전 · 보건 관리를 위해 환경부장관이 정하여 고시하는 사항	반기 1회 이상 점검하고, 점검 결과에 따라 예산을 추가로 편성 · 집행하도록 하는 등 중대시민재해 예방에 필요한 조치를 할 것

안전보건관리체계의 구성요소	구체적인 이행 조치	점검 및 개선
(시행령 별표 5에서 따른) 원료 또는 제조물에 관한 조치	① 유해·위험요인의 주기적인 점검 ② 제보나 위험징후의 감지 등을 통해 발견된 유해·위험요인을 확인한 결과 중대시민재해의 발생 우려가 있는 경우의 신고 및 조치 ③ 중대시민재해가 발생한 경우의 보고, 신고 및 조치 ④ 중대시민재해 원인조사에 따른 개선조치	
업무처리절차	원료 또는 제조물에 관한 위 ① 부터 ④ 까지의 조치를 포함한 업무처리절차를 마련하여 이행(소상공인기본법 제2조에 따른 소상공인 제외)	

3) 제9조제1항제2호: 재해 발생 시 재발방지 대책의 수립 및 그 이행

제9조(사업주와 경영책임자등의 안전 및 보건 확보의무) ① 사업주 또는 경영책임자등은 사업이나 법인 또는 기관이 실질적으로 지배·운영·관리하는 사업 또는 사업장에서 생산·제조·판매·유통 중인 원료나 제조물의 설계, 제조, 관리상의 결함으로 인한 그 이용자 또는 그 밖의 사람의 생명, 신체의 안전을 위하여 다음 각 호에 따른 조치를 하여야 한다.
2. 재해 발생 시 재발방지 대책의 수립 및 그 이행에 관한 조치

사업주 또는 경영책임자등은 사업주나 법인 또는 기관이 실질적으로 지배·운영·관리하는 사업 또는 사업장에서 생산·제조·판매·유통 중인 원료나 제조물의 설계, 제조, 관리상의 결함으로 인한 그 이용자 또는 그 밖의 사람의 생명, 신체의 안전을 위하여 재해 발생 시 재발방지 대책의 수립 및 그 이행에 관한 조

치를 하여야 한다^(중대재해처벌법 제9조제1항제2호).

여기서 '재해'란 중대재해처벌법 제9조제1항제2호의 체계상 특정 원료 또는 제조물, 공중이용시설 또는 공중교통수단의 설계, 제조, 설치, 관리상의 결함을 원인으로 하여 시민의 생명과 신체에 발생한 재해라고 해석해야 할 것이다. 따라서, 이러한 재해가 반드시 중대시민재해에 해당하여야 하는 것은 아니다.

한편, 환경부는 '재발방지 대책의 수립 및 그 이행을 위한 계획서 구성 표준안'을 다음과 같이 제시하고 있다.[129]

구분	내용	상세 내용
I	사고개요	사고유형, 현황, 현장정보, 사고정보, 피해상황
II	조사내용	조사방법, 조사활동 상황 문서점검, 현장조사 내용
III	사고원인 분석 및 결론	(필요시) 시험실시, 기타 자문 등을 통한 원인분석 결과 ※ 사고의 과학적 원인과 업무 절차상의 원인 모두 포함
IV	재발방지 대책	자체 방지대책, 명령에 따른 이행조치 계획 및 결과 보고
V	향후조치	필요한 경우 추가 조사 계획 등

---

129) 환경부(2021), p. 24.

4) 제9조제1항제3호: 중앙행정기관 · 지방자치단체가 관계 법령에 따라 개선, 시정 등을 명한 사항의 이행

> **제9조(사업주와 경영책임자등의 안전 및 보건 확보의무)** ① 사업주 또는 경영책임자등은 사업주나 법인 또는 기관이 실질적으로 지배 · 운영 · 관리하는 사업 또는 사업장에서 생산 · 제조 · 판매 · 유통 중인 원료나 제조물의 설계, 제조, 관리상의 결함으로 인한 그 이용자 또는 그 밖의 사람의 생명, 신체의 안전을 위하여 다음 각 호에 따른 조치를 하여야 한다.
> 3. 중앙행정기관 · 지방자치단체가 관계 법령에 따라 개선, 시정 등을 명한 사항의 이행에 관한 조치

사업주 또는 경영책임자등은 사업주나 법인 또는 기관이 실질적으로 지배 · 운영 · 관리하는 사업 또는 사업장에서 생산 · 제조 · 판매 · 유통 중인 원료나 제조물의 설계, 제조, 관리상의 결함으로 인한 그 이용자 또는 그 밖의 사람의 생명, 신체의 안전을 위하여 중앙행정기관 · 지방자치단체가 관계 법령에 따라 개선, 시정 등을 명한 사항의 이행에 관한 조치를 하여야 한다(중대재해처벌법 제9조제1항제3호).

여기서 중앙행정기관 · 지방자치단체가 관계 법령에 따라 '개선, 시정 등을 명한 사항'은 문언상 강학상 행정행위에 해당하는 처분을 의미하는 것으로 해석해야 한다. 따라서 비권력적 행정작용인 행정지도는 이에 포함되지 않는다. 한편, 안전 및 보건 확보와 관계가 없는 처분도 동법 제9조제1항제3호의 '개선, 시정 등을

명한 사항'으로 보기 어려울 것이다.

한편, 환경부는 '관계 행정기관의 명령사항 이행조치 계획 및 결과 보고서 구성 표준안'을 다음과 같이 제시하고 있다.[130]

구분	내용	상세 내용
I	명령사항 확인	• 개선, 시정명령의 구체적인 내용을 확인했는가? • 개선, 시정명령의 구체적인 내용의 확인 후 명확하지 않은 내용을 관계 행정기관에 문의했는가? • 개선, 시정명령의 구체적인 내용의 확인 후 해당 내용을 관련 담당자 등과 공유했는가?
II	이행조치계획서 마련	• 이행조치를 위한 계획서를 마련했는가?
III	이행조치실시	• 이행계획에 따라 이행조치를 실시했는가?
IV	이행조치결과 정리 및 보고	• 이행조치 후 그 결과를 문서로 정리했는가? • 이행조치 후 그 결과를 문서로 정리한 것을 관계행정기관에 보고했는가?

5) 제9조제1항제4호: 안전 · 보건 관계 법령에 따른 의무이행에 필요한 관리상의 조치

제9조(사업주와 경영책임자등의 안전 및 보건 확보의무) ① 사업주 또는 경영책임자등은 사업주나 법인 또는 기관이 실질적으로 지배 · 운영 · 관리하는 사업 또는 사업장에서 생산 · 제조 · 판매 · 유통 중인 원료나 제조물의 설계, 제조, 관리상의 결함으로 인한 그 이용자 또는 그 밖의 사람의 생명, 신체의 안전을 위하여 다음 각 호에 따른 조치를 하여야 한다.

4. 안전 · 보건 관계 법령에 따른 의무이행에 필요한 관리상의 조치

④ 제1항제1호 · 제4호 및 제2항제1호 · 제4호의 조치에 관한 구체적인 사항은 대통령령으로 정한다.

---

130) 환경부(2021), p. 24.

사업주 또는 경영책임자등은 사업주나 법인 또는 기관이 실
질적으로 지배·운영·관리하는 사업 또는 사업장에서 생산·제
조·판매·유통 중인 원료나 제조물의 설계, 제조, 관리상의 결
함으로 인한 그 이용자 또는 그 밖의 사람의 생명, 신체의 안전을
위하여 안전·보건 관계 법령에 따른 의무이행에 필요한 관리상
의 조치를 하여야 한다^(중대재해처벌법 제9조제1항제4호). 동법 제9조제1항
제4호의 조치에 관한 구체적인 사항은 대통령령으로 정한다<sup>(동법
제9조제4항)</sup>.

가. 원료·제조물 관련 안전·보건 관계 법령

시행령 제9조(원료·제조물 관련 안전·보건 관계 법령에 따른 의무이행에 필요한 관리상의 조치) ① 법 제9조제1항제4호에서 "안전·보건 관계 법령"이란 해당 사업 또는 사업장에서 생산·제조·판매·유통 중인 원료나 제조물에 적용되는 것으로서 그 원료나 제조물이 사람의 생명·신체에 미칠 수 있는 유해·위험 요인을 예방하고 안전하게 관리하는 데 관련되는 법령을 말한다.

중대재해처벌법 제9조제1항제4호에서 "안전·보건 관계 법
령"이란 해당 사업 또는 사업장에서 생산·제조·판매·유통 중
인 원료나 제조물에 적용되는 것으로서 그 원료나 제조물이 사람
의 생명·신체에 미칠 수 있는 유해·위험 요인을 예방하고 안전
하게 관리하는 데 관련되는 법령을 말한다^(시행령 제9조제1항). 따라서
동법 제9조제1항제4호의 안전·보건 관계 법령에 해당하기 위해

서는 ① 생산·제조·판매·유통 중인 원료·제조물에 적용될 것, ② 사람의 생명·신체에 미칠 수 있는 유해·위험 요인과 관련된 것 및 ③ 위의 유해·위험 요인의 예방 및 안전관리에 관한 것이라는 요소를 모두 충족해야 할 것이다.[131]

환경부는 동법 제9조제1항제4호의 안전·보건 관계 법령을 다음과 같이 예시적으로 제시하고 있다.[132]

산업안전보건법	수입식품안전관리 특별법
원자력안전법	어린이제품 안전 특별법
약사법	어린이놀이시설 안전관리법
마약류 관리에 관한 법률	승강기 안전관리법
화장품법	위험물안전관리법
농약관리법	해사안전법
비료관리법	지하수법
사료관리법	수도법
총포·도검·화약류 등의 안전관리에 관한 법률	먹는물관리법
건강기능식품에 관한 법률	도시가스사업법
의료기기법	선박안전법
고압가스 안전관리법	액화석유가스의 안전관리 및 사업법
화학제품안전법	전기안전관리법
식품위생법	자동차관리법
화학물질관리법	석면안전관리법
광산안전법	전기생활용품안전법

---

131) 환경부(2021), p. 21.
132) Ibid, 22.

나. 원료 · 제조물 관련 안전 · 보건 관계 법령에 따른 의무이행에 필요한 관리상의 조치

중대재해처벌법 제9조제1항제4호의 원료 · 제조물 관련 안전 · 보건 관계 법령에 따른 의무이행에 필요한 관리상의 조치의 구체적인 내용은 동법 시행령 제9조제2항 각 호에서 규정하고 있다.

가) 시행령 제9조제2항제1호

시행령 제9조(원료 · 제조물 관련 안전 · 보건 관계 법령에 따른 의무이행에 필요한 관리상의 조치)
② 법 제9조제1항제4호에 따른 조치의 구체적인 사항은 다음 각 호와 같다.
1. 안전 · 보건 관계 법령에 따른 의무를 이행했는지를 반기 1회 이상 점검(해당 안전 · 보건 관계 법령에 따라 중앙행정기관의 장이 지정한 기관 등에 위탁하여 점검하는 경우를 포함한다. 이하 이 호에서 같다)하고, 직접 점검하지 않은 경우에는 점검이 끝난 후 지체없이 점검 결과를 보고받을 것

사업주 또는 경영책임자등은 원료 · 제조물 관련 안전 · 보건 관계 법령에 따른 의무를 이행했는지를 반기 1회 이상 '직접' 점검하거나, 해당 안전 · 보건 관계 법령에 따라 중앙행정기관의 장이 지정한 기관 등에 위탁하여 점검하여야 한다(시행령 제9조제2항제1호). 사업주 또는 경영책임자등이 직접 점검하지 않은 경우에는 점검이 끝난 후 지체없이 점검 결과를 보고받아야 한다(시행령 제9조제2항제1호).

나) 시행령 제9조제2항제2호

시행령 제9조(원료·제조물 관련 안전·보건 관계 법령에 따른 의무이행에 필요한 관리상의 조치)

② 법 제9조제1항제4호에 따른 조치의 구체적인 사항은 다음 각 호와 같다.

2. 제1호에 따른 점검 또는 보고 결과 안전·보건 관계 법령에 따른 의무가 이행되지 않은 사실이 확인되는 경우에는 인력을 배치하거나 예산을 추가로 편성·집행하도록 하는 등 해당 의무 이행에 필요한 조치를 할 것

사업주 또는 경영책임자등은 중대재해처벌법 시행령 제9조제2항제1호에 따른 점검 또는 보고 결과 원료·제조물 관련 안전·보건 관계 법령에 따른 의무가 이행되지 않은 사실이 확인되는 경우에는 인력을 배치하거나 예산을 추가로 편성·집행하도록 하는 등 해당 의무 이행에 필요한 조치를 하여야 한다(시행령 제9조제2항제2호).

다) 시행령 제9조제2항제3호

시행령 제9조(원료·제조물 관련 안전·보건 관계 법령에 따른 의무이행에 필요한 관리상의 조치)

② 법 제9조제1항제4호에 따른 조치의 구체적인 사항은 다음 각 호와 같다.

3. 안전·보건 관계 법령에 따라 의무적으로 실시해야 하는 교육이 실시되는지를 반기 1회 이상 점검하고, 직접 점검하지 않은 경우에는 점검이 끝난 후 지체없이 점검 결과를 보고받을 것

사업주 또는 경영책임자등은 원료 · 제조물 관련 안전 · 보건 관계 법령에 따라 의무적으로 실시해야 하는 교육이 실시되는지를 반기 1회 이상 점검하고, 직접 점검하지 않은 경우에는 점검이 끝난 후 지체없이 점검 결과를 보고받아야 한다^(시행령 제9조제2항제3호).

라) 시행령 제9조제2항제4호

시행령 제9조(원료 · 제조물 관련 안전 · 보건 관계 법령에 따른 의무이행에 필요한 관리상의 조치)
② 법 제9조제1항제4호에 따른 조치의 구체적인 사항은 다음 각 호와 같다.
4. 제3호에 따른 점검 또는 보고 결과 실시되지 않은 교육에 대해서는 지체없이 그 이행의 지시, 예산의 확보 등 교육 실시에 필요한 조치를 할 것

사업주 또는 경영책임자등은 중대재해처벌법 시행령 제9조제2항제3호에 따른 점검 또는 보고 결과 실시되지 않은 교육에 대해서는 지체없이 그 이행의 지시, 예산의 확보 등 교육 실시에 필요한 조치를 하여야 한다^(시행령 제9조제2항제4호).

마) 정리

중대재해처벌법 제9조제1항제4호 및 동법 시행령 제9조제2항 각 호의 원료 · 제조물 관련 안전 · 보건 관계 법령에 따른 의무이행에 필요한 관리상의 조치를 정리하면 다음과 같다.

〈표〉 원료 · 제조물 관련 안전 · 보건 관계 법령에 따른 관리상의 조치

점검 대상	점검 및 보고	개선 조치
안전 · 보건 관계 법령에 따른 의무 이행	• 반기 1회 이상 점검 (해당 안전 · 보건 관계 법령에 따라 중앙행정기관의 장이 지정한 기관 등에 위탁하여 점검하는 경우 포함) • 직접 점검하지 않은 경우에는 점검이 끝난 후 지체없이 점검 결과를 보고받을 것	점검 또는 보고 결과 안전 · 보건 관계 법령에 따른 의무가 이행되지 않은 사실이 확인되는 경우 인력 배치 또는 예산의 추가 편성 · 집행 등 해당 의무 이행에 필요한 조치를 할 것
안전 · 보건 관계 법령에 따른 의무 교육의 실시	• 반기 1회 이상 점검 • 직접 점검하지 않은 경우에는 점검이 끝난 후 지체없이 점검 결과를 보고받을 것	점검 또는 보고 결과 실시되지 않은 교육에 대해서는 지체없이 그 이행의 지시, 예산의 확보 등 교육 실시에 필요한 조치를 할 것

3. 제9조제2항의 안전 및 보건 확보의무

1) 제9조제2항 각 호외의 부분

제9조(사업주와 경영책임자등의 안전 및 보건 확보의무)
② 사업주 또는 경영책임자등은 사업주나 법인 또는 기관이 실질적으로 지배 · 운영 · 관리하는 공중이용시설 또는 공중교통수단의 설계, 설치, 관리상의 결함으로 인한 그 이용자 또는 그 밖의 사람의 생명, 신체의 안전을 위하여 다음 각 호에 따른 조치를 하여야 한다.

개인사업주 또는 경영책임자등은 ① 개인사업주나 법인 또는 기관이 실질적으로 지배 · 운영 · 관리하는 ② 공중이용시설 또는

공중교통수단의 ③ 설계, 설치, 관리상의 결함으로 인한 ④ 그 이용자 또는 그 밖의 사람의 생명, 신체의 안전을 위하여 ⑤ 중대재해처벌법 제9조제2항 각 호에 따른 조치를 하여야 한다(동법 제9조제2항).

법문에서는 '사업주'라고 규정하고 있지만, 여기서 사업주는 개인사업주만을 의미한다(동법 제3조 참조).

개인사업주나 법인 또는 기관이 공중이용시설 또는 공중교통수단을 실질적으로 지배·운영·관리한다는 것은 개인사업주나 법인 또는 기관이 공중이용시설이나 공중교통수단에 관하여 ① 소유권, 점유권, 임차권 등 장소, 시설, 설비에 대한 권리를 가지고 있거나, ② 공중이용시설 또는 공중교통수단의 유해·위험요인을 통제할 수 있거나 또는 ③ 보수·보강을 실시하여 안전하게 관리해야 하는 의무를 가지는 경우 등 일반적으로 실질적인 지배·운영·관리하는 경우를 말한다.[133]

공중이용시설은 ①「실내공기질 관리법」제3조제1항의 시설,[134] ②「시설물의 안전 및 유지관리에 관한 특별법」제2조제1호의 시설물,[135] ③「다중이용업소의 안전관리에 관한 특별법」제2조

---

133) 국토교통부(2021), p.19.
134) 「다중이용업소의 안전관리에 관한 특별법」제2조제1항제1호에 따른 영업장은 제외한다.
135) 공동주택은 제외한다.

제1항제1호에 따른 영업장 중 해당 영업에 사용하는 바닥면적[136]의 합계가 1천 제곱미터 이상인 것 및 ④ 그 밖에 가목부터 다목까지에 준하는 시설로서 재해 발생 시 생명·신체상의 피해가 발생할 우려가 높은 장소의 시설 중 그 규모나 면적 등을 고려하여 대통령령으로 정하는 시설을 말한다(동법 제2조제4호 본문). 다만, 「소상공인 보호 및 지원에 관한 법률」 제2조에 따른 소상공인의 사업 또는 사업장 및 이에 준하는 비영리시설과 「교육시설 등의 안전 및 유지관리 등에 관한 법률」 제2조제1호에 따른 교육시설은 제외한다(동법 제2조제4호 단서).

공중교통수단은 불특정다수인이 이용하는 ① 「도시철도법」 제2조제2호에 따른 도시철도의 운행에 사용되는 도시철도차량, ② 「철도산업발전기본법」 제3조제4호에 따른 철도차량 중 동력차·객차,[137] ③ 「여객자동차 운수사업법 시행령」 제3조제1호라목에 따른 노선 여객자동차운송사업에 사용되는 승합자동차, ④ 「해운법」 제2조제1호의2의 여객선 및 ⑤ 「항공사업법」 제2조제7호에 따른 항공운송사업에 사용되는 항공기의 어느 하나에 해당하는 시설을 말한다(동법 제2조제5호).

공중이용시설 또는 공중교통수단의 '설계, 설치, 관리상의 결

---

136) 「건축법」 제84조에 따라 산정한 면적을 말한다.
137) 「철도사업법」 제2조제5호에 따른 전용철도에 사용되는 경우는 제외한다.

함'이란 공중이용시설 또는 공중교통수단을 설계, 설치, 관리함에 있어 통상적으로 기대할 수 있는 안전성이 결여된 상태를 의미하는 것으로 보아야 할 것이다.

개인사업주 또는 경영책임자등은 개인사업주나 법인 또는 기관이 실질적으로 지배·운영·관리하는 공중이용시설 또는 공중교통수단의 설계, 설치, 관리상의 결함으로 인한 그 이용자 또는 그 밖의 사람의 생명, 신체의 안전을 위하여 중대재해처벌법 제9조제2항 각 호에 따른 조치를 하여야 한다(동법 제9조제2항).

2) 제9조제2항제1호: 재해예방에 필요한 인력·예산·점검 등 안전보건관리체계의 구축 및 그 이행

제9조(사업주와 경영책임자등의 안전 및 보건 확보의무)
② 사업주 또는 경영책임자등은 사업주나 법인 또는 기관이 실질적으로 지배·운영·관리하는 공중이용시설 또는 공중교통수단의 설계, 설치, 관리상의 결함으로 인한 그 이용자 또는 그 밖의 사람의 생명, 신체의 안전을 위하여 다음 각 호에 따른 조치를 하여야 한다.
1. 재해예방에 필요한 인력·예산·점검 등 안전보건관리체계의 구축 및 그 이행에 관한 조치
④ 제1항제1호·제4호 및 제2항제1호·제4호의 조치에 관한 구체적인 사항은 대통령령으로 정한다.

사업주 또는 경영책임자등은 사업주나 법인 또는 기관이 실질적으로 지배·운영·관리하는 공중이용시설 또는 공중교통

수단의 설계, 설치, 관리상의 결함으로 인한 그 이용자 또는 그 밖의 사람의 생명, 신체의 안전을 위하여 재해예방에 필요한 인력·예산·점검 등 안전보건관리체계의 구축 및 그 이행에 관한 조치를 하여야 한다^(시행령 제9조제2항제1호). 중대재해처벌법 제9조제2항제1호의 조치에 관한 구체적인 사항은 대통령령으로 정한다^(시행령 제9조제4항).

가. 시행령 제10조제1호

시행령 제10조(공중이용시설·공중교통수단 관련 안전보건관리체계 구축 및 이행에 관한 조치) 법 제9조제2항제1호에 따른 조치의 구체적인 사항은 다음 각 호와 같다.
1. 다음 각 목의 사항을 이행하는 데 필요한 인력을 갖추어 중대시민재해 예방을 위한 업무를 수행하도록 할 것
   가. 법 제9조제2항제4호의 안전·보건 관계 법령에 따른 안전관리 업무의 수행
   나. 제4호에 따라 수립된 안전계획의 이행
   다. 그 밖에 공중이용시설 또는 공중교통수단과 그 이용자나 그 밖의 사람의 안전에 관하여 국토교통부장관이 정하여 고시하는 사항

사업주 또는 경영책임자등은 ① 중대재해처벌법 제9조제2항제4호의 안전·보건 관계 법령에 따른 안전관리 업무의 수행^(가목), ② 동법 시행령 제10조제4호에 따라 수립된 안전계획의 이행^(나목), ③ 그 밖에 공중이용시설 또는 공중교통수단과 그 이용자나 그 밖의 사람의 안전에 관하여 국토교통부장관이 정하여 고시하는 사항^(다목)의 사항을 이행하는 데 필요한 인력을 갖추어 중대

시민재해 예방을 위한 업무를 수행하도록 하여야 한다(시행령 제10조제1호). 여기서 중대재해처벌법 제9조제2항제4호의 안전 · 보건 관계 법령이란 해당 공중이용시설 · 공중교통수단에 적용되는 것으로서 이용자나 그 밖의 사람의 안전 · 보건을 확보하는 데 관련되는 법령을 말한다(시행령 제11조제1항). 한편, 시행령 제10조제1호다목에 관해서는 '공중이용시설 및 공중교통수단의 재해예방에 필요한 인력 및 예산 편성 지침' 제3조제1항과 제4조제1항에서 아래와 같이 규정하고 있다.

■ 공중이용시설 및 공중교통수단의 재해예방에 필요한 인력 및 예산 편성 지침[138]

제3조(공중이용시설 관련) ① 사업주와 경영책임자등은 다음 각 목의 사항이 이행되도록 인력을 확보 · 편성한다.
1. 공중이용시설의 유해 · 위험요인 확인 · 점검
2. 공중이용시설의 유해 · 위험요인이 발견 또는 신고 접수된 경우 긴급안전점검, 긴급 안전조치(이용제한, 위험표지설치 등), 정비 · 보수 · 보강 등 개선

제4조(공중교통수단 관련) ① 사업주와 경영책임자등은 다음 각 목의 사항이 이행되도록 인력을 확보 · 편성한다.
1. 공중교통수단의 유해 · 위험요인 확인 · 점검
2. 공중교통수단의 유해 · 위험요인이 발견 또는 신고 접수된 경우 긴급안전점검, 긴급 안전조치(운행제한 등), 차량 등의 정비 · 보수 · 보강 · 교체 등 개선

---

138) 국토교통부 고시 제2022-55호, 2022. 1. 24. 제정.

나. 시행령 제10조제2호

시행령 제10조(공중이용시설 · 공중교통수단 관련 안전보건관리체계 구축 및 이행에 관한 조치) 법 제9조제2항제1호에 따른 조치의 구체적인 사항은 다음 각 호와 같다.
2. 다음 각 목의 사항을 이행하는 데 필요한 예산을 편성 · 집행할 것
   가. 법 제9조제2항제4호의 안전 · 보건 관계 법령에 따른 인력 · 시설 및 장비 등의 확보 · 유지와 안전점검 등의 실시
   나. 제4호에 따라 수립된 안전계획의 이행
   다. 그 밖에 공중이용시설 또는 공중교통수단과 그 이용자나 그 밖의 사람의 안전에 관하여 국토교통부장관이 정하여 고시하는 사항

사업주 또는 경영책임자등은 ① 중대재해처벌법 제9조제2항 제4호의 안전 · 보건 관계 법령에 따른 인력 · 시설 및 장비 등의 확보 · 유지와 안전점검 등의 실시(가목), ② 동법 시행령 제10조제4호에 따라 수립된 안전계획의 이행(나목), ③ 그 밖에 공중이용시설 또는 공중교통수단과 그 이용자나 그 밖의 사람의 안전에 관하여 국토교통부장관이 정하여 고시하는 사항(다목)을 이행하는 데 필요한 예산을 편성하고 이를 집행하여야 한다(시행령 제10조제2호). 한편, 시행령 제10조제1호다목에 관해서는 '공중이용시설 및 공중교통수단의 재해예방에 필요한 인력 및 예산 편성 지침' 제3조제2항과 제4조제2항에서 아래와 같이 규정하고 있다.

■ **공중이용시설 및 공중교통수단의 재해예방에 필요한 인력 및 예산 편성 지침**[139]

제3조(공중이용시설 관련)
② 사업주와 경영책임자등은 다음 각 목의 사항이 이행되도록 예산을 편성 · 집행한다.
1. 공중이용시설의 유해 · 위험요인 확인 · 점검
2. 공중이용시설의 유해 · 위험요인이 발견 또는 신고 접수된 경우 긴급안전점검, 긴급 안전조치(이용제한, 위험표지설치 등), 정비 · 보수 · 보강 등 개선
3. 중대시민재해 발생 시 원인 개선과 유사사례 방지 등을 위한 종사자 교육 또는 이용 자 안내 조치
4. 안전관리에 필요한 시설 및 설비의 설치, 물품 · 보호구 및 장비의 구입
5. 시행령 제11조에 따른 안전의무 이행 점검

제4조(공중교통수단 관련)
② 사업주와 경영책임자등은 다음 각 목의 사항이 이행되도록 예산을 편성 · 집행한다.
1. 공중교통수단의 유해 · 위험요인 확인 · 점검
2. 공중교통수단의 유해 · 위험요인이 발견 또는 신고 접수된 경우 긴급안전점검, 긴급 안전조치(운행제한 등), 차량 등의 정비 · 보수 · 보강 · 교체 등 개선
3. 중대시민재해 발생 시 원인 개선과 유사사례 방지 등을 위한 종사자 교육 또는 이용 자 안내 조치
4. 안전관리에 필요한 설비의 설치, 물품 · 보호구 및 장비의 구입
5. 시행령 제11조에 따른 안전의무 이행 점검

다. 시행령 제10조제3호

시행령 제10조(공중이용시설 · 공중교통수단 관련 안전보건관리체계 구축 및 이행에 관한 조치) 법 제9조제2항제1호에 따른 조치의 구체적인 사항은 다음 각 호와 같다.
3. 공중이용시설 또는 공중교통수단에 대한 법 제9조제2항제4호의 안전 · 보건 관계 법령에 따른 안전점검 등을 계획하여 수행되도록 할 것

---

139) 국토교통부 고시 제2022-55호, 2022. 1. 24. 제정.

사업주 또는 경영책임자등은 공중이용시설 또는 공중교통수단에 대한 중대재해처벌법 제9조제2항제4호의 안전·보건 관계 법령에 따른 안전점검 등을 계획하여 수행되도록 하여야 한다(시행령 제10조제3호).

라. 시행령 제10조제4호

시행령 제10조(공중이용시설·공중교통수단 관련 안전보건관리체계 구축 및 이행에 관한 조치) 법 제9조제2항제1호에 따른 조치의 구체적인 사항은 다음 각 호와 같다.

4. 공중이용시설 또는 공중교통수단에 대해 연 1회 이상 다음 각 목의 내용이 포함된 안전계획을 수립하게 하고, 충실히 이행하도록 할 것. 다만, 공중이용시설에 대해 「시설물의 안전 및 유지관리에 관한 특별법」 제6조에 따라 시설물에 대한 안전 및 유지관리계획을 수립·시행하거나 공중이용시설 또는 공중교통수단에 대해 철도운영자가 「철도안전법」 제6조에 따라 연차별 시행계획을 수립·추진하는 경우로서 사업주 또는 경영책임자등이 그 수립 여부 및 내용을 직접 확인하거나 보고받은 경우에는 안전계획을 수립하여 이행한 것으로 본다.

   가. 공중이용시설 또는 공중교통수단의 안전과 유지관리를 위한 인력의 확보에 관한 사항
   나. 공중이용시설의 안전점검 또는 정밀안전진단의 실시와 공중교통수단의 점검·정비(점검·정비에 필요한 장비를 확보하는 것을 포함한다)에 관한 사항
   다. 공중이용시설 또는 공중교통수단의 보수·보강 등 유지관리에 관한 사항

사업주 또는 경영책임자등은 공중이용시설 또는 공중교통수단에 대해 연 1회 이상 ① 공중이용시설 또는 공중교통수단의 안전과 유지관리를 위한 인력의 확보에 관한 사항(가목), ② 공중이용시설의 안전점검 또는 정밀안전진단의 실시와 공중교통수단의

점검 · 정비(점검·정비에 필요한 장비를 확보하는 것을 포함한다)에 관한 사항(나목),
③ 공중이용시설 또는 공중교통수단의 보수 · 보강 등 유지관리
에 관한 사항(다목)의 내용이 포함된 안전계획을 수립하게 하고, 충
실히 이행하도록 하여야 한다(시행령 제10조제4호 본문). 다만, 공중이용
시설에 대해 「시설물의 안전 및 유지관리에 관한 특별법」 제6조
에 따라 시설물에 대한 안전 및 유지관리계획을 수립 · 시행하거
나 공중이용시설 또는 공중교통수단에 대해 철도운영자가 「철도
안전법」 제6조에 따라 연차별 시행계획을 수립 · 추진하는 경우
로서 사업주 또는 경영책임자등이 그 수립 여부 및 내용을 직접
확인하거나 보고받은 경우에는 안전계획을 수립하여 이행한 것
으로 본다(시행령 제10조제4호 단서).

마. 시행령 제10조제5호

시행령 제10조(공중이용시설 · 공중교통수단 관련 안전보건관리체계 구축 및 이행에 관한 조치) 법 제9조제2항제1호에 따른 조치의 구체적인 사항은 다음 각 호와 같다.
5. 제1호부터 제4호까지에서 규정한 사항을 반기 1회 이상 점검하고, 직접 점검하지 않은 경우에는 점검이 끝난 후 지체없이 점검 결과를 보고받을 것

사업주 또는 경영책임자등은 시행령 제10조제1호부터 제4호
까지에서 규정한 사항을 반기 1회 이상 점검하고, 직접 점검하지
않은 경우에는 점검이 끝난 후 지체없이 점검 결과를 보고받아야
한다(시행령 제10조제5호).

바. 시행령 제10조제6호

시행령 제10조(공중이용시설·공중교통수단 관련 안전보건관리체계 구축 및 이행에 관한 조치) 법 제9조제2항제1호에 따른 조치의 구체적인 사항은 다음 각 호와 같다.
6. 제5호에 따른 점검 또는 보고 결과에 따라 인력을 배치하거나 예산을 추가로 편 성·집행하도록 하는 등 중대시민재해 예방에 필요한 조치를 할 것

　　사업주 또는 경영책임자등은 시행령 제10조제5호에 따른 점 검 또는 보고 결과에 따라 인력을 배치하거나 예산을 추가로 편 성·집행하도록 하는 등 중대시민재해 예방에 필요한 조치를 하 여야 한다(시행령 제10조제6호).

사. 시행령 제10조제7호

시행령 제10조(공중이용시설·공중교통수단 관련 안전보건관리체계 구축 및 이행에 관한 조치) 법 제9조제2항제1호에 따른 조치의 구체적인 사항은 다음 각 호와 같다.
7. 중대시민재해 예방을 위해 다음 각 목의 사항이 포함된 업무처리절차를 마련하여 이행할 것. 다만, 철도운영자가 「철도안전법」 제7조에 따라 비상대응계획을 포함한 철도안전관리체계를 수립하여 시행하거나 항공운송사업자가 「항공안전법」 제58조 제2항에 따라 위기대응계획을 포함한 항공안전관리시스템을 마련하여 운용한 경우 로서 사업주 또는 경영책임자등이 그 수립 여부 및 내용을 직접 점검하거나 점검 결 과를 보고받은 경우에는 업무처리절차를 마련하여 이행한 것으로 본다.
　가. 공중이용시설 또는 공중교통수단의 유해·위험요인의 확인·점검에 관한 사항
　나. 공중이용시설 또는 공중교통수단의 유해·위험요인을 발견한 경우 해당 사항의 신고·조치요구, 이용 제한, 보수·보강 등 그 개선에 관한 사항

다. 중대시민재해가 발생한 경우 사상자 등에 대한 긴급구호조치, 공중이용시설 또는 공중교통수단에 대한 긴급안전점검, 위험표지 설치 등 추가 피해방지 조치, 관계 행정기관 등에 대한 신고와 원인조사에 따른 개선조치에 관한 사항

라. 공중교통수단 또는 「시설물의 안전 및 유지관리에 관한 특별법」 제7조제1호의 제1종 시설물에서 비상상황이나 위급상황 발생 시 대피훈련에 관한 사항

사업주 또는 경영책임자등은 ① 공중이용시설 또는 공중교통수단의 유해·위험요인의 확인·점검에 관한 사항(가목), ② 공중이용시설 또는 공중교통수단의 유해·위험요인을 발견한 경우 해당 사항의 신고·조치요구, 이용 제한, 보수·보강 등 그 개선에 관한 사항(나목), ③ 중대시민재해가 발생한 경우 사상자 등에 대한 긴급구호조치, 공중이용시설 또는 공중교통수단에 대한 긴급안전점검, 위험표지 설치 등 추가 피해방지 조치, 관계 행정기관 등에 대한 신고와 원인조사에 따른 개선조치에 관한 사항(다목), ④ 공중교통수단 또는 「시설물의 안전 및 유지관리에 관한 특별법」 제7조제1호의 제1종시설물에서 비상상황이나 위급상황 발생 시 대피훈련에 관한 사항(라목)이 포함된 업무처리절차를 마련하고 이를 이행하여야 한다(시행령 제10조제7호 본문). 다만, 철도운영자가 「철도안전법」 제7조에 따라 비상대응계획을 포함한 철도안전관리체계를 수립하여 시행하거나 항공운송사업자가 「항공안전법」 제58조제2항에 따라 위기대응계획을 포함한 항공안전관리시스템을 마련하여 운용한 경우로서 사업주 또는 경영책임자등이

그 수립 여부 및 내용을 직접 점검하거나 점검 결과를 보고받은 경우에는 업무처리절차를 마련하여 이행한 것으로 본다(시행령 제10조제7호 단서).

아. 시행령 제10조제8호

시행령 제10조(공중이용시설 · 공중교통수단 관련 안전보건관리체계 구축 및 이행에 관한 조치) 법 제9조제2항제1호에 따른 조치의 구체적인 사항은 다음 각 호와 같다.
8. 제3자에게 공중이용시설 또는 공중교통수단의 운영 · 관리 업무의 도급, 용역, 위탁 등을 하는 경우 공중이용시설 또는 공중교통수단과 그 이용자나 그 밖의 사람의 안전을 확보하기 위해 다음 각 목에 따른 기준과 절차를 마련하고, 그 기준과 절차에 따라 도급, 용역, 위탁 등이 이루어지는지를 연 1회 이상 점검하고, 직접 점검하지 않은 경우에는 점검이 끝난 후 지체없이 점검 결과를 보고받을 것
  가. 중대시민재해 예방을 위한 조치능력 및 안전관리능력에 관한 평가기준 · 절차
  나. 도급, 용역, 위탁 등의 업무 수행 시 중대시민재해 예방을 위해 필요한 비용에 관한 기준

사업주 또는 경영책임자등이 제3자에게 공중이용시설 또는 공중교통수단의 운영 · 관리 업무의 도급, 용역, 위탁 등을 하는 경우에는 공중이용시설 또는 공중교통수단과 그 이용자나 그 밖의 사람의 안전을 확보하기 위해 ① 중대시민재해 예방을 위한 조치능력 및 안전관리능력에 관한 평가기준 · 절차(가목)와 ② 도급, 용역, 위탁 등의 업무 수행 시 중대시민재해 예방을 위해 필요한 비용에 관한 기준(나목)에 따른 기준과 절차를 마련하고, 그

기준과 절차에 따라 도급, 용역, 위탁 등이 이루어지는지를 연 1회 이상 점검하고, 직접 점검하지 않은 경우에는 점검이 끝난 후 지체없이 점검 결과를 보고받아야 한다(시행령 제10조제8호).

이러한 의무는 제3자에게 공중이용시설 또는 공중교통수단의 운영·관리 업무를 도급, 용역, 위탁한 이후 제3자가 공중이용시설 또는 공중교통수단을 운영·관리하는 단계에서 준수해야 하는 의무가 아니라, 운영·관리 업무의 도급, 용역, 위탁에 관한 계약을 체결하는 단계에서 확보해야 하는 의무라는 점에서 중대재해처벌법 제9조제3항과 구별된다. 즉, 중대재해처벌법 시행령 제10조제8호는 사업주가 제3자에게 공중이용시설 또는 공중교통수단의 운영·관리 업무를 도급, 용역, 위탁하는 단계에서 상대방의 중대시민재해 예방을 위한 조치능력 및 안전관리능력을 평가하기 위한 기준 및 절차와 중대시민재해 예방을 위해 필요한 비용에 관한 기준을 마련하고, 연 1회 이상 이러한 기준 및 절차의 준수 여부를 점검하라는 취지이다.

자. 정리

중대재해처벌법 제9조제2항제1호 및 동법 시행령 제10조의 공중이용시설·공중교통수단 관련 안전보건관리체계의 구축 및 그 이행에 관한 조치를 정리하면 다음과 같다.

〈표〉 공중이용시설 · 공중교통수단 관련 안전보건관리체계의 구축 및 이행에 관한 조치

안전보건관리 체계의 구성요소	구체적인 이행 조치	점검 및 개선
필요한 인력의 확보	① 안전 · 보건 관계 법령에 따른 안전 관리 업무의 수행 ② 시행령 제10조제4호에 따라 수립된 안전계획의 이행 ③ 그 밖에 공중이용시설 또는 공중교 통수단과 그 이용자나 그 밖의 사람 의 안전에 관하여 국토교통부장관 이 정하여 고시하는 사항	반기 1회 이상 점검하고, 직접 점검하 지 않은 경우에는 점검이 끝난 후 지체 없이 점검 결과를 보고받을 것
		점검 또는 보고 결과에 따라 인력을 배 치하거나 예산을 추가로 편성 · 집행하 도록 하는 등 중대시민재해 예방에 필 요한 조치를 할 것
필요한 예산의 편성 · 집행	① 안전 · 보건 관계 법령에 따른 인 력 · 시설 및 장비 등의 확보 · 유지 와 안전점검 등의 실시 ② 시행령 제10조제4호에 따라 수립된 안전계획의 이행 ③ 그 밖에 공중이용시설 또는 공중교 통수단과 그 이용자나 그 밖의 사람 의 안전에 관하여 국토교통부장관 이 정하여 고시하는 사항	반기 1회 이상 점검하고, 직접 점검하 지 않은 경우에는 점검이 끝난 후 지체 없이 점검 결과를 보고받을 것
		점검 또는 보고 결과에 따라 인력을 배 치하거나 예산을 추가로 편성 · 집행하 도록 하는 등 중대시민재해 예방에 필 요한 조치를 할 것
공중이용시설 또는 공중교통수단에 대한 안전점검	• 법 제9조제2항제4호의 안전 · 보건 관계 법령에 따른 안전점검 등을 계 획하여 수행	반기 1회 이상 점검하고, 직접 점검하 지 않은 경우에는 점검이 끝난 후 지체 없이 점검 결과를 보고받을 것
		점검 또는 보고 결과에 따라 인력을 배 치하거나 예산을 추가로 편성 · 집행하 도록 하는 등 중대시민재해 예방에 필 요한 조치를 할 것
공중이용시설 또는 공중교통 수단에 대한 안전계획	• 연 1회 이상 안전계획을 수립하고 충 실히 이행 (시설물의 안전 및 유지관리에 관한 특별법 제6조에 따라 안전 및 유지관 리계획을 수립 · 시행하거나, 철도안 전법 제6조에 따라 연차별 시행계획 을 수립 · 추진하는 경우로서 사업주 또는 경영책임자등이 그 수립 여부 및 내용을 직접 확인하거나 보고받은 경우에는 안전계획을 수립하여 이행 한 것으로 간주함)	반기 1회 이상 점검하고, 직접 점검하 지 않은 경우에는 점검이 끝난 후 지체 없이 점검 결과를 보고받을 것
		점검 또는 보고 결과에 따라 인력을 배 치하거나 예산을 추가로 편성 · 집행하 도록 하는 등 중대시민재해 예방에 필 요한 조치를 할 것

안전보건관리 체계의 구성요소	구체적인 이행 조치	점검 및 개선
	• 안전계획에 포함되어야 하는 사항 ① 공중이용시설 또는 공중교통수단의 안전과 유지관리를 위한 인력의 확보에 관한 사항 ② 공중이용시설의 안전점검 또는 정밀안전진단의 실시와 공중교통수단의 점검·정비(점검·정비에 필요한 장비의 확보 포함)에 관한 사항 ③ 공중이용시설 또는 공중교통수단의 보수·보강 등 유지관리에 관한 사항	
업무처리절차	• 아래 ①부터 ④까지의 사항을 포함한 업무처리절차를 마련하여 이행할 것 ① 공중이용시설 또는 공중교통수단의 유해·위험요인의 확인·점검에 관한 사항 ② 공중이용시설 또는 공중교통수단의 유해·위험요인을 발견한 경우 해당 사항의 신고·조치요구, 이용 제한, 보수·보강 등 그 개선에 관한 사항 ③ 중대시민재해가 발생한 경우 사상자 등에 대한 긴급구호조치, 공중이용시설 또는 공중교통수단에 대한 긴급안전점검, 위험표지 설치 등 추가 피해방지 조치, 관계 행정기관 등에 대한 신고와 원인조사에 따른 개선조치에 관한 사항 ④ 공중교통수단 또는 시설물의 안전 및 유지관리에 관한 특별법 제7조제1호의 제1종시설물에서 비상상황이나 위급상황 발생 시 대피훈련에 관한 사항 (철도안전법 제7조에 따라 비상대응계획을 포함한 철도안전관리체계를 수 및 시행하거나, 항공안전법 제58조제2항에 따라 위기대응계획을 포함한 항공안전관리시스템을 마련하여 운용한 경우로서 사업주 또는 경영책임자등이 그 수립 여부 및 내용을 직접 점검하거나 점검 결과를 보고받은 경우에는 업무처리절차를 마련하여 이행한 것으로 간주함)	
도급, 용역, 위탁 등을 하는 경우의 기준과 절차	• 제3자에게 공중이용시설 또는 공중교통수단의 운영·관리 업무의 도급, 용역, 위탁 등을 하는 경우 공중이용시설 또는 공중교통수단과 그 이용자나 그 밖의 사람의 안전을 확보하기 위해 아래 ①·②에 따른 기준과 절차를 마련 ① 중대시민재해 예방을 위한 조치능력 및 안전관리능력에 관한 평가기준·절차 ② 도급, 용역, 위탁 등의 업무 수행 시 중대시민재해 예방을 위해 필요한 비용에 관한 기준	마련된 기준과 절차에 따라 도급, 용역, 위탁 등이 이루어지는지를 연 1회 이상 점검(직접 점검하지 않은 경우에는 점검이 끝난 후 지체없이 점검 결과를 보고받을 것)

3) 제9조제2항제2호: 재해 발생 시 재발방지 대책의 수립 및 그 이행

제9조(사업주와 경영책임자등의 안전 및 보건 확보의무)
② 사업주 또는 경영책임자등은 사업이나 법인 또는 기관이 실질적으로 지배·운영·관리하는 공중이용시설 또는 공중교통수단의 설계, 설치, 관리상의 결함으로 인한 그 이용자 또는 그 밖의 사람의 생명, 신체의 안전을 위하여 다음 각 호에 따른 조치를 하여야 한다.
2. 재해 발생 시 재발방지 대책의 수립 및 그 이행에 관한 조치

사업주 또는 경영책임자등은 사업주나 법인 또는 기관이 실질적으로 지배·운영·관리하는 공중이용시설 또는 공중교통수단의 설계, 설치, 관리상의 결함으로 인한 그 이용자 또는 그 밖의 사람의 생명, 신체의 안전을 위하여 재해 발생 시 재발방지 대책의 수립 및 그 이행에 관한 조치를 하여야 한다(중대재해처벌법 제9조제2항제2호).

여기서 '재해'란 중대재해처벌법 제9조제2항제2호의 체계상 사업주나 법인 또는 기관이 실질적으로 지배·운영·관리하는 공중이용시설 또는 공중교통수단의 설계, 설치, 관리상의 결함을 원인으로 하여 시민의 생명과 신체에 발생한 재해라고 해석해야 할 것이다. 따라서, 이러한 재해가 반드시 중대시민재해에 해당하여야 하는 것은 아니다.

4) 제9조제2항제3호: 중앙행정기관·지방자치단체가 관계 법령에 따라 개선, 시정 등을 명한 사항의 이행

제9조(사업주와 경영책임자등의 안전 및 보건 확보의무)
② 사업주 또는 경영책임자등은 사업이나 법인 또는 기관이 실질적으로 지배·운영·관리하는 공중이용시설 또는 공중교통수단의 설계, 설치, 관리상의 결함으로 인한 그 이용자 또는 그 밖의 사람의 생명, 신체의 안전을 위하여 다음 각 호에 따른 조치를 하여야 한다.
3. 중앙행정기관·지방자치단체가 관계 법령에 따라 개선, 시정 등을 명한 사항의 이행에 관한 조치

사업주 또는 경영책임자등은 사업주나 법인 또는 기관이 실질적으로 지배·운영·관리하는 공중이용시설 또는 공중교통수단의 설계, 설치, 관리상의 결함으로 인한 그 이용자 또는 그 밖의 사람의 생명, 신체의 안전을 위하여 중앙행정기관·지방자치단체가 관계 법령에 따라 개선, 시정 등을 명한 사항의 이행에 관한 조치를 하여야 한다(중대재해처벌법 제9조제2항제3호).

여기서 중앙행정기관·지방자치단체가 관계 법령에 따라 '개선, 시정 등을 명한 사항'은 문언상 강학상 행정행위에 해당하는 처분을 의미하는 것으로 해석해야 한다. 따라서 비권력적 행정작용인 행정지도는 이에 포함되지 않는다. 한편, 안전 및 보건 확보와 관계가 없는 처분도 동법 제9조제2항제3호의 '개선, 시정 등을 명한 사항'으로 보기 어려울 것이다.

5) 제9조제2항제4호: 안전·보건 관계 법령에 따른 의무이행에 필요한 관리상의 조치

제9조(사업주와 경영책임자등의 안전 및 보건 확보의무)
② 사업주 또는 경영책임자등은 사업주나 법인 또는 기관이 실질적으로 지배·운영·관리하는 공중이용시설 또는 공중교통수단의 설계, 설치, 관리상의 결함으로 인한 그 이용자 또는 그 밖의 사람의 생명, 신체의 안전을 위하여 다음 각 호에 따른 조치를 하여야 한다.
4. 안전·보건 관계 법령에 따른 의무이행에 필요한 관리상의 조치
④ 제1항제1호·제4호 및 제2항제1호·제4호의 조치에 관한 구체적인 사항은 대통령령으로 정한다.

사업주 또는 경영책임자등은 사업주나 법인 또는 기관이 실질적으로 지배·운영·관리하는 공중이용시설 또는 공중교통수단의 설계, 설치, 관리상의 결함으로 인한 그 이용자 또는 그 밖의 사람의 생명, 신체의 안전을 위하여 안전·보건 관계 법령에 따른 의무이행에 필요한 관리상의 조치를 하여야 한다(중대재해처벌법 제9조제2항제4호). 동법 제9조제2항제4호의 조치에 관한 구체적인 사항은 대통령령으로 정한다(동법 제9조제4항).

가. 공중이용시설·공중교통수단 관련 안전·보건 관계 법령

시행령 제11조(공중이용시설·공중교통수단 관련 안전·보건 관계 법령에 따른 의무이행에 필요한 관리상의 조치) ① 법 제9조제2항제4호에서 "안전·보건 관계 법령"이란 해당 공중이용시설·공중교통수단에 적용되는 것으로서 이용자나 그 밖의 사람의 안전·보건을 확보하는 데 관련되는 법령을 말한다.

중대재해처벌법 제9조제2항제4호에서 "안전·보건 관계 법령"이란 해당 공중이용시설·공중교통수단에 적용되는 것으로서 이용자나 그 밖의 사람의 안전·보건을 확보하는 데 관련되는 법령을 말한다(시행령 제11조제1항). 구체적으로 ① 공중이용시설 또는 공중교통수단의 안전 확보를 목적으로 하는 법률, ② 대상을 이용하는 국민의 안전을 위해 의무를 부과하는 법률, ③ 공중이용시설 및 공중교통수단을 구성하는 구조체, 시설, 설비, 부품 등의 안전에 대하여 안전점검, 보수·보강 등을 규정하는 법률, ④ 이용자의 안전을 위해 관리자, 종사자가 관련 교육을 이수토록 규정하는 법률 등이 이에 해당한다.[140] 국토교통부는 공중이용시설·공중교통수단 관련 안전·보건 관계 법령을 아래와 같이 예시적으로 제시하고 있다.[141]

〈표〉 공중이용시설 관련 안전·보건 관계 법령

대분류	중분류	세부 분류	관계법령
도로시설	도로교량	1) 상부구조형식이 현수교, 사장교, 아치교 및 트러스교인 교량 2) 최대 경간장 50미터 이상의 교량 3) 연장 100미터 이상의 교량 4) 폭 6미터 이상이고 연장 100미터 이상인 복개구조물	시설물안전법

---

140) 국토교통부(2021), p. 29.
141) Ibid, 30-32.

대분류	중분류	세부 분류	관계법령
도로시설	도로 터널	1) 연장 1천미터 이상의 터널 2) 3차로 이상의 터널 3) 터널구간이 연장 100미터 이상인 지하차도 4) 고속국도, 일반국도, 특별시도 및 광역시도의 터널 5) 연장 300미터 이상의 지방도, 시도, 군도 및 구도의 터널	시설물안전법
철도시설	철도 교량	1) 고속철도 교량 2) 도시철도의 교량 및 고가교 3) 상부구조형식이 트러스교 및 아치교인 교량 4) 연장 100미터 이상의 교량	시설물안전법, 철도건설법, 철도안전법
철도시설	철도 터널	1) 고속철도 터널 2) 도시철도 터널 3) 연장 1천미터 이상의 터널 4) 특별시 또는 광역시에 있는 터널	시설물안전법, 철도건설법, 철도안전법
철도시설	철도역 시설	1) 고속철도, 도시철도 및 광역철도 역 시설 2) 연면적 5천제곱미터 이상 운수시설 중 여객용 시설	시설물안전법, 건축물관리법
공항시설	여객터미널		시설물안전법, 건축물관리법
항만시설	방파제, 파제제, 호안		시설물안전법, 항만법
댐시설	다목적, 발전용, 홍수전용댐 등		시설물안전법, 댐건설관리법, 저수지댐법
건축물	건축물	1) 고속철도, 도시철도 및 광역철도 역 시설 2) 16층 이상이거나 연면적 3만제곱미터 이상의 건축물 3) 연면적 5천제곱미터 이상(각 용도별 시설의 합계를 말한다)의 문화 · 집회 시설, 종교시설, 판매시설, 운수시설 중 여객용 시설, 의료시설,노유자시설, 수련시설, 운동시설, 숙박시설 중 관광숙박시설 및 관광휴게시설	시설물안전법, 건축물관리법, 초고층재난관리법
하천시설	하구둑, 제방 · 보		시설물안전법, 하천법
상하수도 시설			시설물안전법, 수도법, 하수도법
옹벽 및 절토사면	옹벽	지면으로부터 노출된 높이가 5미터 이상인 부분의 합이 100미터 이상인 옹벽	시설물안전법
옹벽 및 절토사면	절토사면	지면으로부터 연직(鉛直)높이(옹벽이 있는 경우 옹벽 상단으로부터의 높이를 말한다) 30미터 이상을 포함한 절토부(땅깎기를 한 부분을 말한다)로서 단일 수평연장 100미터 이상인 절토사면	

〈표〉 공중교통수단 관련 안전·보건 관계 법령

대분류	세부 분류	관련법령
철도 분야	도시철도 차량, 철도 차량	철도안전법
버스 분야	시외버스	교통안전법, 여객자동차 운수사업법, 자동차관리법
항공 분야	운송용 항공기	항공안전법

나. 공중이용시설·공중교통수단 관련 안전·보건 관계 법령에 따른 의무이행에 필요한 관리상의 조치

중대재해처벌법 제9조제2항제4호의 공중이용시설·공중교통수단 관련 안전·보건 관계 법령에 따른 의무이행에 필요한 관리상의 조치의 구체적인 내용은 동법 시행령 제11조제2항 각 호에서 규정하고 있다.

가) 시행령 제11조제2항제1호

시행령 제11조(공중이용시설·공중교통수단 관련 안전·보건 관계 법령에 따른 의무이행에 필요한 관리상의 조치)
② 법 제9조제2항제4호에 따른 조치의 구체적인 사항은 다음 각 호와 같다.
1. 안전·보건 관계 법령에 따른 의무를 이행했는지를 연 1회 이상 점검(해당 안전·보건 관계 법령에 따라 중앙행정기관의 장이 지정한 기관 등에 위탁하여 점검하는 경우를 포함한다. 이하 이 호에서 같다)하고, 직접 점검하지 않은 경우에는 점검이 끝난 후 지체없이 점검 결과를 보고받을 것.

사업주 또는 경영책임자등은 공중이용시설·공중교통수단 관련 안전·보건 관계 법령에 따른 의무를 이행했는지를 연 1회 이상 '직접' 점검하거나, 해당 안전·보건 관계 법령에 따라 중앙행정기관의 장이 지정한 기관 등에 위탁하여 점검하여야 한다^(시행령 제11조제2항제1호). 사업주 또는 경영책임자등이 직접 점검하지 않은 경우에는 점검이 끝난 후 지체없이 점검 결과를 보고받아야 한다^(시행령 제11조제2항제1호).

나) 시행령 제11조제2항제2호

시행령 제11조(공중이용시설·공중교통수단 관련 안전·보건 관계 법령에 따른 의무 이행에 필요한 관리상의 조치)
② 법 제9조제2항제4호에 따른 조치의 구체적인 사항은 다음 각 호와 같다.
2. 제1호에 따른 점검 또는 보고 결과 안전·보건 관계 법령에 따른 의무가 이행되지 않은 사실이 확인되는 경우에는 인력을 배치하거나 예산을 추가로 편성·집행하도록 하는 등 해당 의무 이행에 필요한 조치를 할 것.

사업주 또는 경영책임자등은 중대재해처벌법 시행령 제11조제2항제1호에 따른 점검 또는 보고 결과 공중이용시설·공중교통수단 관련 안전·보건 관계 법령에 따른 의무가 이행되지 않은 사실이 확인되는 경우에는 인력을 배치하거나 예산을 추가로 편성·집행하도록 하는 등 해당 의무 이행에 필요한 조치를 하여야 한다^(시행령 제11조제2항제2호).

다) 시행령 제11조제2항제3호

> **시행령 제11조(공중이용시설·공중교통수단 관련 안전·보건 관계 법령에 따른 의무 이행에 필요한 관리상의 조치)**
> ② 법 제9조제2항제4호에 따른 조치의 구체적인 사항은 다음 각 호와 같다.
> 3. 안전·보건 관계 법령에 따라 공중이용시설의 안전을 관리하는 자나 공중교통수단의 시설 및 설비를 정비·점검하는 종사자가 의무적으로 이수해야 하는 교육을 이수했는지를 연 1회 이상 점검하고, 직접 점검하지 않은 경우에는 점검이 끝난 후 지체없이 점검 결과를 보고받을 것.

사업주 또는 경영책임자등은 공중이용시설·공중교통수단 관련 안전·보건 관계 법령에 따라 공중이용시설의 안전을 관리하는 자나 공중교통수단의 시설 및 설비를 정비·점검하는 종사자가 의무적으로 이수해야 하는 교육을 이수했는지를 연 1회 이상 점검하고, 직접 점검하지 않은 경우에는 점검이 끝난 후 지체없이 점검 결과를 보고받아야 한다(시행령 제11조제2항제3호).

라) 시행령 제11조제2항제4호

> **시행령 제11조(공중이용시설·공중교통수단 관련 안전·보건 관계 법령에 따른 의무 이행에 필요한 관리상의 조치)**
> ② 법 제9조제2항제4호에 따른 조치의 구체적인 사항은 다음 각 호와 같다.
> 4. 제3호에 따른 점검 또는 보고 결과 실시되지 않은 교육에 대해서는 지체없이 그 이행의 지시 등 교육 실시에 필요한 조치를 할 것.

사업주 또는 경영책임자등은 중대재해처벌법 시행령 제11조 제2항제3호에 따른 점검 또는 보고 결과 실시되지 않은 교육에 대해서는 지체없이 그 이행의 지시, 예산의 확보 등 교육 실시에 필요한 조치를 하여야 한다(시행령 제11조제2항제4호).

마) 정리

중대재해처벌법 제9조제2항제4호 및 동법 시행령 제11조제2항 각 호의 공중이용시설 · 공중교통수단 관련 안전 · 보건 관계 법령에 따른 의무이행에 필요한 관리상의 조치는 다음과 같이 정리할 수 있다.

〈표〉 공중이용시설 · 공중교통수단 관련 안전 · 보건 관계 법령에 따른 의무이행에 필요한 관리상의 조치

점검 대상	점검 및 보고	개선 조치
안전 · 보건 관계 법령에 따른 의무 이행	• 연 1회 이상 점검 (해당 안전 · 보건 관계 법령에 따라 중앙행정기관의 장이 지정한 기관 등에 위탁하여 점검하는 경우를 포함) • 직접 점검하지 않은 경우에는 점검이 끝난 후 지체없이 점검 결과를 보고 받을 것	점검 또는 보고 결과 안전 · 보건 관계 법령에 따른 의무가 이행되지 않은 사실이 확인되는 경우에는 인력을 배치하거나 예산을 추가로 편성 · 집행하도록 하는 등 해당 의무 이행에 필요한 조치를 할 것
안전 · 보건 관계 법령에 따른 공중이용시설의 안전을 관리하는 자나 공중교통수단의 시설 및 설비를 정비 · 점검하는 종사자가 이수해야 하는 의무 교육의 실시	• 연 1회 이상 점검 • 직접 점검하지 않은 경우에는 점검이 끝난 후 지체없이 점검 결과를 보고받을 것	점검 또는 보고 결과 실시되지 않은 교육에 대해서는 지체없이 그 이행의 지시, 예산의 확보 등 교육 실시에 필요한 조치를 할 것

4. 제9조제3항의 안전 및 보건 확보의무

> **제9조(사업주와 경영책임자등의 안전 및 보건 확보의무)**
> ③ 사업주 또는 경영책임자등은 사업주나 법인 또는 기관이 공중이용시설 또는 공중교통수단과 관련하여 제3자에게 도급, 용역, 위탁 등을 행한 경우에는 그 이용자 또는 그 밖의 사람의 생명, 신체의 안전을 위하여 제2항의 조치를 하여야 한다. 다만, 사업주나 법인 또는 기관이 그 시설, 장비, 장소 등에 대하여 실질적으로 지배·운영·관리하는 책임이 있는 경우에 한정한다.

중대재해처벌법 제9조제3항 본문은 "사업주 또는 경영책임자등은 사업주나 법인 또는 기관이 공중이용시설 또는 공중교통수단과 관련하여 제3자에게 도급, 용역, 위탁 등을 행한 경우에는 그 이용자 또는 그 밖의 사람의 생명, 신체의 안전을 위하여 제2항의 조치를 하여야 한다."라고 규정하고, 같은 조 단서는 "다만, 사업주나 법인 또는 기관이 그 시설, 장비, 장소 등에 대하여 실질적으로 지배·운영·관리하는 책임이 있는 경우에 한정한다."라고 규정하고 있다.

중대재해처벌법 제9조제3항의 본문과 단서를 종합하여 보면, ① 개인사업주나 법인 또는 기관^(이하 편의상 "도급인 등"이라고 한다)이 공중이용시설 또는 공중교통수단과 관련하여 제3자에게 도급, 용역, 위탁 등^(이하 편의상 "도급 등"이라고 한다)을 행한 경우, ② 그러한 개인사업주나 법인 또는 기관의 경영책임자등은 ③ 도급인 등에게 그 시설, 장비, 장소 등에 대하여 실질적으로 지배·운영·관리하는 책임이 있는 경우 ④ 그 이용자 또는 그 밖의 사람에게 중대시민재해가 발생하지 아니하도록 ⑤ 도급인 등에게 실질적으로 지배·운영·관리하는 책임이 있는 시설, 장비, 장소 등에 관하여 중대재해처벌법 제9조제2항에서 규정한 조치를 하여야 한다는 취지로 이해하는 것이 합리적이라고 생각한다.

여기서 '실질적으로 지배·운영·관리하는 책임이 있는 경우'란 중대시민재해 발생 원인을 살펴 해당 시설이나 장비, 장소에 관한 소유권, 임차권, 그 밖에 사실상의 지배력을 가지고 있어 위험에 대한 제어능력이 있다고 볼 수 있는 경우를 의미한다.[142]

한편, 사업주나 법인 또는 기관에게 실질적으로 지배·운영·관리하는 책임이 있는 시설, 장비, 장소 등에 관하여 중대재해처벌법 제9조제2항에서 규정한 조치를 하여야 한다는 것은 개인사업주나 법인 또는 기관의 경영책임자등이 중대재해처벌법 제9조제2항에 따라 안전보건관리체계를 구축하고 이행하는 등의 조치를 함에 있어 사업주나 법인 또는 기관이 실질적으로 지배·운영·관리하는 책임이 있는 시설, 장비, 장소에 관하여 사업주나 법인 또는 기관이 스스로 공중이용시설 또는 공중교통수단을 운영·관리하는 경우와 동일하게 동법 제9조제2항에 따른 조치를

---

142) 국토교통부(2021), p.67.

하여야 한다는 의미로 해석해야 할 것이다.

한편, 중대재해처벌법 제9조제2항에서 규정한 조치의 내용은 앞에서 살펴본 바와 같다. 여기서 유의할 점은 중대재해처벌법 제9조제3항이 도급인 등에게 요구하는 것은 도급인 등이 실질적으로 지배·운영·관리하는 책임이 있는 '시설, 장비, 장소 등'에 관하여 동법 제9조제2항의 안전·보건 확보의무를 이행하라는 것이지, 수급인 등의 구체적인 사업운영에 개입할 의무를 부과하는 것은 아니다.

중대시민재해 사업주와 경영책임자등의 처벌

1. 서론

> **제10조(중대시민재해 사업주와 경영책임자등의 처벌)** ① 제9조를 위반하여 제2조제3
> 호가목의 중대시민재해에 이르게 한 사업주 또는 경영책임자등은 1년 이상의 징역 또
> 는 10억원 이하의 벌금에 처한다. 이 경우 징역과 벌금을 병과할 수 있다.
> ② 제9조를 위반하여 제2조제3호나목 또는 다목의 중대시민재해에 이르게 한 사업주
> 또는 경영책임자등은 7년 이하의 징역 또는 1억원 이하의 벌금에 처한다.

중대재해처벌법 제10조제1항은 개인사업주 또는 경영책임자
등이 동법 제9조의 안전·보건 확보의무를 위반하여 동법 제2조
제3호가목의 중대시민재해에 이르게 한 경우(시민재해치사) 1년 이상
의 징역 또는 10억원 이하의 벌금에 처한다(징역과 벌금을 병과할 수 있음)
고 규정한다. 동법 제10조제2항은 개인사업주 또는 경영책임자
등이 제2조제3호나목 또는 다목의 중대시민재해에 이르게 한 경
우(시민재해치상) 7년 이하의 징역 또는 1억원 이하의 벌금에 처한다
(징역과 벌금을 병과할 수 없음)로 규정하고 있다. 이러한 중대재해처벌등
에관한법률위반(시민재해치사상)은 종사자가 아닌 사람을 대상으로 한
다는 점에서 산업안전보건법과는 무관한 영역으로, 기존에 업무
상과실치사상죄로 규율될 수 있는 부분이었다.

중대재해처벌등에관한법률위반^(시민재해치사상)도 중대재해처벌등에관한법률위반^(산업재해치사상)과 마찬가지로 결과범이다. 한편, 중대재해처벌등에관한법률위반^(산업재해치사상)과 동일하게 중대재해처벌등에관한법률위반^(시민재해치사상)의 경우에도 중대재해처벌법 제9조의 안전 · 보건 확보의무 위반행위에 대해서는 개인사업주 또는 경영책임자등의 고의가 요구되지만, 사상^(死傷)이라는 결과 발생은 물론 안전 · 보건 확보의무 위반행위와 결과 발생 사이의 인과관계에 대해서는 고의가 요구되지 않는다고 해석함이 타당하다.

2. 행위의 주체

중대재해처벌등에관한법률위반^(시민재해치사상)은 개인사업주 또는 법인이나 기관의 경영책임자등이 행위주체이다. 따라서 중대재해처벌등에관한법률위반^(시민재해치사상)은 중대재해처벌등에관한법률위반^(산업재해치사상)과 마찬가지로 개인사업주 또는 법인이나 기관의 경영책임자등이라는 신분을 가진 사람만 범할 수 있는 진정신분범이다.

3. 행위

개인사업주 또는 법인이나 기관의 경영책임자등이 중대재해처벌법 제9조에서 정한 의무에 위반하는 행위를 하여야 한다.

4. 행위의 객체

중대시민재해의 정의조항에 따르면, 특정 원료 또는 제조물, 공중이용시설 또는 공중교통수단의 설계, 제조, 설치, 관리상의 결함을 원인으로 하여 발생한 재해로 인해 사망자가 1명 이상 발생하거나(제2조제3호가목), 동일한 사고로 인해 2개월 이상 치료가 필요한 부상자가 10명 이상 발생하거나(제2조제3호나목), 동일한 원인으로 3개월 이상 치료가 필요한 질병자가 10명 이상 발생하는 경우를 중대시민재해로 규정하고 있다. 이에 따라 중대재해처벌법 제10조 위반죄의 객체가 특정된다.

중대재해처벌법 제10조는 중대시민재해에 따라 사상에 이른 피해자의 범위를 제한하고 있지는 않다. 다만 동법 제2조제3호 단서에서 중대산업재해에 해당하는 재해는 중대시민재해에서 제외하고 있으므로, 개인사업주 또는 법인이나 기관의 경영책임자 등의 동법 제4조 또는 제5조에 따른 안전보건 확보의무 위반으로 중대재해처벌법상 종사자에 해당하는 사람이 사상에 이른 경우, 즉 중대산업재해가 발생한 경우에는 그러한 종사자의 사상에 관해서는 별도의 중대재해처벌등에관한법률위반(시민재해치사상)이 성립하지 않는다(법조경합).

5. 인과관계

중대재해처벌등에관한법률위반[시민재해치사상]은 피해자의 사상이라는 결과가 발생하여야 처벌되는 결과범으로서, 개인사업주 또는 경영책임자등의 안전·보건확보의무 위반과 위 결과 사이에 형법상 인과관계가 인정되어야 한다.

6. 공범

중대재해처벌등에관한법률위반[시민재해치사상]은 범죄의 성립에 개인사업주 또는 경영책임자등이라는 신분을 요하는 신분범이다.

다만, 개인사업주 또는 경영책임자등이 아닌 자도 공범 규정에 따라 중대재해처벌법 제6조제1항, 제2항 위반죄로 처벌받을 수 있다[형법 제33조 본문].

7. 미수

중대재해처벌법은 제10조 위반죄와 관련하여 미수범 처벌규정을 별도로 두고 있지 않으므로, 중대재해처벌법 제10조 위반죄의 미수범은 불가벌이다.

중대재해처벌법 제10조제2항에 따른 범죄[시민재해치상]가 성립하기 위해서는 ① 동일한 '사고'로 2개월 이상 치료가 필요한 부상자가 10명 이상 발생하거나^(제2조제3호나목), ② 동일한 '원인'으로 3개월 이상 치료가 필요한 질병자가 10명 이상 발생하여야 하므로^(제2조제3호나목) 동일한 사고 또는 원인으로 인한 부상자나 질병자의 수가 10명 미만인 경우에는 중대재해처벌등에관한법률위반^(시민재해치상)의 구성요건을 충족하지 않는다. 이 경우 미수범 처벌규정이 없으므로 개인사업주나 경영책임자등을 처벌할 수 없다.

8. 죄수

1) 피해자가 여러 명인 경우

중대재해처벌법 제2조제3호는 중대시민재해의 개념을 ① 사망자가 1명 이상 발생^(가목), ② 동일한 사고로 2개월 이상 치료가 필요한 부상자가 10명 이상 발생^(나목), ③ 동일한 원인으로 3개월 이상 치료가 필요한 질병자가 10명 이상 발생^(다목)이라고 규정하고 있다. 따라서, 중대재해처벌등에관한법률위반^(시민재해치사상)은 구성요건 자체에서 피해자가 여러 명인 경우를 하나의 범죄구성요건으로 규정하고 있으므로, 동일한 시민재해로 인하여 여러 명이 사망한 경우에도 하나의 중대재해처벌등에관한법률위반^(시민재해치사)이 성립하고 또한 여러 명이 부상 또는 질병에 이른 경우에도 하나의 중대재해처벌등에관한법률위반^(시민재해치상)이 성립한다. 즉, 피해자의 수마다 하나의 죄가 성립하는 것이 아니라 하나의 중대시민재해에 하나의 죄가 성립된다. 따라서 피해자의 수는 양형의 단계에서 고려되어야 할 것이다.[143]

2) 중대재해처벌등에관한법률위반^(시민재해치사)과 중대재해처벌등에관한법률위반^(시민재해치상)

하나의 중대재해처벌법 제9조 위반행위로 제10조제1항과 동조 제2항 위반의 범죄를 범한 경우^(예컨대, 동일한 사고로 1명이 사망하고, 10명이 2개월 이상 치료가 필요한 부상을 당한 경우)에는 중대재해처벌등에관한법률위반^(시민재해치사)과 중대재해처벌등에관한법률위반^(시민재해치상)이 각각 성립하되, 양죄는 상상적 경합의 관계에 있다고 보아야 할 것이다.

다만, 중대재해처벌등에관한법률위반^(시민재해치상)이 성립하기 위해서는 동일한 사고 또는 원인으로 인한 부상자나 질병자의 수가 10명 이상이어야 하므로, 동일한 사고로 1명이 사망하고, 9명이 2개월 이상 치료가 필요한 부상을 당한 경우에는 중대재해처벌등에관한법률위반^(시민재해치사)만 성립한다. 이 경우 10인 미만의 부상자 또는 질병자의 발생 사실이 별도의 중대재해처벌등에관한법률위반^(시민재해치상)을 구성하지 못한다고 하더라도 중대재해처

---

143) 同旨: 권창영 외(2022), 제10조 해설[김희수 집필부분].

벌등에관한법률위반^(시민재해치사)에 대한 양형에는 반영되어야 할 것으로 생각한다.

3) 중대재해처벌등에관한법률위반^(산업재해치사상)과의 관계

중대시민재해의 정의조항인 중대재해처벌법 제2조제3호는 그 단서에서 "다만, 중대산업재해에 해당하는 재해는 제외한다." 라고 규정하여 중대산업재해에 해당하는 재해는 중대시민재해에서 제외된다고 규정한다. 따라서, 하나의 재해가 중대산업재해와 중대시민재해의 두 개념 모두에 해당할 경우 중대산업재해에 관한 규정이 적용되어야 하며, 이러한 의미에서 중대시민재해는 중대산업재해와의 관계에서는 보충적 지위에 있다고 할 것이다. 따라서, 중대재해처벌등에관한법률위반^(시민재해치사상)은 중대재해처벌등에관한법률위반^(산업재해치사상)에 대하여 보충관계에 있으므로, 양죄는 법조경합^(法條競合)의 관계에 있다고 보아야 한다. 이는 적용되는 구성요건, 즉 중대재해처벌등에관한법률위반^(산업재해치사상)의 불법 내용이 배척되는 구성요건, 즉 중대재해처벌등에관한법률위반^(시민재해치사상)의 불법 내용을 '완전히 포섭'하는 경우 두 개의 구성요건을 적용하는 것은 이중평가라는 부당한 결과를 초래하기 때문이다. 여기서 법조경합이란 1개 또는 수 개의 행위가 외관상 수 개의 형벌법규에 해당하는 것과 같은 외관을 보이지만 형벌법규의 성질상 하나의 형벌법규만 적용되고 다른 법규의 적용이 배척되어 하나의 죄만 성립하는 경우를 말한다.[144] 법조경합은 한 개의 형벌법규만 적용되고, 적용되는 형벌법규는 다른 형벌법규의 적용을 배척하기 때문에 행위자는 배척되는 형벌법규에 의해 처벌되지 않는다.[145] 따라서 배척된 형벌법규는 판결의 주문과 이유에 기재되지 않는다.

다만, 동일한 재해로 종사자와 종사자가 아닌 사람이 동시에 피해를 입은 경우에는 종사자가 아닌 사람에 관한 피해 부분은 중대재해처벌등에관한법률위반(산업재해치사상)에 포섭되지 않으므로 이러한 경우에는 법조경합이 아니라 중대재해처벌등에관한법률위반(산업재해치사상)과 중대재해처벌등에관한법률위반(시민재해치사상)이 각각 성립하고, 다만 양죄는 상상적 경합에 해당하여 과형(科刑)상 일죄로 취급될 것이다.

4) 업무상과실치사상과의 관계

중대재해처벌법에 따라 부과된 안전 · 보건확보의무가 업무상과실치사상죄에서의 주의의무를 구성할 수 있으므로, 하나의 의무위반행위로 인하여 동일한 법익을 침해한 수죄가 성립하고, 양죄는 상상적 경합 관계에 있다고 봄이 타당하다는 견해가 있

---

144) 이재상 외, 형법총론, p. 549.
145) 김성돈, 형법총론, p. 748.

다.[146] 사견으로는 고의범인 중대재해처벌등에관한법률위반[시민재해치사상]이 성립할 경우 과실범인 업무상과실치사상죄는 중대재해처벌등에관한법률위반[시민재해치사상]에 흡수되어 중대재해처벌등에관한법률위반[시민재해치사상]만이 성립하는 것[법조경합]으로 보는 것이 합리적이라고 생각한다.

9. 재범 가중처벌 규정의 부존재

중대시민재해에 관한 처벌을 규정하는 중대재해처벌법 제10조는 중대산업재해에 관한 처벌규정인 동법 제7조제3항과 같은 재범 가중에 관한 규정을 두고 있지 않다. 중대시민재해에 관해서도 경영책임자등의 재범의 가능성이 있음에도 중대산업재해와 중대시민재해를 구별하여 취급하는 것의 합리적 이유를 찾기 어렵다.[147]

---

146) 권창영 외(2022), 제10조 해설[김희수 집필부분].
147) 同旨: 권창영 외(2022), 제10조 해설[김희수 집필부분].

중대시민재해의 양벌규정

제11조(중대시민재해의 양벌규정) 법인 또는 기관의 경영책임자등이 그 법인 또는 기관의 업무에 관하여 제10조에 해당하는 위반행위를 하면 그 행위자를 벌하는 외에 그 법인 또는 기관에게 다음 각 호의 구분에 따른 벌금형을 과(科)한다. 다만, 법인 또는 기관이 그 위반행위를 방지하기 위하여 해당 업무에 관하여 상당한 주의와 감독을 게을리하지 아니한 경우에는 그러하지 아니하다.
1. 제10조제1항의 경우: 50억원 이하의 벌금
2. 제10조제2항의 경우: 10억원 이하의 벌금

　　법인 또는 기관의 경영책임자등이 그 법인 또는 기관의 업무에 관하여 중대재해처벌법 제10조에 해당하는 위반행위를 하면 그 행위자를 벌하는 외에 ① 중대재해처벌등에관한법률위반^(시민재해치사)의 경우에는 50억원 이하의 벌금형을, ② 중대재해처벌등에관한법률위반^(시민재해치상)의 경우에는 10억원 이하의 벌금형을 그 법인 또는 기관에게 과(科)한다^(동법 제11조 본문). 다만, 법인 또는 기관이 그 위반행위를 방지하기 위하여 해당 업무에 관하여 상당한 주의와 감독을 게을리하지 아니한 경우에는 그러하지 아니하다^(동법 제11조 단서). 이러한 양벌규정은 경영책임자등이 법 제9조에서 정한 안전·보건확보의무를 위반하여 제10조에 따라 행위자로 처벌되는 경우 행위자가 속한 법인 또는 기관에게도 형사책임을 묻기 위한 취지이다.

한편, 중대시민재해의 양벌규정은 '법인 또는 기관'의 경영책임자등이 중대재해처벌등에관한법률위반(시민재해치사) 및 중대재해처벌등에관한법률위반(시민재해치상)을 범한 경우에만 적용되므로 개인사업주의 경우에는 양벌규정이 적용되지 않는다.

중대시민재해의 양벌규정은 법인 또는 기관의 경영책임자등이 중대재해처벌법 제10조에 해당하는 위반행위를 한 경우에만 적용되므로 동 조항의 '그 행위자를 벌하는 외에'라는 문구에서 '그 행위자'는 법인 또는 기관의 경영책임자등만을 의미한다. 따라서, 산업안전보건법 등의 경우와 같이 '양벌규정의 역적용' 방식으로 경영책임자등 이외의 대리인, 종업원 등을 중대재해처벌등에관한법률위반(시민재해치사상)으로 직접 처벌하는 것은 불가능하다. 다만, 신분자인 경영책임자등의 처벌을 전제로 비신분자인 대리인, 종업원 등을 공범으로 처벌하는 것은 가능할 것이다.

중대재해처벌法의 체계

제5장

보칙

제5장 **보칙**

형 확정 사실의 통보

제12조(형 확정 사실의 통보) 법무부장관은 제6조, 제7조, 제10조 또는 제11조에 따른 범죄의 형이 확정되면 그 범죄사실을 관계 행정기관의 장에게 통보하여야 한다.

법무부장관은 중대재해처벌등에관한법률위반^(산업재해치사상) 또는 중대재해처벌등에관한법률위반^(시민재해치사상)의 범죄의 형이 확정되면 그 범죄사실을 관계 행정기관에게 통보하여야 한다^(중대재해처벌법 제12조). 위 법문상 형 확정 사실의 통보의 대상은 중대산업재해인지 중대시민재해인지를 불문하고, 개인사업자나 경영책임자등에 대한 형사처벌은 물론 양벌규정에 따른 법인 또는 기관의 처벌을 모두 포괄한다.[148]

통보의 주체는 형 확정 여부 및 그 범죄사실을 가장 잘 알 수 있는 행정기관인 법무부 장관이다. 통보의 내용은 형 확정 사실

---

148) 同旨: 권창영 외(2022), 제12조 해설[김희수 집필부분].

이 아니라 그 '범죄사실'이다. 형 확정 사실의 통보의 취지가 인허가권자의 행정상 제재 여부 판단을 위한 기초자료로 삼도록 하는 것이므로 구체적인 사실을 통보해야 할 것이어서 범죄사실을 통보토록 한 것이다.[149] 통보의 시기는 검찰의 기소 시점이 아니라 확정 후이다. 통보의 상대방으로 규정된 관계 행정기관에 대해서는 법률이나 시행령에서 구체적인 규율이 없지만, 각종 행정법규상 인허가권자인 지방자치단체가 포함될 것이다.

---

149) Ibid.

중대산업재해 발생사실 공표

제13조(중대산업재해 발생사실 공표) ① 고용노동부장관은 제4조에 따른 의무를 위반하여 발생한 중대산업재해에 대하여 사업장의 명칭, 발생 일시와 장소, 재해의 내용 및 원인 등 그 발생사실을 공표할 수 있다.
② 제1항에 따른 공표의 방법, 기준 및 절차 등은 대통령령으로 정한다.

중대재해처벌법 제13조제1항은 고용노동부장관은 중대재해처벌법 제4조에 따른 사업주와 경영책임자등의 안전 및 보건 확보 의무를 위반하여 발생한 중대산업재해에 대하여 사업장의 명칭, 발생 일시와 장소, 재해의 내용 및 원인 등 그 발생사실을 공표할 수 있다고 규정하고 있다. 위 조항은 각종 안전사고나 직업병의 발생에 따른 중대산업재해를 예방하기 위하여 사업주의 관심과 투자를 유인하기 위한 취지이다.[150] 여기서 범죄사실의 '공표(公表)'는 공법상 의무위반이 있는 경우 일반인이 알 수 있도록 행정청이 의무위반 사실을 알리는 행위를 말한다. 이러한 공표는 개인이나 기업의 명예나 신용에 대한 불이익을 위협하는 방식으로 간접적으로 공법상 의무이행을 확보하는 새로운 방식의 행정의 실효성 확보 수단이다. 다만, 이러한 수단은 당사자의 경제적 신용

---

150) 이상국, p.385.

의 손실이나 프라이버시에 관련되는 만큼 법률의 근거하에서만 가능하도록 하여야 한다.[151] 한편, 중대재해처벌법 제13조제1항의 법문상 "그 발생사실을 공표할 수 있다."라는 문구의 해석상 발생 사실의 공표는 재량행위의 성질을 갖는다고 할 것이다.

중대재해처벌법 제13조제2항은 동조 제1항에 따른 공표의 방법, 기준 및 절차 등은 대통령령으로 위임하고 있으며, 이러한 위임을 받아 제정된 동법 시행령은 중대산업재해 발생사실의 공표에 관하여 다음과 같이 규정하고 있다.

> **시행령 제12조(중대산업재해 발생사실의 공표)** ① 법 제13조제1항에 따른 공표(이하 이 조에서 "공표"라 한다)는 법 제4조에 따른 의무를 위반하여 발생한 중대산업재해로 법 제12조에 따라 범죄의 형이 확정되어 통보된 사업장을 대상으로 한다.
> ② 공표 내용은 다음 각 호의 사항으로 한다.
> 1. "중대산업재해 발생사실의 공표"라는 공표의 제목
> 2. 해당 사업장의 명칭
> 3. 중대산업재해가 발생한 일시 · 장소
> 4. 중대산업재해를 입은 사람의 수
> 5. 중대산업재해의 내용과 그 원인(사업주 또는 경영책임자등의 위반사항을 포함한다.)
> 6. 해당 사업장에서 최근 5년 내 중대산업재해의 발생 여부
> ③ 고용노동부장관은 공표하기 전에 해당 사업장의 사업주 또는 경영책임자등에게 공표하려는 내용을 통지하고 30일 이상의 기간을 정하여 그에 대해 소명자료를 제출하게 하거나 의견을 진술할 수 있는 기회를 주어야 한다.
> ④ 공표는 관보, 고용노동부나 「한국산업안전보건공단법」에 따른 한국산업안전보건공단의 홈페이지에 게시하는 방법으로 한다.
> ⑤ 제4항에 따라 홈페이지에 게시하는 방법으로 공표하는 경우 공표기간은 1년으로 한다.

---

151) 류지태·박종수, p.430.

중대산업재해 발생사실의 공표 제도는 중대산업재해를 야기한 사업장에 대하여 그 발생사실 등을 공표함으로써 산업재해 예방의 목적을 도모하려는 취지인바, 다만 아직 형이 확정되지 않은 상태에서 사업장의 명칭, 발생 일시와 장소, 재해의 내용 및 원인 등을 공표하는 것은 무죄추정의 원칙과의 관계에서 문제의 소지가 있다.[152]

이러한 점을 고려하여 중대재해처벌법 시행령 제12조제1항은 중대산업재해 발생사실의 공표 대상을 중대재해처벌법 제12조에 따라 범죄의 형이 확정되어 그 사실이 통보된 사업장으로 대상으로 제한하였다. 중대재해처벌법 제13조제1항에 따른 중대산업재해 발생사실의 공표는 위에서 본 바와 같이 재량행위의 성질을 갖는다고 할 것이므로, 시행령으로 공표의 대상을 '중대재해처벌법 제12조에 따라 범죄의 형이 확정되어 통보된 사업장'으로 제한하는 것도 가능하다고 생각한다. 나아가, 무죄추정의 원칙과의 관계를 고려할 때, 이러한 제한은 합리성이 있다고 생각한다.

한편, 고용노동부장관은 중대산업재해 발생사실을 공표하기 전에 해당 사업장의 사업주 또는 경영책임자등에게 공표하려는 내용을 통지하고 30일 이상의 기간을 정하여 그에 대해 소명자료를 제출하게 하거나 의견을 진술할 수 있는 기회를 주어야 한다

---

152) 송인택 외, p. 209.

(시행령 제12조제3항). 공표의 내용은 ① "중대산업재해 발생사실의 공표"라는 공표의 제목, ② 해당 사업장의 명칭, ③ 중대산업재해가 발생한 일시·장소, ④ 중대산업재해를 입은 사람의 수, ⑤ 중대산업재해의 내용과 그 원인(사업주 또는 경영책임자등의 위반사항 포함) 및 ⑥ 해당 사업장에서 최근 5년 내 중대산업재해의 발생 여부이다(시행령 제12조제2항). 공표의 방법은 관보, 고용노동부나 한국산업안전보건공단법에 따른 한국산업안전보건공단의 홈페이지에 게시하는 방법으로 하며(시행령 제12조제4항), 이때 홈페이지에 게시하는 방법으로 공표하는 경우에는 공표기간은 1년으로 한다(시행령 제12조제5항).

한편, 앞에서 언급한 바와 같이 이러한 중대재해 발생사실의 공표는 '중대재해처벌법 제4조에 따른 의무를 위반하여 발생한 중대산업재해'에 한하여 인정되는 것이므로, 중대시민재해의 경우에는 발생사실 공표가 허용되지 않는다.

심리절차에 관한 특례

1. 전속적 수사권 문제

　근로감독관은 특별사법경찰관리의 지위에서 산업안전보건법 위반죄에 대하여 전속적 수사권을 갖는다.[153] 한편, 2022. 1. 4. 법률 제18674호로 개정되어 2022. 1. 27. 시행된 사법경찰관리의 직무를 수행할 자와 그 직무범위에 관한 법률(이하 "사법경찰직무법"이라고 약칭한다)은 제6조의2제1항제18호로 「중대재해처벌 등에 관한 법률」(제6조 및 제7조만 해당한다)"이라는 조항을 신설하여 중대재해처벌법 제6조, 제7조 위반죄에 대해서도 근로감독관의 전속적 수사권을 명시하였다. 다만 중대재해처벌법 제10조, 제11조 위반죄는 중대시민재해 사건으로 근로감독관의 전속적 수사권 대상이 아니라고 보아 제외되었다.

　중대재해처벌법 시행 이전 산업재해가 발생하는 경우 경찰은 업무상과실치사상 혐의에 대하여, 근로감독관은 산업안전보건법

---

153) 형사소송법 제245조의10, 근로기준법 제105조, 사법경찰관리의 직무를 수행할 자와 그 직무범위에 관한 법률 제6조의2제1항제5호.

위반 혐의에 대해 수사를 진행하였다. 2022. 1. 27. 중대재해처벌법 시행 이후에도 이러한 상황은 여전할 것으로 예상되며, 특히 동일한 재해로 중대재해처벌법상 종사자와 그 외의 사람이 동시에 사상(死傷)에 이른 경우에는 중대재해처벌등에관한법률위반(산업재해치사상)과 중대재해처벌등에관한법률위반(시민재해치사상)이 동시에 성립하게 되는데 전자는 근로감독관이, 후자는 경찰이 수사를 하여야 한다는 점에서 2022년 개정 사법경찰직무법 시행에도 불구하고 동일한 사고에 대한 경찰과 근로감독관의 사실상의 수사권 중복은 계속 문제가 될 것으로 예상된다. 따라서 사건을 송치받는 검찰의 근로감독관에 대한 적절한 수사지휘와 경찰과의 수사 협의를 통해 통일적이고 효율적인 수사가 이루어질 필요가 있다.[154]

한편, 동일한 재해로 중대재해처벌법상 종사자와 그 외의 사람이 동시에 사상(死傷)에 이른 경우처럼 중대재해처벌등에관한법률위반(산업재해치사상)과 중대재해처벌등에관한법률위반(시민재해치사상)이 동시에 성립하는 경우는 별론으로 하고, 산업재해로 종사자만 사상에 이르러 중대재해처벌등에관한법률위반(산업재해치사상)이 성립한 경우에는 중대재해처벌등에관한법률위반(산업재해치사상) 외에 경영책임자등의 업무상과실치사상은 별도로 성립하지 않는다고

---

154) 권창영 외(2022), 제6조 해설[김희수 집필부분].

해석하면(즉, 법조경합 관계로 볼 경우) 근로감독관이 경영책임자등을 중대
재해처벌등에관한법률위반(산업재해치사상) 혐의로 입건한 경우에는
경찰이 경영책임자등을 업무상과실치사상의 혐의로 별도로 수사
할 수 없도록 제도를 정비할 필요가 있다고 생각한다.

2. 심리절차에 관한 특례

제14조(심리절차에 관한 특례) ① 이 법 위반 여부에 관한 형사재판에서 법원은 직권
으로 「형사소송법」 제294조의2에 따라 피해자 또는 그 법정대리인(피해자가 사망하거
나 진술할 수 없는 경우에는 그 배우자 · 직계친족 · 형제자매를 포함한다)을 증인으로
신문할 수 있다.
② 이 법 위반 여부에 관한 형사재판에서 법원은 검사, 피고인 또는 변호인의 신청이
있는 경우 특별한 사정이 없으면 해당 분야의 전문가를 전문심리위원으로 지정하여
소송절차에 참여하게 하여야 한다.

중대재해처벌법 제14조는 동법 위반 여부에 관한 형사재판의
'심리절차에 관한 특례'를 규정하고 있다. 동 규정은 중대재해처
벌법법위반 형사사건을 담당하는 법원의 심리절차상 특례를 정하
는 취지로, 제1항은 피해자에 대한 증인신문에 관해, 제2항은 전
문심리위원에 대해 규율하고 있다.

중대재해처벌법의 제정 과정에서 강은미, 박주민, 이탄희, 박
범계 의원이 대표발의한 각 제정법률안들은 모두 '양형절차에 관

한 특례 조항'을 포함하고 있었다. 그 내용도 형의 선고 이전에 양형(量刑) 심리절차를 별도로 마련하여 형량 결정을 위한 전문가 위원회를 설치 · 운영하고, 피해자의 진술을 반드시 재판에 반영하자는 취지였다.[155] 그런데 법제사법위원회 심의 과정에서 사실인정과 양형 절차를 이원화하는 제도를 특별법으로 신설하는 것은 법체계에 혼란을 가져올 수도 있으며, 심리 기간의 장기화도 예상된다는 이유로 ① 심리절차에서 전문가의 의견을 참고할 수 있는 전문심리위원 제도를 운영하고, ② 형사소송법에 따라 피해자 진술을 듣는 절차를 실질화하는 방안으로 합의가 되었고, 해당 조항의 표제도 '심리절차의 특례'로 변경되었다.[156]

1) 피해자등의 진술권

중대재해처벌법 위반 여부에 관한 형사재판에서 법원은 직권으로 형사소송법 제294조의2에 따라 피해자 또는 그 법정대리인(피해자가 사망하거나 진술할 수 없는 경우에는 그 배우자·직계친족·형제자매를 포함)을 증인으로 신문할 수 있다(제14조제1항).

---

155) 송인택 외, p. 211.
156) 송인택 외, p. 212.

형사소송법 제294조의2(피해자등의 진술권) ① 법원은 범죄로 인한 피해자 또는 그 법정대리인(피해자가 사망한 경우에는 배우자·직계친족·형제자매를 포함한다. 이하 이 조에서 "피해자등"이라 한다)의 신청이 있는 때에는 그 피해자등을 증인으로 신문하여야 한다. 다만, 다음 각 호의 어느 하나에 해당하는 경우에는 그러하지 아니하다. 〈개정 2007. 6. 1.〉

1. 삭제 〈2007. 6. 1.〉
2. 피해자등 이미 당해 사건에 관하여 공판절차에서 충분히 진술하여 다시 진술할 필요가 없다고 인정되는 경우
3. 피해자등의 진술로 인하여 공판절차가 현저하게 지연될 우려가 있는 경우

② 법원은 제1항에 따라 피해자등을 신문하는 경우 피해의 정도 및 결과, 피고인의 처벌에 관한 의견, 그 밖에 당해 사건에 관한 의견을 진술할 기회를 주어야 한다. 〈개정 2007. 6. 1.〉

③ 법원은 동일한 범죄사실에서 제1항의 규정에 의한 신청인이 여러 명인 경우에는 진술할 자의 수를 제한할 수 있다. 〈개정 2007. 6. 1.〉

④ 제1항의 규정에 의한 신청인이 출석통지를 받고도 정당한 이유없이 출석하지 아니한 때에는 그 신청을 철회한 것으로 본다. 〈개정 2007. 6. 1.〉

[본조신설 1987. 11. 28.]
[제목개정 2007. 6. 1.]

헌법 제27조제5항은 "형사피해자는 법률이 정하는 바에 의하여 당해 사건의 재판절차에서 진술할 수 있다."라고 규정하여 형사피해자의 진술권을 기본권의 수준에서 보장하고 있다.

이에 따라 형사소송법 제294조의2^(피해자등의 진술권)는 범죄로 인한 피해자를 신문하는 경우에 당해 사건에 관한 의견을 진술할 기회를 주도록 규정하고 있다. 동법 제294조의2제1항 본문에 따라 법원은 범죄로 인한 피해자 또는 그 법정대리인^{(피해자가 사망한 경우에}

는 배우자·직계친족·형제자매를 포함, 이하 피해자와 그 법정대리인은 "피해자등"이라 통칭함)의

신청이 있는 때에는 그 피해자등을 증인으로 신문하여야 한다. 다만, 피해자등 이미 당해 사건에 관하여 공판절차에서 충분히 진술하여 다시 진술할 필요가 없다고 인정되거나 피해자등의 진술로 인하여 공판절차가 현저하게 지연될 우려가 있는 경우에는 그러하지 아니하다(동법 제294조의2제1항 단서). 법원이 피해자등을 신문하는 경우에는 피해의 정도 및 결과, 피고인의 처벌에 관한 의견, 그 밖에 당해 사건에 관한 의견을 진술할 기회를 주어야 한다(동법 제294조의2제2항). 한편, 법원은 동일한 범죄사실에서 신청인이 여러 명인 경우에는 진술할 자의 수를 제한할 수 있다(형사소송법 제294조의2제3항). 신청인이 출석통지를 받고도 정당한 이유없이 출석하지 아니한 때에는 그 신청을 철회한 것으로 본다(형사소송법 제294조의2제4항). 한편, 위 조항에서 피해자는 고소권자인 범죄로 인한 피해자와 마찬가지로 직접적 피해자로 제한되지만, 보호법익의 주체뿐 아니라 행위의 객체가 된 자도 포함된다.[157]

이처럼 형사소송법 제294조의2에 따른 피해자등의 진술권은 피해자등의 신청(申請)을 전제로 하지만, 중대재해처벌법 위반 여부에 관한 형사재판에서는 피해자등의 신청이 없는 경우에도 법원이 그 직권(職權)으로 형사소송법 제294조의2에 따라 피해자등

---

157) 이재상 외, 형사소송법, p.545.

을 증인으로 신문할 수 있다^(제14조제1항).

2) 전문심리위원의 참여

중대재해처벌법 위반 여부에 관한 형사재판에서 법원은 검사, 피고인 또는 변호인의 신청이 있는 경우 특별한 사정이 없으면 해당 분야의 전문가를 전문심리위원으로 지정하여 소송절차에 참여하게 하여야 한다^(제14조제2항). 한편, 형사소송법은 제279조의2부터 제279조의8에서 전문심리위원의 참여에 관하여 규정하고 있다.

형사소송법 제279조의2(전문심리위원의 참여) ① 법원은 소송관계를 분명하게 하거나 소송절차를 원활하게 진행하기 위하여 필요한 경우에는 직권으로 또는 검사, 피고인 또는 변호인의 신청에 의하여 결정으로 전문심리위원을 지정하여 공판준비 및 공판기일 등 소송절차에 참여하게 할 수 있다.
② 전문심리위원은 전문적인 지식에 의한 설명 또는 의견을 기재한 서면을 제출하거나 기일에 전문적인 지식에 의하여 설명이나 의견을 진술할 수 있다. 다만, 재판의 합의에는 참여할 수 없다.
③ 전문심리위원은 기일에 재판장의 허가를 받아 피고인 또는 변호인, 증인 또는 감정인 등 소송관계인에게 소송관계를 분명하게 하기 위하여 필요한 사항에 관하여 직접 질문할 수 있다.
④ 법원은 제2항에 따라 전문심리위원이 제출한 서면이나 전문심리위원의 설명 또는 의견의 진술에 관하여 검사, 피고인 또는 변호인에게 구술 또는 서면에 의한 의견진술의 기회를 주어야 한다.
[본조신설 2007. 12. 21.]
형사소송법 제279조의3(전문심리위원 참여결정의 취소) ① 법원은 상당하다고 인정하는 때에는 검사, 피고인 또는 변호인의 신청이나 직권으로 제279조의2제1항에 따른 결정을 취소할 수 있다.

.

② 법원은 검사와 피고인 또는 변호인이 합의하여 제279조의2제1항의 결정을 취소할 것을 신청한 때에는 그 결정을 취소하여야 한다.
[본조신설 2007. 12. 21.]

형사소송법 제279조의4(전문심리위원의 지정 등) ① 제279조의2제1항에 따라 전문심리위원을 소송절차에 참여시키는 경우 법원은 검사, 피고인 또는 변호인의 의견을 들어 각 사건마다 1인 이상의 전문심리위원을 지정한다.
② 전문심리위원에게는 대법원규칙으로 정하는 바에 따라 수당을 지급하고, 필요한 경우에는 그 밖의 여비, 일당 및 숙박료를 지급할 수 있다.
③ 그 밖에 전문심리위원의 지정에 관하여 필요한 사항은 대법원규칙으로 정한다.
[본조신설 2007. 12. 21.]

형사소송법 제279조의5(전문심리위원의 제척 및 기피) ① 제17조부터 제20조까지 및 제23조는 전문심리위원에게 준용한다.
② 제척 또는 기피 신청이 있는 전문심리위원은 그 신청에 관한 결정이 확정될 때까지 그 신청이 있는 사건의 소송절차에 참여할 수 없다. 이 경우 전문심리위원은 해당 제척 또는 기피 신청에 대하여 의견을 진술할 수 있다.
[본조신설 2007. 12. 21.]

제279조의6(수명법관 등의 권한) 수명법관 또는 수탁판사가 소송절차를 진행하는 경우에는 제279조의2제2항부터 제4항까지의 규정에 따른 법원 및 재판장의 직무는 그 수명법관이나 수탁판사가 행한다.
[본조신설 2007. 12. 21.]

제279조의7(비밀누설죄) 전문심리위원 또는 전문심리위원이었던 자가 그 직무수행 중에 알게 된 다른 사람의 비밀을 누설한 때에는 2년 이하의 징역이나 금고 또는 1천만원 이하의 벌금에 처한다.
[본조신설 2007. 12. 21.]

제279조의8(벌칙 적용에서의 공무원 의제) 전문심리위원은 「형법」 제129조부터 제132조까지의 규정에 따른 벌칙의 적용에서는 공무원으로 본다.
[본조신설 2007. 12. 21.]

형사소송법 제279조의2제1항은 법원은 소송관계를 분명하게 하거나 소송절차를 원활하게 진행하기 위하여 필요한 경우에는 직권으로 또는 검사, 피고인 또는 변호인의 신청에 의하여 결정으로 전문심리위원을 지정하여 공판준비 및 공판기일 등 소송절차에 참여하게 할 수 있다고 규정하고 있다. 전문심리위원을 소송질차에 참어시키는 경우 법원은 검사, 피고인 또는 변호인의 의견을 들어 각 사건마다 1인 이상의 전문심리위원을 지정한다(제279조의4제1항). 법원은 상당하다고 인정하는 때에는 검사, 피고인 또는 변호인의 신청이나 직권으로 전문심리위원의 지정을 취소할 수 있다(제279조의3제1항). 전문심리위원은 전문적인 지식에 의한 설명 또는 의견을 기재한 서면을 제출하거나 기일에서 전문적인 지식에 의하여 설명이나 의견을 진술할 수 있으나, 재판의 합의에는 참여할 수 없다(제279조의2제2항). 전문심리위원은 기일에서 재판장의 허가를 받아 피고인 또는 변호인, 증인 또는 감정인 등 소송관계인에게 소송관계를 분명하게 하기 위하여 필요한 사항에 관하여 직접 질문할 수 있다(제279조의2제3항). 법원은 전문심리위원이 제출한 서면이나 전문심리위원의 설명 또는 의견의 진술에 관하여 검사, 피고인 또는 변호인에게 구술 또는 서면에 의한 의견진술의 기회를 주어야 한다(제279조의2제4항).

수명법관 또는 수탁판사가 소송절차를 진행하는 경우에는 위의 규정에 따른 법원 및 재판장의 직무는 그 수명법관이나 수탁판사가 행한다(제279조의6). 한편, 전문심리위원 또는 전문심리위원 이었던 자가 그 직무수행 중에 알게 된 다른 사람의 비밀을 누설한 때에는 2년 이하의 징역이나 금고 또는 1천만원 이하의 벌금에 처하며(제279조의7), 전문심리위원은 형법 제129조부터 제132조까지의 규정에 따른 벌칙의 적용에서는 공무원으로 본다(제279조의8).

형사소송법 제279조의5는 전문심리위원의 제척 및 기피에 관한 규정을 두고 있는바, 중대재해처벌법에 위 규정을 배제하겠다는 취지의 규정을 두고 있지 않으므로 위 규정도 중대재해처벌법 위반 여부에 관한 형사재판에 적용된다고 보아야 할 것이다.[158]

한편, 이러한 전문심리위원과 관련된 절차 진행 등에 관한 사항은 당사자에게 적절한 방법으로 적시에 통지하여 당사자의 참여 기회가 실질적으로 보장될 수 있도록 하여야 한다. 그렇지 않은 경우 각각의 적법절차 위반인 동시에 헌법상의 재판을 받을 권리를 침해한 것이 된다.[159]

---

158) 신승욱·김형규, p. 110.
159) 이재상 외, 형사소송법, p. 509.

손해배상의 책임

제15조(손해배상의 책임) ① 사업주 또는 경영책임자등이 고의 또는 중대한 과실로 이 법에서 정한 의무를 위반하여 중대재해를 발생하게 한 경우 해당 사업주, 법인 또는 기관이 중대재해로 손해를 입은 사람에 대하여 그 손해액의 5배를 넘지 아니하는 범위에서 배상책임을 진다. 다만, 법인 또는 기관이 해당 업무에 관하여 상당한 주의와 감독을 게을리하지 아니한 경우에는 그러하지 아니하다.

② 법원은 제1항의 배상액을 정할 때에는 다음 각 호의 사항을 고려하여야 한다.

1. 고의 또는 중대한 과실의 정도
2. 이 법에서 정한 의무위반행위의 종류 및 내용
3. 이 법에서 정한 의무위반행위로 인하여 발생한 피해의 규모
4. 이 법에서 정한 의무위반행위로 인하여 사업주나 법인 또는 기관이 취득한 경제적 이익
5. 이 법에서 정한 의무위반행위의 기간·횟수 등
6. 사업주나 법인 또는 기관의 재산상태
7. 사업주나 법인 또는 기관의 피해구제 및 재발방지 노력의 정도

1. 서론

종래 산업안전보건법은 동법 위반행위로 인하여 발생한 손해에 대하여 특별한 규정을 두지 않았다. 따라서 피해자나 그 유족은 민법상 불법행위책임 등에 터 잡아 손해배상을 청구할 수밖에 없었다.

중대재해처벌법은 동법 제6조, 제7조, 제10조 또는 제11조에

서 개인사업주, 법인 또는 기관의 경영책임자등 및 양벌규정에 의한 법인 또는 기관의 형사벌을 규정하는 외에, 동법 제15조제1항에서 "사업주 또는 경영책임자등이 고의 또는 중대한 과실로 이 법에서 정한 의무를 위반하여 중대재해를 발생하게 한 경우, 해당 사업주, 법인 또는 기관이 중대재해로 손해를 입은 사람에 대하여 그 손해액의 5배를 넘지 않는 범위에서 배상책임을 진다. 다만, 법인 또는 기관이 해당 업무에 관하여 상당한 주의와 감독을 게을리하지 아니한 경우에는 그러하지 아니하다."라고 규정하고 있다. 이 조항에 따른 손해배상을 '징벌적 손해배상'으로 부르는 경우가 많지만 손해배상의 한도를 실손해의 5배로 법정(法定)한 취지임을 고려할 때 '법정 부가배상' 정도로 부르는 것이 본질에 부합하는 호명(呼名)이라고 생각한다.

한편, 위 조항에 따른 배상의무의 주체는 ① (개인)사업주, ② 법인 또는 ③ 기관이다. 따라서, 법인 또는 기관의 경영책임자등은 민법 제750조에 따라 손해배상책임을 부담함은 별론으로 하고, 중대재해처벌법 제15조제1항에 따른 법정 부가배상의 책임은 지지 않는다.

중대재해처벌법 제15조제2항은 동조 제1항에 기한 손해배상액을 정할 때 고려해야 하는 사항으로 ① 고의 또는 중대한 과실의 정도, ② 중대재해처벌법에서 정한 의무위반행위의 종류 및 내용, ③ 동법에서 정한 의무위반행위로 인하여 발생한 피해의 규모, ④ 동법에서 정한 의무위반행위로 인하여 사업주나 법인 또는 기관이 취득한 경제적 이익, ⑤ 동법에서 정한 의무위반행위의 기간·횟수 등, ⑥ 사업주나 법인 또는 기관의 재산상태 및 ⑦ 사업주나 법인 또는 기관의 피해구제 및 재발방지 노력의 정도를 열거하고 있다.

이러한 중대재해처벌법 제15조는 형사벌에 관한 규정이 아니라 '손해배상'에 관한 규정이다. 따라서, 중대재해처벌법 제15조는 민법상 불법행위책임에 대한 특별법(국가나 지방자치단체에 관해서는 국가배상법의 특별법)으로서의 성격을 갖는다.

민법 또는 국가배상법상 배상책임과 중대재해처벌법 제15조의 손해배상책임(법정 부가배상)을 비교하면 다음과 같다.[160]

---

160) 법인 또는 기관의 경우에는 민법상 법인의 불법행위책임(민법 제35조), 사용자 책임(민법 제756조), 국가배상법을 함께 비교하였다.

〈표〉 민법/국가배상법에 따른 배상책임과 중대재해처벌법 제15조의 비교

	개인사업주		법인 또는 기관	
	민법	중대재해처벌법	민법(국가배상법)	중대재해처벌법
행위자	개인사업주	개인사업주	법인의 이사 기타 대표자(民§35①) 피용자(民§756①) 공무원 또는 공무를 위탁받은 사인(국가배상법§2①)	경영책임자등
귀책사유	고의 · 과실	고의 · 중과실	고의 · 과실	고의 · 중과실
위법행위	위법행위(民§750)	중대재해처벌법상 안전보건 확보의무 위반	이사 기타 대표자 그 직무에 관한 행위(民§35①) 피용자의 그 사무집행에 관한 행위(民§756①) 공무원등이 직무를 집행하면서 법령을 위반한 행위(국가배상법§2①)	중대재해처벌법상 안전보건 확보의무 위반
손해의 발생	손해의 내용 제한 없음	중대재해(사망 · 부상 · 질병)	손해의 내용 제한 없음	중대재해(사망 · 부상 · 질병)
배상책임자	개인사업주	개인사업주	법인(民§35①) 사용자(民§756①) 국가 · 지방자치단체(국가배상법§2①)	법인 또는 기관
청구권자	피해자(民§750); 생명침해로 인한 위자료의 경우 직계존속, 직계비속 및 배우자(民§752)	중대재해로 손해를 입은 사람	피해자(民§750); 생명침해로 인한 위자료의 경우 직계존속, 직계비속 및 배우자(民§752) 上同 피해자; 위자료의 경우 직계존속 · 배우자(국가배상법§3)	중대재해로 손해를 입은 사람

	개인사업주		법인 또는 기관	
	민법	중대재해처벌법	민법(국가배상법)	중대재해처벌법
손해배상의 범위	통상의 손해(民§763·393①). 다만, 채무자의 악의·과실의 경우 특별손해(民§763·393②)	손해액의 5배 이내	통상의 손해(民§763·393①). 다만, 채무자의 악의·과실의 경우 특별손해(民§763·393②)	손해액의 5배 이내
			上同	
			국가배상법§3	
면책사유	없음	없음 (제15조제1항 단서는 법인 또는 기관에 관한 조항임)	民§35는 별도의 면책사유를 규정하지 않음	법인 또는 기관이 해당 업무에 관하여 상당한 주의와 감독을 게을리하지 아니한 경우
			사용자가 피용자의 선임 및 그 사무감독에 상당한 주의를 한 때 또는 상당한 주의를 하여도 손해가 있을 경우(民§756①)	
			군인·군무원·경찰공무원 또는 예비군대원이 전투·훈련 등 직무 집행과 관련하여 전사·순직하거나 공상을 입은 경우로서 다른 법령에 따라 재해보상금 등의 보상을 지급받을 수 있을 때(국가배상법§2①단서)	

2. 개인사업주의 경우

개인사업주의 경우에는 중대재해처벌법 제15조제1항의 적용에 있어 위법행위를 한 행위자와 배상책임을 지는 자가 모두 개인사업주로 동일하다. 따라서, 개인사업주에 대해서는 별도의 면책사유를 둘 필요가 없다. 동법 제15조제1항 단서도 "다만, 법인 또는 기관이 해당 업무에 관하여 상당한 주의와 감독을 게을리하지 아니한 경우에는 그러하지 아니하다."라고 규정하여 면책사유의 적용대상을 '법인 또는 기관'으로 제한하고 있다.

3. 법인의 경우

영리 및 비영리를 포함한 사법인(私法人)과 국가와 지방자치단체를 제외한 공법인(公法人)인 사업주는 그 이사 기타 대표자가 그 직무에 관하여 타인에게 가한 손해를 배상할 책임이 있다. 이 경우 이사 기타 대표자 본인도 이로 인하여 자기의 손해배상책임을 면하지 못한다(민법 제35조제1항).

한편, 타인을 사용하여 어느 사무에 종사하게 한 자는 피용자가 그 사무집행에 관하여 제3자에게 가한 손해를 배상할 책임이 있으나(민법 제756조 본문), 다만 사용자가 피용자의 선임 및 그 사무감독에 상당한 주의를 한 때 또는 상당한 주의를 하여도 손해가 있을 경우에는 그러하지 아니하다(민법 제756조 단서).

이들 규정을 종합해 보면, 법인사업주의 경영책임자등이 해당 법인의 대표자인 경우에는(이러한 경우가 대부분일 것이다) 민법 제35조제1항에 따라, 경영책임자등이 해당 법인의 대표자가 아닌 경우(특정 사업부문을 총괄하는 대표권 없는 임원이 경영책임자가 되는 경우 등)에는 민법 제756조 본문에 따라 법인사업주의 배상책임이 인정될 수 있을 것이다.

중대재해처벌법 제15조제1항은 이러한 법인의 불법행위책임 또는 사용자 책임에 대한 특칙으로 경영책임자등이 고의 또는 중대한 과실로 중대재해처벌법에서 정한 의무를 위반하여 중대재해를 발생하게 한 경우에는 해당 법인 사업주가 중대재해로 손해를 입은 사람에게 그 손해액의 5배를 넘지 아니하는 범위에서 배상책임을 지도록 한 것이다. 한편, 이러한 법정 부가배상은 행위자인 경영책임자등이 아니라 법인 또는 기관에게 부과되는 것이므로, 법인의 경영책임자등은 민법 제750조에 따른 불법행위책임을 부담하는 것 이외에 중대재해처벌법 제15조제1항에 따른 법정 부가배상(liquidated damages) 책임은 지지 않는다. 이 경우 법인 사업주가 부담하는 중대재해처벌법 제15조제1항에 따른 배상책임과 경영책임자등이 민법 제750조에 부담하는 손해배상책임은 부진정 연대의 관계에 있다.

4. 기관의 경우

중대재해처벌법상 기관을 법인격 없는 공공기관이라는 의미로 해석할 경우, 이러한 법인격 없는 기관은 민사소송법상 당사자능력이 없으므로, 법인격 없는 공공기관을 상대로 중대재해처벌법 제15조제1항의 배상책임을 소구할 방법은 생각하기 어렵다.

따라서, 그러한 법인격 없는 기관을 설치 및 운영하는 국가 또는 지방자치단체 등의 공법인^(公法人)을 상대로 소를 제기할 수밖에 없을 것이다. 이러한 소송은 엄격하게는 행정소송법상 당사자소송[161]에 의해야 할 것으로 생각되나, 실무상 민사소송으로 취급될 가능성이 높다.

---

161) 행정소송법 제3조(행정소송의 종류) 행정소송은 다음의 네가지로 구분한다. 〈개정 1988. 8. 5.〉
  2. 당사자소송: 행정청의 처분등을 원인으로 하는 법률관계에 관한 소송 그 밖에 공법상의 법률관계에 관한 소송으로서 그 법률관계의 한쪽 당사자를 피고로 하는 소송

정부의 사업주 등에 대한 지원 및 보고

제16조(정부의 사업주 등에 대한 지원 및 보고) ① 정부는 중대재해를 예방하여 시민과 종사자의 안전과 건강을 확보하기 위하여 다음 각 호의 사항을 이행하여야 한다.
1. 중대재해의 종합적인 예방대책의 수립·시행과 발생원인 분석
2. 사업주, 법인 및 기관의 안전보건관리체계 구축을 위한 지원
3. 사업주, 법인 및 기관의 중대재해 예방을 위한 기술 지원 및 지도
4. 이 법의 목적 달성을 위한 교육 및 홍보의 시행
② 정부는 사업주, 법인 및 기관에 대하여 유해·위험 시설의 개선과 보호 장비의 구매, 종사자 건강진단 및 관리 등 중대재해 예방사업에 소요되는 비용의 전부 또는 일부를 예산의 범위에서 지원할 수 있다.
③ 정부는 제1항 및 제2항에 따른 중대재해 예방을 위한 조치 이행 등 상황 및 중대재해 예방사업 지원 현황을 반기별로 국회 소관 상임위원회에 보고하여야 한다.

[시행일 : 2021. 1. 26.]

1. 중대재해 예방을 위한 정부의 조치

정부는 중대재해를 예방하여 시민과 종사자의 안전과 건강을 확보하기 위하여 ① 중대재해의 종합적인 예방대책의 수립·시행과 발생원인 분석, ② 사업주, 법인 및 기관의 안전보건관리체계 구축을 위한 지원, ③ 사업주, 법인 및 기관의 중대재해 예방을 위한 기술 지원 및 지도, ④ 이 법의 목적 달성을 위한 교육 및 홍보의 시행의 사항을 이행하여야 한다(제16조제1항).

2. 정부의 사업주 등에 대한 지원

정부는 사업주, 법인 및 기관에 대하여 유해·위험 시설의 개선과 보호 장비의 구매, 종사자 건강진단 및 관리 등 중대재해 예방사업에 소요되는 비용의 전부 또는 일부를 예산의 범위에서 지원할 수 있다(제16조제2항).

3. 국회 소관 상임위원회에 대한 정부의 보고

정부는 중대재해처벌법 제16조제1항 및 제2항에 따른 중대재해 예방을 위한 조치 이행 등 상황 및 중대재해 예방사업 지원 현황을 반기별로 국회 소관 상임위원회에 보고하여야 한다(제16조제3항). 이는 국회가 중대재해 예방을 위한 조치 이행 등 상황 및 중대재해 예방사업 지원 현황을 파악하여 입법정책에 참고할 수 있도록 하기 위한 취지이다.[162]

---

162) 이상국, p.384.

서류의 보관

> **시행령 제13조(조치 등의 이행사항에 관한 서면의 보관)** 사업주 또는 경영책임자등(「소상공인기본법」 제2조에 따른 소상공인은 제외한다)은 제4조, 제5조 및 제8조부터 제11조까지의 규정에 따른 조치 등의 이행에 관한 사항을 서면(「전자문서 및 전자거래 기본법」 제2조제1호에 따른 전자문서를 포함한다)으로 작성하여 그 조치 등을 이행한 날부터 5년간 보관해야 한다.

 사업주 또는 경영책임자등(소상공인기본법 제2조에 따른 소상공인은 제외함)은 중대재해처벌법 제4조, 제5조 및 제8조부터 제11조까지의 규정에 따른 조치 등의 이행에 관한 사항을 서면(전자문서 및 전자거래 기본법 제2조제1호에 따른 전자문서를 포함함)으로 작성하여 그 조치 등을 이행한 날부터 5년간 보관해야 한다(시행령 제13조).

부록

■ 산업안전보건법 시행령 [별표 3]

안전관리자를 두어야 하는 사업의 종류, 사업장의 상시근로자 수, 안전관리자의 수 및 선임방법(제16조제1항 관련)

사업의 종류	사업장의 상시근로자 수	안전관리자의 수	안전관리자의 선임방법
1. 토사석 광업 2. 식료품 제조업, 음료 제조업 3. 목재 및 나무제품 제조: 가구 제외 4. 펄프, 종이 및 종이제품 제조업 5. 코크스, 연탄 및 석유정제품 제조업	상시근로자 50명 이상 500명 미만	1명 이상	별표 4 각 호의 어느 하나에 해당하는 사람(같은 표 제3호·제7호·제9호 및 제10호에 해당하는 사람은 제외한다)을 선임해야 한다.
6. 화학물질 및 화학제품 제조업: 의약품 제외 7. 의료용 물질 및 의약품 제조업 8. 고무 및 플라스틱제품 제조업 9. 비금속 광물제품 제조업 10. 1차 금속 제조업 11. 금속가공제품 제조업: 기계 및 가구 제외 12. 전자부품, 컴퓨터, 영상, 음향 및 통신장비 제조업 13. 의료, 정밀, 광학기기 및 시계 제조업 14. 전기장비 제조업 15. 기타 기계 및 장비제조업 16. 자동차 및 트레일러 제조업 17. 기타 운송장비 제조업 18. 가구 제조업 19. 기타 제품 제조업 20. 서적, 잡지 및 기타 인쇄물 출판업 21. 해체, 선별 및 원료 재생업 22. 자동차 종합 수리업, 자동차 전문 수리업 23. 발전업	상시근로자 500명 이상	2명 이상	별표 4 각 호의 어느 하나에 해당하는 사람(같은 표 제7호·제9호 및 제10호에 해당하는 사람은 제외한다)을 선임하되, 같은 표 제1호·제2호(「국가기술자격법」에 따른 산업안전산업기사의 자격을 취득한 사람은 제외한다) 또는 제4호에 해당하는 사람이 1명 이상 포함되어야 한다.

사업의 종류	사업장의 상시근로자 수	안전관리자의 수	안전관리자의 선임방법
24. 농업, 임업 및 어업 25. 제2호부터 제19호까지의 사업을 제외한 제조업 26. 전기, 가스, 증기 및 공기조절 공급업(발전업은 제외한다) 27. 수도, 하수 및 폐기물 처리, 원료 재생업(제21호에 해당하는 사업은 제외한다) 28. 운수 및 창고업 29. 도매 및 소매업 30. 숙박 및 음식점업 31. 영상·오디오 기록물 제작 및 배급업	상시근로자 50명 이상 1천명 미만. 다만, 제34호의 부동산 업(부동산 관리업은 제외한다)과 제37호의 사진처리업의 경우에는 상시근로자 100명 이상 1천명 미만으로 한다.	1명 이상	별표 4 각 호의 어느 하나에 해당하는 사람(같은 표 제3호·제9호 및 제10호에 해당하는 사람은 제외한다. 다만, 제24호·제26호·제27호 및 제29호부터 제43호까지의 사업의 경우 별표 4 제3호에 해당하는 사람에 대해서는 그렇지 않다)을 선임해야 한다.
32. 방송업 33. 우편 및 통신업 34. 부동산업 35. 임대업: 부동산 제외 36. 연구개발업 37. 사진처리업 38. 사업시설 관리 및 조경 서비스업 39. 청소년 수련시설 운영업 40. 보건업 41. 예술, 스포츠 및 여가관련 서비스업 42. 개인 및 소비용품수리업(제22호에 해당하는 사업은 제외한다) 43. 기타 개인 서비스업 44. 공공행정(청소, 시설관리, 조리 등 현업업무에 종사하는 사람으로서 고용노동부장관이 정하여 고시하는 사람으로 한정한다) 45. 교육서비스업 중 초등·중등·고등 교육기관, 특수학교·외국인학교 및 대안학교(청소, 시설관리, 조리 등 현업업무에 종사하는 사람으로서 고용노동부장관이 정하여 고시하는 사람으로 한정한다)	상시근로자 1천명 이상	2명 이상	별표 4 각 호의 어느 하나에 해당하는 사람(같은 표 제7호에 해당하는 사람은 제외한다)을 선임하되, 같은 표 제1호·제2호·제4호 또는 제5호에 해당하는 사람이 1명 이상 포함되어야 한다.

사업의 종류	사업장의 상시근로자 수	안전관리자의 수	안전관리자의 선임방법
46. 건설업 산업안전보건법 시행령 부칙 〈대통령령 제30256호, 2019. 12. 24.〉 제2조(공정안전보고서 제출 대상 등의 적용에 관한 일반적 적용례) ④ 별표 3 제46호의 개정규정은 다음 각 호의 구분에 따른 날부터 적용한다. 1. 공사금액 100억원 이상 공사의 경우: 2020년 7월 1일 2. 공사금액 80억원 이상 100억원 미만 공사의 경우: 2021년 7월 1일 3. 공사금액 60억원 이상 80억원 미만 공사의 경우: 2022년 7월 1일 4. 공사금액 50억원 이상 60억원 미만 공사의 경우: 2023년 7월 1일	공사금액 50억원 이상(관계수급인은 100억원 이상) 120억원 미만(「건설산업기본법 시행령」별표 1의 종합공사를 시공하는 업종의 건설업종란 제1호에 따른 토목공사업의 경우에는 150억원 미만)	1명 이상	별표 4 제1호부터 제7호까지 또는 제10호에 해당하는 사람을 선임해야 한다.
	공사금액 120억원 이상(「건설산업기본법 시행령」별표 1의 종합공사를 시공하는 업종의 건설업종란 제1호에 따른 토목공사업의 경우에는 150억원 이상) 800억원 미만		
	공사금액 800억원 이상 1,500억원 미만	2명 이상. 다만, 전체 공사기간을 100으로 할 때 공사 시작에서 15에 해당하는 기간과 공사 종료 전의 15에 해당하는 기간(이하 "전체 공사기간 중 전·후 15에 해당하는 기간"이라 한다) 동안은 1명 이상으로 한다.	별표 4 제1호부터 제7호까지 또는 제10호에 해당하는 사람을 선임하되, 같은 표 제1호부터 제3호까지의 어느 하나에 해당하는 사람이 1명 이상 포함되어야 한다.

사업의 종류	사업장의 상시근로자 수	안전관리자의 수	안전관리자의 선임방법
	공사금액 1,500억원 이상 2,200억원 미만	3명 이상. 다만, 전체 공사기간 중 전·후 15에 해당하는 기간은 2명 이상으로 한다.	별표 4 제1호부터 제7호까지의 어느 하나에 해당하는 사람을 선임하되, 같은 표 제1호 또는 「국가기술자격법」에 따른 건설안전기술사 (건설안전기사 또는 산업안전기사의 자격을 취득한 후 7년 이상 건설안전 업무를 수행한 사람이거나 건설안전산업기사 또는 산업안전산업기사의 자격을 취득한 후 10년 이상 건설안전 업무를 수행한 사람을 포함한다) 자격을 취득한 사람(이하 "산업안전지도사등"이라 한다)이 1명 이상 포함되어야 한다.
	공사금액 2,200억원 이상 3천억원 미만	4명 이상. 다만, 전체 공사기간 중 전·후 15에 해당하는 기간은 2명 이상으로 한다.	
	공사금액 3천억원 이상 3,900억원 미만	5명 이상. 다만, 전체 공사기간 중 전·후 15에 해당하는 기간은 3명 이상으로 한다.	별표 4 제1호부터 제7호까지의 어느 하나에 해당하는 사람을 선임하되, 산업안전지도사등이 2명 이상 포함되어야 한다. 다만, 전체 공사기간 중 전·후 15에 해당하는 기간에는 산업안전지도사등이 1명 이상 포함되어야 한다.
	공사금액 3,900억원 이상 4,900억원 미만	6명 이상. 다만, 전체 공사기간 중 전·후 15에 해당하는 기간은 3명 이상으로 한다.	
	공사금액 4,900억원 이상 6천억원 미만	7명 이상. 다만, 전체 공사기간 중 전·후 15에 해당하는 기간은 4명 이상으로 한다.	별표 4 제1호부터 제7호까지의 어느 하나에 해당하는 사람을 선임하되, 산업안전지도사등이 2명 이상 포함되어야 한다. 다만, 전체 공사기간 중 전·후 15에 해당하는 기간에는 산업안전지도사등이 2명 이상 포함되어야 한다.
	공사금액 6천억원 이상 7,200억원 미만	8명 이상. 다만, 전체 공사기간 중 전·후 15에 해당하는 기간은 4명 이상으로 한다.	

사업의 종류	사업장의 상시근로자 수	안전관리자의 수	안전관리자의 선임방법
	공사금액 7,200억원 이상 8,500억원 미만	9명 이상. 다만, 전체 공사기간 중 전·후 15에 해당하는 기간은 5명 이상으로 한다.	별표 4 제1호부터 제7호까지의 어느 하나에 해당하는 사람을 선임하되, 산업안전지도사 등이 3명 이상 포함되어야 한다. 다만, 전체 공사기간 중 전·후 15에 해당하는 기간에는 산업안전지도사등이 3명 이상 포함되어야 한다.
	공사금액 8,500억원 이상 1조원 미만	10명 이상. 다만, 전체 공사기간 중 전·후 15에 해당하는 기간은 5명 이상으로 한다.	
	1조원 이상	11명 이상[매 2천억원(2조원이상부터는 매 3천억원)마다 1명씩 추가한다]. 다만, 전체 공사기간 중 전·후 15에 해당하는 기간은 선임 대상 안전관리자 수의 2분의 1(소수점 이하는 올림한다) 이상으로 한다.	

■ 산업안전보건법 시행령 [별표 5]

보건관리자를 두어야 하는 사업의 종류, 사업장의 상시근로자 수, 보건관리자의 수 및 선임방법(제20조제1항 관련)

사업의 종류	사업장의 상시근로자 수	보건관리자의 수	보건관리자의 선임방법
1. 광업(광업 지원 서비스업은 제외한다) 2. 섬유제품 염색, 정리 및 마무리 가공업	상시근로자 50명 이상 500명 미만	1명 이상	별표 6 각 호의 어느 하나에 해당하는 사람을 선임해야 한다.
3. 모피제품 제조업 4. 그 외 기타 의복액세서리 제조업(모피 액세서리에 한정한다)	상시근로자 500명 이상 2천명 미만	2명 이상	별표 6 각 호의 어느 하나에 해당하는 사람을 선임해야 한다.
5. 모피 및 가죽 제조업(원피가공 및 가죽 제조업은 제외한다) 6. 신발 및 신발부분품 제조업 7. 코크스, 연탄 및 석유정제품 제조업 8. 화학물질 및 화학제품 제조업; 의약품 제외 9. 의료용 물질 및 의약품 제조업 10. 고무 및 플라스틱제품 제조업 11. 비금속 광물제품 제조업 12. 1차 금속 제조업 13. 금속가공제품 제조업; 기계 및 가구 제외 14. 기타 기계 및 장비 제조업 15. 전자부품, 컴퓨터, 영상, 음향 및 통신장비 제조업 16. 전기장비 제조업 17. 자동차 및 트레일러 제조업 18. 기타 운송장비 제조업 19. 가구 제조업 20. 해체, 선별 및 원료 재생업 21. 자동차 종합 수리업, 자동차 전문 수리업 22. 제88조 각 호의 어느 하나에 해당하는 유해물질을 제조하는 사업과 그 유해물질을 사용하는 사업 중 고용노동부장관이 특히 보건관리를 할 필요가 있다고 인정하여 고시하는 사업	상시근로자 2천명 이상	2명 이상	별표 6 각 호의 어느 하나에 해당하는 사람을 선임하되, 같은 표 제2호 또는 제3호에 해당하는 사람이 1명 이상 포함되어야 한다.

23. 제2호부터 제22호까지의 사업을 제외한 제조업	상시근로자 50명 이상 1천명 미만	1명 이상	별표 6 각 호의 어느 하나에 해당하는 사람을 선임해야 한다.
	상시근로자 1천명 이상 3천명 미만	2명 이상	별표 6 각 호의 어느 하나에 해당하는 사람을 선임해야 한다.
	상시근로자 3천명 이상	2명 이상	별표 6 각 호의 어느 하나에 해당하는 사람을 선임하되, 같은 표 제2호 또는 제3호에 해당하는 사람이 1명 이상 포함되어야 한다.
24. 농업, 임업 및 어업 25. 전기, 가스, 증기 및 공기조절 공급업 26. 수도, 하수 및 폐기물 처리, 원료 재생업(제20호에 해당하는 사업은 제외한다) 27. 운수 및 창고업 28. 도매 및 소매업 29. 숙박 및 음식점업 30. 서적, 잡지 및 기타 인쇄물 출판업 31. 방송업 32. 우편 및 통신업 33. 부동산업 34. 연구개발업 35. 사진 처리업 36. 사업시설 관리 및 조경 서비스업 37. 공공행정(청소, 시설관리, 조리 등 현업업무에 종사하는 사람으로서 고용노동부장관이 정하여 고시하는 사람으로 한정한다) 38. 교육서비스업 중 초등·중등·고등 교육기관, 특수학교·외국인학교 및 대안학교(청소, 시설관리, 조리 등 현업업무에 종사하는 사람으로서 고용노동부장관이 정하여 고시하는 사람으로 한정한다)	상시근로자 50명 이상 5천명 미만. 다만, 제35호의 경우에는 상시근로자 100명 이상 5천명 미만으로 한다.	1명 이상	별표 6 각 호의 어느 하나에 해당하는 사람을 선임해야 한다.
	상시 근로자 5천명 이상	2명 이상	별표 6 각 호의 어느 하나에 해당하는 사람을 선임하되, 같은 표 제2호 또는 제3호에 해당하는 사람이 1명 이상 포함되어야 한다.

39. 청소년 수련시설 운영업 40. 보건업 41. 골프장 운영업 42. 개인 및 소비용품수리업(제21 호에 해당하는 사업은 제외 한다) 43. 세탁업		
44. 건설업	공사금액 800억원 이상(「건설산업기본 법 시행령」 별표 1 의 종합공사를 시 공하는 업종의 건 설업종란 제1호에 따른 토목공사업에 속하는 공사의 경 우에는 1천억 이상) 또는 상시 근로자 600명 이상	1명 이상[공사금액 800억원(「건설산 업기본법 시행령」 별표 1의 종합공사 를 시공하는 업종 의 건설업종란 제1 호에 따른 토목공 사업은 1천억원)을 기준으로 1,400억 원이 증가할 때마 다 또는 상시 근로 자 600명을 기준 으로 600명이 추 가될 때마다 1명씩 추가한다]	별표 6 각 호의 어느 하나에 해당하는 사람 을 선임해야 한다.

■ 산업안전보건법 시행령 [별표 9]

산업안전보건위원회를 구성해야 할 사업의 종류 및 사업장의 상시근로자 수(제34조 관련)

사업의 종류	사업장의 상시근로자 수
1. 토사석 광업 2. 목재 및 나무제품 제조업; 가구제외 3. 화학물질 및 화학제품 제조업; 의약품 제외(세제, 화장품 및 광택제 제조업과 화학섬유 제조업은 제외한다) 4. 비금속 광물제품 제조업 5. 1차 금속 제조업 6. 금속가공제품 제조업; 기계 및 가구 제외 7. 자동차 및 트레일러 제조업 8. 기타 기계 및 장비 제조업(사무용 기계 및 장비 제조업은 제외한다) 9. 기타 운송장비 제조업(전투용 차량 제조업은 제외한다)	상시근로자 50명 이상
10. 농업 11. 어업 12. 소프트웨어 개발 및 공급업 13. 컴퓨터 프로그래밍, 시스템 통합 및 관리업 14. 정보서비스업 15. 금융 및 보험업 16. 임대업; 부동산 제외 17. 전문, 과학 및 기술 서비스업(연구개발업은 제외한다) 18. 사업지원 서비스업 19. 사회복지 서비스업	상시근로자 300명 이상
20. 건설업	공사금액 120억원 이상(「건설산업기본법 시행령」 별표 1의 종합공사를 시공하는 업종의 건설업종란 제1호에 따른 토목공사업의 경우에는 150억원 이상)
21. 제1호부터 제20호까지의 사업을 제외한 사업	상시근로자 100명 이상

참고문헌

[단행본]

고용노동부, 『중대재해처벌법 해설 – 중대산업재해 관련』, 2021.

고용노동부, 『중대재해처벌법령 FAQ – 중대산업재해 부문』, 2022.

국토교통부, 『중대재해처벌법 해설 – 중대시민재해(시설물 · 공중교통수단)』, 2021.

권기범, 『현대회사법론』(제5판), 삼지원, 2014.

김성돈, 『형법총론』(제7판), 성균관대학교 출판부, 2021.

김성돈, 『형법각론』(제7판), 성균관대학교 출판부, 2021.

대검찰청, 『산업안전보건법 벌칙해설』(개정판), 2020.

류지태 · 박종수, 『행정법신론』(제17판), 박영사, 2019.

송인택 · 안병익 · 정재욱 · 김영철 · 김부권, 『중대재해처벌법 해설』, 박영사, 2021.

신승욱 · 김형규, 『중대재해처벌법』, 박영사, 2021.

양성필, 『산업안전보건법 해설』, ㈜중앙경제, 2019.

이상국, 『중대재해처벌법』(증보판), 대명출판사, 2022.

이정훈, 『중대재해에 따른 형사책임』, ㈜중앙경제, 2021.

이재상 · 장영민 · 강동범, 『형법총론』(제10판), 박영사, 2019.

이재상 · 장영민 · 강동범, 『형법각론』(제11판), 박영사, 2019.

이재상 · 조균석 · 이창온, 『형사소송법』(제13판), 박영사, 2021.

정진우, 『산업안전보건법』, ㈜중앙경제, 2016.

조흠학, 『산업안전보건법』, 신광문화사, 2020.

환경부, 『중대재해처벌법 해설 – 중대시민재해(원료 · 제조물)』, 2021.

[논문]

권오성, "소위 '기업살인법' 도입 논의의 노동법적 함의", 「노동법포럼」제28호, 노동법이론실무학회, 2019.11.

권 혁, "중대재해처벌법의 법체계적 지위와 입법정책적 의의 고찰", 「노동법포럼」제34호, 노동법이론실무학회, 2021.11.

김정현, "부작위범의 인과관계", 「형사법연구」제30권제2호, 한국형사법학회, 2018.

김진영, "중대재해처벌법의 제정과 향후 과제", 「법이론실무연구」제9권제4호, 한국법이론실무학회, 2021.11.

김한균, "안전ㆍ보건확보의무의 형법적 부과 – 중대재해처벌법과 그 제정의 형사정책적 평가 –", 「형사정책」제33권제1호, 한국형사정책학회, 2021.

윤동호, "부작위범의 죄수 및 경합–대법원 1993. 12. 24. 선고 92도3334 판결–", 「법조」통권722호, 법조협회, 2017.

윤종행, "부작위의 인과성", 「법학연구」제13권제3호, 연세대학교 법학연구소, 2003.9.

전형배, "중대재해처벌법의 해석상 쟁점", 「노동법포럼」제34호, 노동법이론실무학회, 2021.11.

최정학, "중대재해처벌법 –기업 경영자 처벌의 논리–", 「노동법연구」제51호, 서울대학교 노동법연구회, 2021.9.